Estado e democracia

André Singer, Cicero Araujo
e Leonardo Belinelli

Estado e democracia

Uma introdução ao estudo da política

Copyright © 2021 by André Singer, Cicero Romão Resende de Araujo, Leonardo Octavio Belinelli de Brito

Grafia atualizada segundo o Acordo Ortográfico da Língua Portuguesa de 1990, que entrou em vigor no Brasil em 2009.

Capa: Celso Longo e Daniel Trench
Preparação: Angela Ramalho Vianna
Revisão: Jane Pessoa e Clara Diament
Índice remissivo: Probo Poletti

Dados Internacionais de Catalogação na Publicação (CIP)
(Câmara Brasileira do Livro, SP, Brasil)

Singer, André
    Estado e democracia : uma introdução ao estudo da política / André Singer, Cicero Araujo e Leonardo Belinelli. — 1ª ed. — Rio de Janeiro : Zahar, 2021.

    Bibliografia.
    ISBN 978-85-378-1901-2

    1. Democracia 2. Autoritarismo 3. Estado 4. Neoliberalismo 5. Política e governo 6. Revoluções – História 7. Totalitarismo I. Araujo, Cicero. II. Belinelli, Leonardo. III. Título.

20-51725   CDD-320.15

Índice para catálogo sistemático:
1. Estado e democracia : Ciência política 320.15

Cibele Maria Dias — Bibliotecária — CRB-8/9427

[2021]
Todos os direitos desta edição reservados à
EDITORA SCHWARCZ S.A.
Praça Floriano, 19, sala 3001 — Cinelândia
20031-050 — Rio de Janeiro — RJ
Telefone: (21) 3993-7510
www.companhiadasletras.com.br
www.blogdacompanhia.com.br
www.zahar.com.br
facebook.com/editorazahar
instagram.com/editorazahar
twitter.com/editorazahar

Aos estudantes da política

Sumário

Introdução: Entre esperança e medo   9

1. A invenção da política na Antiguidade clássica   21

A gênese do Estado   23

Algumas datas e características da *polis*   27

Tipos de governo: democracia, oligarquia e república   34

A estrutura de poder em Esparta, Atenas e Roma   39

A política como prática coletiva da liberdade   45

O fim da civilização antiga   58

2. As raízes do Estado moderno   68

As duas invasões germânicas e a desarticulação do Estado   70

A tentativa carolíngia   75

O sucesso do feudalismo   82

A criação do Estado absolutista   87

Absolutismo e classes sociais   91

Ponto de fuga: soberania e parlamento   96

3. Por dentro do Leviatã   102

O poder burocrático   103

Soberania, território e nação   111

Estado e capitalismo   115

A política como luta pela direção do Estado   124

O poder do medo e o medo do poder   130

4. As revoluções democráticas 135

A Revolução Inglesa: da crise do absolutismo ao interregno republicano (1642-60) 137
A segunda fase da Revolução Inglesa (1660-89) 144
A Revolução Americana (1763-87) 148
A reinvenção do republicanismo (1787-9) 152
A Revolução Francesa: convocação dos Estados Gerais e fim do Antigo Regime (1788-9) 161
Da Assembleia Nacional ao Terror (1789-94) 164
A revolução democrática como projeto civilizatório 169

5. A parábola da democracia moderna 177

O princípio aristocrático da representação 179
As restrições do "governo parlamentar" 182
Ampliação do voto e "democracia de partido" 187
Ponto de fuga: a democracia moderna como forma de vida 192
O retrocesso da "democracia de público" 201

6. Espectros autoritários 207

Neoliberalismo e democracia 208
Origens históricas do autoritarismo 211
Totalitarismo: a interpretação de Hannah Arendt 216
A onda antidemocrática contemporânea 223

Conclusão: Sob o domínio do medo, em busca da esperança 245

Notas 255
Referências bibliográficas 274
Índice remissivo 288

Introdução: Entre esperança e medo

ESTE LIVRO NASCE SOB O signo de um aparente paradoxo. No momento em que a democracia se encontra em perigo e, por isso, mais do que nunca é preciso agir, ele propõe estudar. Mas o dilema é falso. Para entrar em ação, é necessário saber como atuar e, sobretudo, em que direção fazê-lo. Construir uma visão dos problemas e afiar os instrumentos teóricos permitem a boa intervenção na realidade. A política, aliás, sempre foi práxis: prática que reflete sobre si mesma.

Após o crash financeiro de 2008, vieram o Brexit, Donald Trump e Jair Bolsonaro, os quais se juntaram a chefes de governo autoritários — como Viktor Orbán na Hungria, Recep Erdogan na Turquia, Andrzej Duda na Polônia — e líderes de partidos igualmente autoritários ativos há vários anos. A ascensão da extrema direita apavora o mundo. Volta-se a falar em fascismo e totalitarismo,[1] fantasmas do passado comprimindo ainda uma vez o "cérebro dos vivos".[2] O momento é novo, porém carrega impasses antigos, entre eles a natureza da política. É do que trata este livro, voltado aos que desejam se iniciar na compreensão da matéria.

Por serem introdutórios, os capítulos a seguir não têm a pretensão de prescrever soluções. Propõem-se a revisar a trajetória do assunto, assinalando questões decisivas, de modo a permitir que o leitor possa começar aqui um roteiro de estudo sólido. Entendemos que colocar as perguntas relevantes é meio caminho andado para obter as respostas que interessam.

Recontar dois milênios e meio de história obrigou-nos, no entanto, a tomar duas providências de partida. A primeira foi escolher, entre o vasto universo temático envolvido, itens que propiciassem o melhor entendimento do objeto. Optamos por concentrar a atenção em dois elementos-chave, Estado e democracia, acreditando que, por meio deles, o leitor terá acesso a questões de fundo, podendo depois seguir caminho rumo a tópicos específicos.

Segunda medida: encontrar o equilíbrio entre a exposição dos fatos e a síntese interpretativa que eles requerem. Sob o risco de terminar no pior dos mundos — histórias mal contadas e conceitos apressados —, nós nos decidimos pelo caminho que chamamos de histórico-conceitual. O leitor encontrará, ao mesmo tempo, uma sequência evolutiva do Estado e da democracia, bem como o percurso da inteligência sobre os acontecimentos relatados. Como se fosse uma viagem, os conceitos funcionam como sínteses explicativas a respeito dos trechos percorridos.

O vaivém entre fatos e conceitos ocorre, também, por um motivo adicional. Amiúde, o que nos chega dos tempos idos só pode ser acessado por meio de investigações arqueológicas e documentais. Como o que elas dizem nunca passa de fragmentos da verdade, os pesquisadores juntam o maior número de pedaços e preenchem os vazios com hipóteses, a fim de construir uma narrativa contínua e inteligível. Vale dizer que boa parte do que se escreve a respeito do passado é ancorada em suposições que podem ser contrapostas a conjecturas distintas.[3]

Deve-se advertir igualmente que, como o objetivo foi abrir o apetite do interessado na matéria, os capítulos não esgotam

Introdução

os enormes campos abrangidos. Diversas teorias disputam a compreensão dos fenômenos discutidos, sendo sempre necessário adotar algumas e deixar outras de lado. Para não cansar o iniciante, não há menção exaustiva a autores e análises cabíveis. Realizou-se uma seleção, isto é, recortes e escolhas, tão válidos quanto os que poderiam ser feitos por outros colegas de profissão. Porém, como não se deseja transmitir doutrina, mas fazer pensar, as opções seletivas adotadas apoiam-se em argumentos lógicos, apresentados a seguir de maneira transparente.

O primeiro recorte adotado foi o de cingir-se à tradição ocidental. "Ocidente" é uma palavra fluida, mas serve para delimitar o espaço e o tempo de uma tradição cultural específica. Embora diversas experiências mundiais sejam igualmente respeitáveis, estaria fora do nosso escopo profissional (e do tamanho da empreitada) produzir um compêndio que abarcasse o conjunto de manifestações políticas da humanidade. O ponto de partida, portanto, serão as cidades-Estado da Antiguidade clássica grega e romana, onde a política ocidental surgiu. A linha de chegada coincide com a presente crise da democracia, em particular nos países desenvolvidos, cujos reflexos aparecem a olhos vistos na periferia do capitalismo.

O segundo enquadramento diz respeito às referências que privilegiamos em cada trecho do percurso. Evitando acolher uma visão única, praticamos o que um estimado professor chamava, anos atrás, em tom de brincadeira, de "ecletismo bem temperado".[4] Karl Marx, Max Weber, Hannah Arendt, Moses Finley, Perry Anderson, John Dunn e Bernard Manin, entre outros, formularam, a partir de orientações teóricas distintas, trabalhos centrais sobre itens que decidimos abordar. Serão guias das exposições, sem que isso implique concordarmos integralmente com o ponto de vista de cada um deles ou reproduzir o esquema completo da obra utilizada.

Para nós, política e sociedade não estão separadas. São as articulações entre elas que ampliam os cenários sobre os quais nos movimentaremos e que tornam produtiva a diversidade de autores e temas tratados. Partimos da premissa de que o conflito de classes é, ao longo da história, pedra de toque para a compreensão dos eventos e das formas da política, sem, todavia, subsumi-la. Por conflito de classes entendemos um conjunto variado de oposições que polarizam os grupos sociais entre ricos e pobres, nobres e plebeus, capitalistas e trabalhadores, e assim por diante. Dada a referência às classes, cabe explicitar o crucial papel desempenhado pelo capitalismo na determinação da dinâmica moderna. Sendo praticantes de uma teoria política informada pela teoria social, entendemos que o fio das classes e do capitalismo permite costurar ideias oriundas de distintas linhagens.

Como em política as palavras estão em permanente disputa, a ambiguidade e o caráter valorativamente carregado dos termos precisam ser explicitados a cada momento, criando certa aridez na escrita. Para superar o obstáculo, propomos um acordo. De nossa parte, cuidamos de manter a clareza e o rigor da linguagem, tornando-a o menos cansativa possível. Em troca, o leitor se compromete a seguir com atenção o encadeamento argumentativo, relendo os trechos difíceis até que eles (esperamos!) se esclareçam. Em particular, ao nos referirmos à tríade principal — política, Estado e democracia —, haverá uma acumulação de sentidos, formando um campo conotativo que demanda alguma paciência para a compreensão.

Introdução 13

Veja-se o que acontece com a pergunta fundamental: o que é política? Para a pensadora de origem alemã radicada nos Estados Unidos Hannah Arendt, referência obrigatória no campo da ciência política, "é difícil dizer o que seja a política". Se perguntarmos aos filósofos, não encontramos "nenhuma resposta filosoficamente válida para a pergunta: o que é a política?", afirma ela.[5] Mesmo não se assumindo como filósofa, Arendt, que aceitou encomenda para escrever uma obra com o título *Introdução à política* e trabalhou na proposta entre 1956 e 1959, nunca publicou o resultado, que acabou aparecendo post mortem a partir da reunião, por pesquisadores, dos fragmentos preparatórios.

Há inúmeras acepções do que seja política, as quais destacam diferentes ângulos do objeto. Resolvemos, então, construir um artifício e oferecer ao leitor uma polaridade que, a nosso ver, ilumina aspectos fundamentais para quem inicia a caminhada. O primeiro elemento do par origina-se no nosso ponto zero, a Antiguidade clássica, em que a política foi inventada, e foi inspirado por reflexões de Arendt, em cuja visão, a partir da *polis* grega, *política é a prática coletiva da liberdade.*

Significa afirmar que a política só ocorre quando se cria *um espaço público no qual seres humanos livres e iguais se comprometem com um processo deliberativo.* Entendemos processo deliberativo como aquele no qual as preferências iniciais dos participantes podem ser alteradas em função dos argumentos apresentados.[6] Assim, a palavra seria o único meio válido de persuasão, e *para que haja plena liberdade é necessário que haja igualdade,* ou seja, a palavra precisa ser franqueada a todos.

O segundo elemento do par ganha relevo no instante em que a consciência coletiva toma nota da potência extraordinária adquirida pelo Estado em condições modernas. Referimo-nos ao final da Primeira Guerra Mundial (1914-8), quando os países mais ricos da Terra, manejando armas até então desconhecidas, tinham acabado de se engolfar num conflito de contornos apocalípticos. Pensadores de diferentes escolas procuraram tirar as consequências teóricas da catástrofe (duas décadas depois, outra contenda, ainda mais destrutiva e irracional, sobreviria, mas eles não sabiam disso). Foi no contexto sombrio de janeiro de 1919, numa conferência pronunciada na Universidade de Munique, que o sociólogo Max Weber ofereceu uma influente definição de política.[7]

De acordo com a concepção de Weber, *política* é a luta pela direção do Estado — ele estava se referindo ao Estado moderno, instituição que, dentro dos limites de determinado território, reivindica o monopólio do uso legítimo da força física. Isso implica que a política ocorre quando, direta ou indiretamente, está em jogo a violência organizada. Do ângulo weberiano, o cotidiano da política é o recrutamento de aliados e de seguidores voluntários para vencer a disputa pela condução do Estado.

Assim, em lugar de uma, apresentamos duas definições de política. Este livro mostra que ambas fazem sentido, e que a dualidade liberdade/violência revela traços fundamentais do assunto ao qual queremos introduzir o leitor. Uma das definições ressalta o poder coletivo construído em condições de liberdade e igualdade, representando a expectativa humana de *superar a dominação*. A definição oposta sublinha que *desconhecer a dominação* — isto é, a imposição de poder arbitrário pela ameaça de coerção, possibilidade que sempre existiu em condições estatais — representa o risco de haver um governo

Introdução 15

descontrolado e sem orientação. Em uma reside a esperança. Na outra, o medo. A soma contraditória ilumina impasses da matéria.

Sob a ótica do par liberdade/violência, os seis capítulos que compõem este volume procuram traçar o percurso ocidental do Estado e da democracia. O capítulo 1 se alonga para dar conta da extensa experiência antiga; os capítulos 2 e 3 são dedicados ao Estado moderno; 4 e 5, à democracia moderna; e o capítulo 6, ao incluir neoliberalismo, totalitarismo e a crise contemporânea, é, a seu modo, tão abrangente quanto o primeiro.

No capítulo 1, veremos que, ao criar um espaço de ação coletiva (a *polis*) para os livres e iguais, os gregos, e depois os romanos, mas sobretudo os atenienses, encontraram, por meio da democracia antiga, um modo não violento de mediar conflitos entre as classes que formavam a comunidade de cidadãos. Observando a experiência da Antiguidade clássica, percebemos que a *polis* é, em comparação com outras formações, um Estado *peculiar*. O Estado — como autoridade suprema capaz de utilizar instrumentos coercitivos para obter obediência da população sobre a qual reivindica domínio, e cujos vestígios mais antigos, que ultrapassam 5 mil anos, os arqueólogos localizaram nas áreas hoje ocupadas pelo Iraque e o Egito — sempre envolveu violência. Os gregos, contudo, descobriram uma maneira de eliminar a violência do relacionamento *entre os cidadãos*.

A liberdade e a igualdade na ágora de Atenas dependiam, entretanto, da opressão sobre os escravos, ou seja, envolviam um elemento de dominação externa na essência da política. Não só: o poder político grego e romano obrigava as mulheres e os estrangeiros, pela força se necessário, a observar as leis e decisões, sem que houvesse participação livre ou igual na deliberação. Na própria fundação da política, portanto, a dualidade entre liberdade e violência se colocava. Mesmo a democracia antiga, definida como o governo do povo, entendido este como o conjunto de homens livres, oprimia os que estavam excluídos da cidadania.

No capítulo 2, analisamos o declínio do Estado durante a Idade Média, quando a prática política ficou muito reduzida. As experiências antigas submergiram no colapso que atingiu a civilização greco-romana por volta do século v. O Estado perdeu visibilidade no caos do Medievo, sendo substituído por senhores que dominavam parcelas rurais.

O renascimento da "estatalidade", a saber, a capacidade que determinada estrutura de domínio tem de concentrar instrumentos coercitivos e emitir mandamentos acatados, teria que esperar pela constituição e o desenvolvimento de uma nova ordem social, o feudalismo. Apenas quando este alcança o auge produtivo, por volta de 1300, o Estado volta a existir plenamente, agora como poder *nacional*. De maneira gradativa, torna-se autônomo em relação àqueles núcleos sobre os quais exerce autoridade, como a Igreja, por muito tempo a única instituição centralizada que sobreviveu ao colapso da Antiguidade. O Estado absolutista, cuja construção conclui o capítulo 2, é um Estado de tipo original, cujas características precisam ser bem entendidas, pois abre a porta da modernidade.

O Estado moderno, em sua especificidade em relação às estruturas anteriores, é analisado no capítulo 3, que se dedica mais a esclarecer conceitos do que à exposição histórica. A retomada da política, no final da Idade Média, se dá em um quadro de mono-

Introdução 17

pólio da violência, crescente especialização burocrática e emergência do capitalismo. A combinação peculiar das articulações que caracterizam o Estado moderno, primeiro como realidade absolutista e depois na sua versão burocrática e constitucional, torna prioritário o problema da direção.

O retorno da prática política, dessa vez em convergência com o crescimento da "estatalidade", impôs o problema de se saber para onde orientar os gigantescos aparelhos estatais e capitalistas da modernidade. A incrível potência do aparato burocrático (público e privado), examinada no capítulo 3, justifica a preocupação de como controlar e dirigir as máquinas criadas pelo "processo de racionalização da vida", nos termos de Weber, em curso desde o Renascimento. Em outras palavras, justifica a concepção de política como luta pela direção do Estado.

O capítulo 4 volta ao tom narrativo para discutir as revoluções democráticas na Inglaterra, nos Estados Unidos e na França entre os séculos XVII e XVIII. Elas recolocaram as antigas ideias de liberdade e igualdade, que pertencem à primeira definição de política, no centro da modernidade. A democracia antiga, entendida como o governo do povo, é resgatada com a queda dos Estados absolutistas, ao menos enquanto aspiração e inspiração. Será, sem dúvida, uma democracia diferente da versão original, mas que guarda continuidade no que tange à inclusão de todos. Agora sob as peculiaridades do capitalismo industrial, as classes sociais, das mais altas às populares (estas últimas, não sem luta intensa), acabarão tendo algum acesso às decisões.

Cada uma das três revoluções trouxe contribuições próprias. O Estado de direito, a garantia da pluralidade religiosa e a pauta dos limites do poder foram os principais legados da Revolução Inglesa. A igualdade humana universal como meta, a proteção do direito das minorias e o federalismo como garantia da liberdade constituíram marcas deixadas pela Revolução Americana. A profunda intervenção das classes populares na política, que trouxe uma noção inédita de igualdade social, compôs a herança indelével legada pela Revolução Francesa, a qual encerra o capítulo.

O desenvolvimento da democracia moderna nos séculos XIX e XX ocupa o capítulo 5, buscando entender as implicações da entrada das massas em cena. Do ponto de vista institucional, a democracia moderna se distingue da antiga por ser representativa, porém a representação insere, paradoxalmente, um princípio aristocrático no sistema. Definida a partir da experiência da Antiguidade, a democracia seria o "governo do povo", contudo, na modernidade, o povo não governa, apenas escolhe quem governa. A Antiguidade a consideraria uma mistura de aristocracia e democracia.

A expansão dos direitos políticos, entretanto, fruto da organização e do combate da classe trabalhadora, cujo programa reivindicativo incluía o sufrágio universal, o voto secreto e as eleições periódicas, democratizou a democracia, por assim dizer. Em meados do século XX, democracia significava a escolha e a retirada pacífica dos governantes em eleições livres e periódicas; a inclusão de quase todos os adultos no direito de voto e de candidatura; a liberdade de expressão, inclusive a de criticar os ocupantes de cargos, a conduta do governo, o sistema econômico, social e político prevalecente; o direito de se juntar a associações autônomas. Quando em pleno funcionamento, esses pressupostos impulsionaram a construção do Estado de bem-estar social (*welfare state*), o que elevou o pós-Segunda Guerra Mundial, em países do capitalismo desenvolvido, ao status de experiência mais democrática do período contemporâneo.

Por fim, o capítulo 6 mostra que dos anos 1970 em diante o Estado de bem-estar social foi erodido pelo neoliberalismo. Em nome da liberdade mercantil, reverteu-se o que o economista francês Jean Fourastié designou por "Trinta Gloriosos", o período entre 1945 e 1975.[8] Numa etapa recente, desperta do sono do pós-guerra pela vaga neoliberal, a extrema direita, após se expandir por várias partes do mundo, tornou-se epidêmica na segunda década do século XXI.

Em consequência, temores que predominaram na metade inicial do século XX voltaram a circular. Até que ponto a crise da democracia pode abrir a porta para o horror do entreguerras? Segundo Hannah Arendt, o totalitarismo dos anos 1930 foi um regime novo na história, cujo objetivo último era a extinção definitiva da política como prática coletiva da liberdade, e cujo espectro, dali em diante, *sempre* rondará a humanidade. Enquanto parte dos analistas prevê um "fechamento gradual" das democracias, ocasionado por líderes eleitos, outros chegam a falar em "totalitarismo neoliberal". Um terceiro campo identifica um "interregno" no qual os mais variados fenômenos podem ocorrer. De explosões de ressentimento e niilismo até a reabertura de alternativas sociais e democráticas, há um leque de possibilidades neste começo do século XXI. Contribuir para que as opções democráticas sejam escolhidas é o fim último e valorativo que nos animou a realizar a empreitada que agora começa.

SEM O DEPARTAMENTO DE CIÊNCIA POLÍTICA (DCP) e a Faculdade de Filosofia, Letras e Ciências Humanas (FFLCH) da Universidade de São Paulo o presente trabalho não teria sido realizado. Agradecemos, em particular, aos estudantes de ciências sociais, cujo desejo de aprender nos motivou.

Este livro dá continuidade às preocupações com a difusão do conhecimento de professores da Universidade de São Paulo, que organizaram obras como *Os clássicos da política*, *Clássicos do pensamento político* e *O pensamento político clássico*. Foram livros importantes no contexto da transição democrática brasileira e ainda hoje constituem boas fontes de consulta.[9]

Retomar temas básicos da disciplina, como liberdade, igualdade, direção do Estado e violência, agora que a democracia volta a estar em risco, foi a forma que encontramos de agradecer a herança deixada por mestres que nos precederam na tarefa de pensar e agir.

ANDRÉ SINGER, CICERO ARAUJO E LEONARDO BELINELLI
São Paulo, primavera de 2020

1. A invenção da política na Antiguidade clássica

> A *polis* grega continuará a existir na base de nossa existência política — isto é, no fundo do mar — enquanto usarmos a palavra "política".
>
> HANNAH ARENDT, *Walter Benjamin* (1892-1940)

A HISTÓRIA ANTIGA É VASTA. O período que os pesquisadores costumam estender até a queda do Império Romano do Ocidente, no final do século V, envolve diversas civilizações. Contudo, vamos nos restringir à fase que viu nascer o que os gregos batizaram de política: a Antiguidade clássica.

A rigor, não sabemos se a política foi de fato inventada ali. Temos certeza, isso sim, de que os habitantes da península grega precisaram, em determinado momento, fabricar uma *palavra nova* para designar algo cuja realidade a consciência coletiva começava a distinguir. *Politiké*, ou "política", buscava significar o modo como os gregos compreendiam o *viver comum*: a razão de ser, as possibilidades, os limites e a estrutura de poder necessária para tal. Na raiz do neologismo estava o termo *polis*, que designava a moldura — o tipo de Estado, diríamos hoje — daquela criação.

Como práxis, isto é, prática que simultaneamente se interroga sobre o impacto que tem no mundo, política significava, também, um objeto de reflexão, integrado à cultura: uma ciência da política. O conhecimento político fazia parte do amplo interesse grego pelo destino humano, que se expressava em história, poesia, teatro, artes plásticas e filosofia.

Como outros aspectos da sabedoria grega, a política, no duplo sentido de prática e reflexão, tornou-se patrimônio transmissível. Roma, vizinha e contemporânea, deu continuidade à tradição e veio a se fundir de tal maneira com ela que a política se tornou uma herança "greco-romana". *Polis* tem como equivalente em latim a palavra *civitas* (pronuncia-se "quívitas"), a qual, em meio a incontáveis e sutis mutações, acabou chegando como "cidade" ao português. Mas a palavra "política" ficou incorporada, quase sem mudanças, ao vocabulário romano, assim como ao das línguas posteriores que assimilaram o latim: *politique* (francês), *politics* (inglês), *Politik* (alemão), *politica* (italiano), *política* (português e espanhol).

Assim, não começamos com gregos e romanos por capricho de erudição: a experiência deles permanece no DNA do que fazemos, dizemos e pretendemos. É o testemunho milenar da Antiguidade clássica em nós. Neste capítulo inicial, dividido em cinco seções, pretendemos explicar o que política significava para os antigos e extrair da análise um núcleo de sentido atual.

A primeira seção situa as origens longínquas das formações estatais anteriores ao surgimento da *polis*. A segunda define os períodos da Antiguidade greco-romana e analisa as principais características da *polis*. A terceira discute as instituições de Grécia e Roma. A quarta apresenta o primeiro elemento do par de concepções de política que orientam este livro: a política como prática coletiva da liberdade. E, na quinta, debatemos o declínio e colapso da Antiguidade, cujas circunstâncias ainda desafiam os estudiosos.

A gênese do Estado

Investigações arqueológicas registram a existência dos mais antigos Estados conhecidos entre aproximadamente 3500 e 3000 a.C., na Mesopotâmia (Iraque) e no vale do rio Nilo (Egito). Parece não ser coincidência que eles tenham emergido em regiões férteis, o que permitiu adensar a população agrícola, produzir excedente de cereais e construir centros urbanos.

Os embriões estatais rudimentares exibiam estrutura mais ou menos semelhante: autoridade suprema dotada de força armada e caráter sagrado, coleta regular de impostos, camada de escribas ou sacerdotes e muros ao redor dos espaços citadinos.[1] Ao reunir recursos materiais e simbólicos, os Estados antigos buscavam um poder apoiado em hierarquia e desigualdade, e a divisão básica era a que separava o grupo governante do grupo governado.

Estados se multiplicaram no planeta nos três milênios seguintes, alguns evoluindo de cidades para impérios, ao mesmo tempo diversificando a composição social, as dinâmicas do círculo dominante e os estilos de dominação. Mas nunca chegaram a abarcar o conjunto da humanidade, isto é, sempre houve populações não submetidas a Estados. Além disso, a própria existência de Estados foi intermitente, marcada por desarticulações e esvaziamentos. Não raro, havia desaparecimentos e destruições, seguidos ou não pela ressurreição da "estatalidade", sob o estímulo de causas várias: guerras, invasões "bárbaras" (isto é, de populações não estatizadas e em deslocamento), epidemias, mudanças climáticas e exiguidade de recursos naturais. A continuidade do Estado e a sua generalização no planeta só aconteceram em época recente, do século XVII em diante.

O que pensar dos tipos variados de agrupamentos humanos que existiam milênios *antes dos Estados* e continuaram a existir sem eles depois da sua invenção? Comunidades de parentesco, tribos isoladas, tribos aliadas em "federações", aglomerados urbanos incipientes, populações nômades de caçadores-coletores ou pastoris: enfim, "sociedades sem Estados", isto é, sem hierarquia e desigualdade, não raro "sociedades contra Estados", para usar a expressão do antropólogo francês Pierre Clastres?[2] Não vamos arriscar examiná-los — se não eram Estados, o que seriam seus modos de organização, decisão coletiva e liderança? —, pois nos levaria para longe do objetivo aqui definido: iluminar a tradição do Ocidente a partir da Antiguidade clássica, em que havia Estado. Embora na tradição ocidental haja um relevante debate a respeito da condição de existência de sociedades sem Estado, não adentraremos esse campo pela inviabilidade de abarcar, neste espaço, o conjunto de tópicos que ele suscita.[3]

Estado e violência estiveram permanentemente relacionados, embora não sejam sinônimos. O uso da força contra o semelhante acompanha a espécie humana desde sempre, dentro ou fora do Estado, mas as unidades estatais plasmaram a violência baseada na hierarquia, violência planejada e autorizada, seja para punir ou controlar a população submetida, seja para fazer a guerra com o exterior.

Boa parcela dos atos de fundação de Estados talvez tenha sido atos de força. Exemplo: iniciativas de conquista da parte de um grupo migrante estrangeiro bem armado sobre uma população sedentária e relativamente desarmada. Depois, a associação conquistadora, tornada governante, erguia, passo a passo, estruturas estatais como as que já mencionamos.

Não significa, entretanto, que a coerção tenha sido o único modus operandi disponível, ou que populações estatizadas jamais tenham aceitado por livre consentimento ditames de governantes. Em geral, para estabilizar o controle, os governantes buscavam transformar a brutalidade originária em poder de coerção aceito. Para designar esse processo, cientistas sociais que investigam a história dos Estados usam termos como "legitimação" ou "validação do domínio".

A guerra, entendida como conflito armado entre dois ou mais agrupamentos de homens, não foi obra dos Estados. Os povos não estatizados também faziam guerras. Entretanto, ao atingir nível suficientemente elevado de complexidade e letalidade, as guerras tornaram-se atividades quase exclusivamente estatais. Salvo melhor juízo, pode-se afirmar que a face interna da violência estatal encontrava uma contrapartida na face externa, definida pela guerra, como veremos ao discutir as experiências grega e romana. Vale salientar que o rompimento da blindagem entre a face interna e a face externa da violência implicava um conflito armado peculiar, a saber, a guerra civil.

Até aqui citamos diversas marcas que foram se acumulando no processo evolutivo dos Estados. Se quisermos, porém, dar uma definição mínima de fenômeno tão variado, certas características são, por assim dizer, mais "essenciais" que outras. Para isso, convém isolar aquelas sem as quais o exercício do poder estatal seria inviável. Por exemplo, embora fosse comum, hoje sabemos não haver obrigação de que o poder seja "sagrado" para ser efetivo. O mesmo vale para os muros em torno das cidades. Filtrando as características, pode-se formular o conceito da seguinte maneira: Estado é a autoridade suprema vigente em certo espaço, capaz de empregar instrumentos coercitivos para obter obediência da população que nele vive e sobre a qual reclama o domínio. "Reclamar o domínio" significa que os governantes afirmam a validade de seu poder de mando, e, enquanto esse poder permanecer estável, os governados, em média, o aceitam.

A definição, insistimos, é mínima e não capta, por exemplo, o aspecto específico do Estado *moderno*, do qual trataremos no capítulo 3. A praticidade da definição, contudo, é dupla: por um lado, permite perceber se determinada ordem social possui ou não Estado; por outro, faculta aferir graus de "estatalidade" aos casos examinados.

Cerca de dois milênios e meio separam os vestígios achados na Mesopotâmia e no Nilo das cidades-Estado gregas. Para complicar um tanto mais o problema, é preciso registrar que o vocábulo "Estado" surgiu muito depois dos fatos que ele descreve. Na realidade, o termo aparece quando uma novidade começa a se desenvolver no final da Idade Média: o "Estado moderno". Estado deriva do latim *status*, que definia uma espécie de "título", uma posição reconhecida na escala superior da hierarquia social. Ao rei, por exemplo, era atribuído um status especial, superior ao de seus vassalos, os nobres feudais.

Durante a Idade Média, antes do surgimento do tipo moderno de domínio estatal, o status era praticamente ineficaz para converter a posição reconhecida em violência organizada sobre os inferiores. Segundo o historiador do pensamento político Quentin Skinner, foi para designar a estrutura nascente, distinta do título reconhecido para a pessoa do monarca, que *status* transformou-se em *Stato* (italiano), depois *État* (francês), *State* (inglês) e *Estado* (espanhol e português).[4]

Algumas datas e características da *polis*

Se a considerarmos desde o berço, a civilização grega e romana abrange um tempo mais extenso do que aquele que vamos enfocar aqui. Acredita-se, por exemplo, que as conhecidas *Ilíada* e *Odisseia* remontam ao século VIII a.c., situadas no chamado "período arcaico", anterior ao escopo deste livro, que é o "período clássico". Na Grécia, a era clássica vai do fim do século VI a.c. ao fim do século IV a.c., o que coincide com o apogeu de sua cultura e de sua existência independente. Em Roma, os estudiosos costumam designar como "clássicas" épocas variadas da cidade, de acordo com a área tratada — poesia, direito ou arquitetura. Em virtude de nosso interesse específico, vamos fazer coincidir o "clássico" romano com o apogeu da experiência política, ou seja, entre o final do século VI a.c. e o final do século I a.C. Neste e nos próximos capítulos, quando usarmos a expressão "Antiguidade clássica", deve-se entender, portanto, as duas etapas clássicas, a grega e a romana, somadas: isto é, do século VI a.c. ao século I a.C.

Na Grécia, um movimento popular liderado por Clístenes criou a democracia por volta de 508-7 a.C., expulsando os Pisistrátidas, família que havia estabelecido uma tirania em Atenas em meados do século VI a.c. A queda da democracia — cujo marco é a submissão das *poleis*, as cidades independentes, à monarquia comandada por Filipe da Macedônia na última metade do século IV a.C e, depois expandida por seu filho Alexandre, o Grande — corresponde ao fim do classicismo grego.[5]

A versão latina para *polis*, como dissemos, é *civitas*; em português, cidade. Mas *polis* é mais que um centro urbano. É um tipo de poder comunitário, *um gênero singular de Estado. A polis* era uma comunidade autônoma, isto é, suficientemente grande para se autossustentar e se autodefender, organizada por um poder unificado que se colocava acima de qualquer outro poder social ativo no interior da comunidade. Vários estudiosos costumam traduzir *polis* por "cidade-Estado". É uma tradução aceita para efeitos aproximativos, embora seja controversa entre filólogos e historiadores de conceitos, alguns preferindo manter o vocábulo original, sem tradução.[6]

De todo modo, estamos perante um "Estado" peculiar, diferente de outros da Antiguidade, como o do Egito dos faraós, e distinto do Estado nacional, caso modelar de Estado moderno, cujo nascimento estudaremos no capítulo 2. As cidades-Estado exibiam baixo grau de estatalidade, pois não detinham forte concentração dos meios de coerção em uma autoridade suprema. Ressalte-se: havia instrumentos de coerção, assim como existiam autoridades superiores reconhecidas, mas estas não controlavam de modo concentrado e permanente esses instrumentos.

A expressão "cidade-Estado" não deve nos enganar a respeito da amplitude geográfica do fenômeno. Não se tratava de domínio estritamente urbano, uma vez que envolvia um território rural, não raro maior que a própria região citadina. A população da Atenas clássica talvez não fosse maior do que é hoje a de um bairro médio em metrópole brasileira, por volta de 300 mil habitantes. No entanto, a circunscrição da autoridade ateniense abrangia um território (a Ática) bem maior que um bairro brasileiro, com cerca de 2500 quilômetros quadrados (equivalente ao dobro da cidade do Rio de Janeiro), estendendo-se por região interiorana, além de um espaço na orla marítima próxima, onde ficava o movimentado porto de Pireu.[7]

A invenção da política na Antiguidade clássica

No tempo da construção do poder ateniense, a *polis* já possuía uma estrutura complexa. Por um lado, para ela convergiam diferentes atividades econômicas, como a agricultura, o comércio, especialmente o marítimo, e uma indústria artesanal exportadora — utensílios e objetos de luxo à base de cerâmica — e de fabricação de navios, razão pela qual emergiram diferentes grupos profissionais. Em consequência, a *polis* era uma pluralidade social, constituída por agricultores, comerciantes, artesãos etc.

A cidade, todavia, comportava não só variedade, mas também uma cisão profunda entre a população de pessoas livres e a submetida ao cativeiro, que, em certa época, chegou a ser tão ou mais numerosa que a primeira. Por volta de 430 a.C. (início da guerra do Peloponeso, contra Esparta), Atenas teria chegado aos 300 mil habitantes, entre os quais 30 mil a 40 mil cidadãos e cerca de 100 mil escravos.[8] Afora cidadãos e escravos, integravam a população, claro, as mulheres e as crianças, além dos *metecos* (homens livres, mas estrangeiros).

Porém, havia mais. Acima da separação entre pessoas livres e escravas, erguia-se outra divisão, que produzia tanto o dinamismo quanto as convulsões: aquela entre ricos e pobres, situada *no interior* da população livre. Vamos, por ora, nos ater a este segundo fracionamento, porque ele é essencial para uma das acepções de política que desejamos fixar. A *polis* não era apenas um fenômeno de pluralidade, mas também de *conflito*, determinado pela desigualdade de posses.

Havia um grupo numericamente pequeno, porém detentor das maiores riquezas da cidade, calçado nas mais extensas e pujantes propriedades agrícolas, fundamento do prestígio e do status. Por outro lado, existia uma variedade de agrupamentos com posses modestas, em geral pequenos fazendeiros, vivendo do cultivo da terra que, originalmente, a cidade lhes garantira, os quais poderiam ser compreendidos como "classe média".[9] Por fim, um núcleo sem posses, atraído pelo crescimento urbano, que vivia unicamente do trabalho.

No conjunto, os detentores de bens modestos e os despossuídos constituíam o que os gregos chamavam de *demos*, o povo, e os romanos de *populus*, a plebe. Entretanto, o termo grego *demos*, assim como seu equivalente romano *populus*, envolvia uma ambiguidade não muito diferente daquela que encontramos em "povo", em português. Ao mesmo tempo que designava uma classe de status e riqueza inferior, remetia ao conjunto dos homens livres que participavam dos negócios públicos — isto é, os "cidadãos" (em grego, *polites*; *cives* em latim). "Cidadão", portanto, se referia a um conceito propriamente político e implicava que os ricos faziam parte do povo, assim como os pobres.

Qual o fundamento do conflito na *polis*? Em primeiro lugar, a velha, e ainda atual, briga entre os que têm muito e os que têm pouco. Mas uma particularidade ressaltava na Antiguidade clássica, valendo tanto para a realidade grega quanto para a romana. O conflito tinha duas facetas: a interna, que dizia respeito à relação entre a cidade-Estado e sua população, remetendo ao modo de lidar com a luta de classes; e a outra externa, refletida de diversas maneiras na relação entre as cidades-Estado e destas com outros tipos de potências estatais, como o Império Persa, antigo rival dos gregos. O vínculo entre as cidades-Estado e destas com as formações imperiais era caracterizado pela guerra, como as Guerras Médicas (499-49 a.C.), entre gregos e persas.

A invenção da política na Antiguidade clássica 31

O historiador Moses Finley ressalta a importância da guerra na Grécia e na Roma antigas. Raros eram os tempos de paz.[10] Na hora do combate, quase toda a cidadania masculina com idade suficiente para pegar em armas se via engajada. Nas batalhas terrestres cada soldado tinha de levar consigo os equipamentos de sua propriedade: escudo, lança, espada, armadura. Terminado o confronto, o soldado retornava às atividades civis ordinárias, como fazendeiro, artesão etc. Os exércitos das cidades-Estado em geral não eram um corpo profissional permanente, separado do resto dos habitantes. Ao contrário, constituíam uma *milícia de cidadãos* que custeavam e detinham as próprias armas. Este é um dos principais elementos que justificam a ideia de uma estatalidade reduzida na Antiguidade clássica: a cidadania em armas diminuía a concentração do poder.

Como consequência, enquanto permaneceu um tipo de poder com governo coletivo, a *polis* jamais assistiu ao crescimento de uma estrutura administrativa especializada — uma "burocracia", digamos assim — interposta entre os governantes e os governados, separada do corpo de cidadãos, como ocorreu no processo de formação do Estado moderno, segundo veremos nos capítulos 2 e 3.

Não tendo que sustentar uma estrutura profissional de funcionários, a cidade-Estado chegava mesmo a dispensar um mecanismo regular de impostos diretos pagos pelos cidadãos.[11] Se ainda assim falamos de um "poder estatal" é apenas para salientar o fato de que a *polis* era uma comunidade com força organizada suficiente para obrigar, se necessário empregando a violência, todos os que viviam no território a cumprir as decisões e as leis, que eram compulsórias. Como potências estatais, as *poleis* também estabeleciam relações com outras potências estatais, fosse através de tratados de paz e alianças, fosse declarando e promovendo a guerra.

Nem o *demos* grego nem a plebe romana eram grupos atrelados às terras da aristocracia e, por isso, totalmente dependentes dela, como foi o caso dos servos no feudalismo europeu. Na verdade, em função do aumento da complexidade social, ao atrair ondas de imigrantes, as cidades antigas foram constituindo grupos que, embora sem riqueza e sem status, viviam uma vida emancipada. O *demos* e a plebe abarcavam classes *independentes* que tinham condição inferior e não partilhavam os privilégios de que os grupos aristocráticos desfrutavam no interior da cidade-Estado. Esses privilégios estavam na base do conflito interno entre as classes.

Graças a sua condição independente, o *demos* e a plebe engajavam-se nas guerras de modo voluntário e na medida de suas possibilidades econômicas. Nem gregos nem romanos contavam com os escravos na guerra. Se a guerra fosse um evento marginal na vida dessas cidades, talvez o problema do conflito interno não viesse a aparecer de modo tão agudo. Contudo, os grupos aristocráticos — que no início reivindicavam e de fato detinham o monopólio dos cargos e das decisões do poder unificado da cidade — eram classes guerreiras, que, em função do tempo livre propiciado pela posse das mais extensas e ricas propriedades fundiárias, e, dispondo de escravos em número suficiente, dedicavam a maior parte da vida à preparação militar e aos negócios da cidade. Mas à medida que as guerras foram se tornando empreendimentos de grande escala, eles começaram a precisar cada vez mais da cooperação de todas as camadas sociais na frente de batalha.

A invenção da política na Antiguidade clássica   33

Foi basicamente esse fator que deu poder de barganha aos grupos inferiores em suas relações com os ricos e com o governo da cidade-Estado. Formaram-se, assim, classes que combinavam de modo particular independência e dependência. E o poder do povo ganhou um forte impulso quando, ainda no período arcaico, ocorreu uma revolução no modo de fazer a guerra. Houve uma inversão dos pesos relativos, com maior relevância da infantaria — um corpo de soldados a pé, porém em articulação compacta e disciplinada — e menor da cavalaria, na definição das batalhas.[12] A transformação repercutiu na vida civil, uma vez que a composição interna dos exércitos refletia a divisão social da cidade: a infantaria, inicialmente recrutada nas parcelas de posses médias, e a cavalaria, composta de oficiais e comandantes, monopólio da aristocracia, pois o cavalo e sua equipagem militar eram recursos relativamente caros.

À medida que a infantaria se tornou o coração das batalhas, o *demos* (e também a plebe romana) passou a reivindicar maior participação no espólio das guerras e alguma presença nas decisões coletivas. Exigia influir na elaboração das leis, na distribuição dos cargos de governo e nas negociações diplomáticas sobre empreender ou não confrontos armados. A população livre se apresentava como um corpo de "cidadãos-soldados", capaz de servir na guerra e nas deliberações comuns, fossem elas pontuais ou gerais.

A *polis* resultou de um processo em que as relações internas e externas interagiam de tal forma que forçavam os governantes a compensar a precariedade social e econômica da maioria da população livre com sua inclusão nos órgãos decisórios da cidade. Baseado na importância que atribui a esse fenômeno, Finley chega a propor a seguinte definição: "O Estado é a arena dos interesses e das classes em conflito".[13] Se ampliarmos o sentido da frase e, ao mesmo tempo, condensarmos os demais elementos discutidos nesta seção, a *polis* pode ser entendida como uma estrutura de poder estatal que incorporava em seu funcionamento o conflito de classes.

Tipos de governo: democracia, oligarquia e república

Até agora, examinamos a cidade-Estado da Antiguidade clássica como unidade conceitual, sem nos atermos às variantes existentes. Embora com elementos comuns, havia peculiaridades de cada *polis*. Tomaremos Atenas, Esparta e Roma como focos da análise, não só porque existem mais fontes primárias reveladoras sobre elas, mas também porque tipificam diferenças relevantes.

O corte principal era o da estrutura de governo, que também chamaremos de regime político. Enquanto Esparta era tomada como modelo da "oligarquia", o "governo de poucos", Atenas era o da "democracia", o governo dos "muitos", pois incluía todas as classes sociais, independentemente de sua condição de riqueza e status, no processo decisório. Entre as duas, a "república" romana é frequentemente interpretada, com base na tipologia grega, como algo a meio caminho entre a oligarquia e a democracia. Dependendo do ângulo e da fase, a república romana poderia ser classificada como próxima da democracia, outras vezes, da oligarquia, ou como a mistura das duas: o chamado "regime misto". Usados nos discursos públicos e nas análises dos filósofos gregos, "oligarquia" e "democracia" se tornaram a partir de então, e até hoje, termos paradigmáticos do vocabulário da ciência política.

A *invenção da política na Antiguidade clássica*   35

Mas o que, concretamente, os antigos queriam dizer com essas palavras? Aristóteles, autor de diversos escritos políticos que chegaram mais ou menos intactos do século IV a.C. à nossa época, dá a indicação fundamental: como os "poucos" numa comunidade costumam ser os ricos, e os "muitos", os pobres, podiam-se entender os tipos de governo segundo a clivagem social. A oligarquia é o governo em que predominam os ricos, a democracia, o governo em que predominam, uma vez que mais numerosos, os pobres.[14]

Mas, na divisão aristotélica, oligarquia e democracia eram formas "degradadas" de governo, uma vez que em ambas o grupo no poder (ricos ou pobres) governava para si mesmo. As modalidades "saudáveis" — denominadas "monarquia", "aristocracia" e "governo misto" — só poderiam receber essa qualificação se governassem para o todo.

Se apenas uma parte detinha o poder da cidade, era difícil garantir que não governasse visando apenas a seus interesses. A solução prática do filósofo para a dificuldade — solução que ele mesmo não considerava a ideal, porém a mais viável — era o que ele denominou *politeia*, "regime misto", palavra convertida, no latim, em "república": uma estrutura de poder que integraria elementos da oligarquia com elementos da democracia, algo como uma combinação de opostos. Aristóteles, no fundo, rendia-se aos fatos: poucos foram os regimes da Antiguidade clássica grega que desprezaram alguma medida de cooperação entre os ricos e os pobres na sua sustentação; contudo, alguns pendiam mais para a forma oligárquica, e outros, para a forma democrática. Ele pensava que o regime mais adequado seria o que mais se aproximasse do meio-termo entre as duas variantes extremas.[15]

As palavras usadas por Aristóteles para designar os tipos de governo não eram valorativamente neutras. Ao contrário, eram termos que refletiam a avaliação crítica dos governos que existiam na Grécia. Por conta da experiência ateniense, "democracia" era, para ele, apenas uma degradação do governo misto. Como, todavia, se trata de uma variante-chave na discussão deste capítulo, e que nos servirá de contraste quando, em partes subsequentes, falarmos da democracia moderna, formularemos um conceito próprio para a democracia antiga, da qual a ateniense é modelar. Eis a definição que propomos: a democracia antiga é o autogoverno do povo, no qual todos os grupos sociais livres, independentemente de riqueza e status, estavam credenciados a participar diretamente das decisões comuns.

Por conta de seu poder reconhecido, expresso em termos de potência econômica e bagagem cultural, os ricos sempre tiveram influência considerável nas decisões comuns, mesmo nas democracias. Eles dispunham de tempo e recursos para acompanhar continuamente os negócios públicos, preparar com antecedência as intervenções nas assembleias e ocupar os cargos mais elevados. Apesar disso, em função do desenvolvimento específico do conflito de classes em cada cidade, fazia muita diferença se os pobres pudessem se valer do peso numérico para compensar, na arena pública, as vantagens econômicas dos ricos. Foi aproximadamente o que aconteceu na democracia ateniense e, num grau menor e com uma estrutura distinta, na república romana.[16]

A Atenas democrática e a Roma republicana tiveram em comum "o elemento da participação popular".[17] Isso significa que, incidindo diretamente sobre as práticas da comunidade cívica, essas cidades combinaram, cada qual à sua maneira, desigualdades sociais consideráveis com a participação das classes mais baixas na política. O caso contrastante é o de Esparta. Na história mais remota, os espartanos, também chamados pelos antigos de lacedemônios, teriam passado por conflitos intensos, a partir do surgimento de uma infantaria hoplita[18] constituída por um grupo de modestos proprietários de terra, distinta dos "cavaleiros", constituídos por uma classe ancestral de guerreiros nobres. Porém, os dois conjuntos lograram chegar a um tipo de acomodação a partir do momento em que conseguiram conquistar um amplo território rural na vizinhança, submetendo a população camponesa, os hilotas, a um regime de servidão.

Daí em diante, a nova classe de senhores, expandida, vai constituir um corpo hermético de cidadãos-soldados — cada qual detendo uma porção determinada das terras conquistadas —, que passa a monopolizar o governo e as tomadas de decisão da cidade. Através de um ideal de vida comunitária altamente integrador e austero (daí a expressão popular "espartano" para designar estilos de vida similares), e valendo-se do produto do trabalho dos hilotas, esse corpo de cidadãos vai se dedicar exclusivamente à preparação das guerras.[19]

Uma configuração diversificada e flexível — tão bem descrita no discurso de Péricles que o historiador grego Tucídides (*c.* 460 a.C.-*c.* 400 a.C.) reconstrói em *História da Guerra do Peloponeso* — possibilitou em Atenas, ao contrário, um tipo de governo permeável à influência não só das classes de posses modestas, mas também dos profundamente destituídos, os chamados *thetas*. Aqui, a interação diferenciada entre as relações internas e externas deve ser levada em conta. Desde cedo, a pujança da atividade portuária e comercial projetou Atenas para muito além dos seus limites territoriais. A circunstância foi abrindo a cidade para um grande fluxo de riqueza, mas também produziu constantes transformações entre os estratos de sua população.

Como em outras cidades gregas, o surgimento da infantaria hoplita, aquela composta de uma classe agrária de posses modestas, já havia causado mudanças na estrutura de poder, como nas lendárias reformas do legislador Sólon no início do século VI a.C., que limitaram o poder dos eupátridas, as famílias de "sangue azul". Ao contrário de Esparta, no entanto, as mudanças não terminaram aí. Conforme o comércio externo e a marinha mercante cresciam, também se ampliava a classe popular urbana das mais variadas origens, envolvida direta ou indiretamente na vida do mar: marinheiros, pescadores, artesãos etc. Sua importância ascendente ensejou novas convulsões, levando, primeiro, a uma quebra da unidade interna das classes altas, com a implantação da "tirania" — um tipo de poder autocrático que, sustentado nas classes populares, usurpou as prerrogativas das instâncias tradicionais —, e, por fim, à instauração da democracia, no final do mesmo século VI a.C.[20]

Dinâmica até certo ponto similar pode ser observada em Roma. Também lá mudanças importantes ao longo do século VI a.C. culminaram na crise do regime monárquico e expulsão da família real. Temendo a ascensão de um tirano, ou seja, a monarquia transformada em poder autocrático, as classes nobres aliaram-se às plebeias para fundar o que os romanos passaram a chamar de "república" (*res publica*, "coisa pública"), um governo coletivo, constituído por magistrados eleitos anualmente.

A invenção da política na Antiguidade clássica 39

Apesar da aliança entre ricos e pobres, no começo, os patrícios procuraram por todos os meios manter o controle do governo. Porém, como a cidade vivia metida em disputas com os povos vizinhos, frequentemente transformadas em guerras, a importância da infantaria plebeia pouco a pouco se impôs, obrigando os patrícios a compartilharem parcialmente o poder. Essa é a origem de instituições como o tribunato das plebes e suas assembleias, às quais retornaremos adiante, cuja força cresceu à medida que Roma tornou-se uma potência estatal de primeira ordem, ao submeter todos os povos da península Itálica.[21]

Ao contrário de Atenas, contudo, Roma continuou solidamente ancorada nas forças terrestres, enquanto a classe dirigente, originalmente patrícia, logrou integrar a seu meio as famílias de "novos homens", isto é, as camadas mais bem-sucedidas das plebes. Uma nova nobreza fundiária, "patrício-plebeia", se constituiu e permaneceu, ao longo de boa parte da história da República, fortemente unificada em torno das instituições tradicionais. Mesmo obrigado a persuadir, aliciar e fazer concessões aos estratos inferiores da classe plebeia, o grupo aristocrático (ampliado) conseguiu manter as rédeas do governo da cidade até perto dos anos finais da República.[22]

A estrutura de poder em Esparta, Atenas e Roma

As instituições que vamos expor a seguir devem ser compreendidas à luz dos conflitos de classe apresentados na seção anterior. Embora elas tenham sido o resultado de uma decantação dos conflitos e, até certo ponto, da estabilização deles, nunca se deve perder de vista o nexo com a dinâmica do atrito social, que produzia mudanças, sutis ou abruptas, no aspecto geral dos regimes que até aqui analisamos.[23]

Em todos os casos historicamente conhecidos de cidade-Estado, a estrutura do poder público desdobrava-se em três camadas: as assembleias, reunindo o conjunto dos cidadãos — que poderiam ser unificadas, como em Atenas, ou plurais, com diferentes composições e funções, como em Roma —; os conselhos e tribunais, compostos de parcelas menores de cidadãos e voltados para assuntos diversos, desde a fixação prévia de pautas a serem submetidas às assembleias até decisões judiciais; e um conjunto de magistrados, cidadãos que ocupavam cargos públicos individualizados segundo sistema rotativo ou por eleição, o que lhes dava autoridade para tomar decisões ou encaminhar um leque mais ou menos restrito de deliberações coletivas.[24]

A estrutura tripartite remete ao conceito grego de *politeia*, já citado, que nas línguas vernáculas modernas foi traduzido por "constituição". A palavra é inspirada numa metáfora médica: a imagem do corpo. A *polis*, como o corpo, seria um ser complexo constituído de diferentes "órgãos", que só funcionam na medida em que são efetivamente "orgânicos", isto é, ligados entre si numa relação de complementaridade e interdependência.

O conjunto dos órgãos interligados devia formar o "corpo político", e o modo particular e usual de funcionamento era precisamente o que se chamava de "constituição". Ainda de acordo com a metáfora médica, haveria modos "saudáveis" e modos "degradados" (ou "corrompidos") de funcionamento da constituição, assim como há corpos saudáveis e corpos doentes. A

A invenção da política na Antiguidade clássica 41

constituição "saudável" era aquela em que o bem geral da cidade, suas leis e práticas tradicionais eram respeitados, enquanto a "corrompida" era aquela em que prevalecia exatamente o oposto, a saber, a violação do interesse comum e de leis e costumes.[25] As versões corrompidas, portanto, eram aquelas em que prevaleciam os interesses *parciais* da cidade, fossem eles os das famílias monárquicas, dos nobres ou do povo.

O desenho do poder público visava a garantir que o processo decisório, graças a um sistema destinado a equilibrar o poder das diferentes instâncias de governo, não extrapolasse os limites do acordo de fundo que mantinha os grupos conflitantes leais à cidade-Estado. Por outro lado, o manuseio do sistema exigia dos líderes extrema inventividade, a fim de obter a colaboração das partes ou, pelo menos, neutralizar as ameaças à estabilidade. Além de significar uma divisão do trabalho político para tornar o processo decisório dinâmico, também representava um modo engenhoso de tornar prováveis a preservação e a promoção de consensos no interior da *polis*.

Na prática, as experiências exemplares de Atenas, Esparta e Roma produziram variações da estrutura ternária. Esparta estabeleceu um governo coletivo, embora oligárquico. Os espartanos não tinham muito gosto pela argumentação na assembleia. Quando a Ápela — ou *Apella*, composta de jovens e idosos, membros de famílias notáveis e menos notáveis, embora excluísse os de condição inferior — se reunia para tomar uma decisão, as alternativas eram apresentadas pelos magistrados, os únicos a quem cabia o direito de falar aos cidadãos, que se limitavam a votar.[26]

O modo espartano de funcionamento da estrutura tripartite contrastava com a democracia. Em Atenas, além de uma assembleia de cidadãos muito mais numerosa e plural — a Eclésia, ou *Ekklesia* —, a palavra era franqueada a todos os participantes, um direito denominado isegoria. A isegoria tornava difícil o controle dos desdobramentos pelos ocupantes de cargos executivos, que acabavam tendo de esmerar-se na arte da persuasão para garantir que seus planos prevalecessem. Os cargos públicos, por sua vez, eram em grande parte rotativos e definidos por sorteio — como os membros do conselho (*Boulé*) encarregado de preparar a pauta da assembleia e conduzi-la, e o corpo de jurados dos tribunais —, o que inibia um processo de profissionalização ou especialização. Na verdade, apenas alguns poucos cargos, nos quais se esperavam familiaridade e experiência — como os de comando militar (os *strategoi*) —, eram eletivos.[27]

Finalmente, a República romana, que durou quase quinhentos anos, exibia uma estrutura emaranhada, resultante da longa trajetória de acréscimos de instituições, sem que as antigas necessariamente perdessem importância. Os ocupantes de cargos executivos, eleitos anualmente, mantinham entre si certa hierarquia, exceto os tribunos das plebes, eleitos em assembleias separadas, constituídas apenas pelas classes plebeias (por isso chamadas de *concilia plebis*), que detinham o poder de vetar decisões que dissessem respeito a membros desses grupos.

Segundo a historiografia, não é muito clara a divisão de funções dos governantes romanos. É certo, porém, que jovens cidadãos que aspirassem à proeminência na República teriam de escalar uma sequência de cargos eletivos, o *cursus honorum*, até chegar ao topo da escala, o consulado. Antes disso, esperava-se que exercessem funções como as de superintendência dos edifícios públicos e dos mercados (edis) e de supervisão do tesouro público (questores) e as judiciais (pretores).

A invenção da política na Antiguidade clássica   43

O censor era escolhido de cinco em cinco anos, para um mandato de apenas dezoito meses. Nesse período o ocupante do cargo tinha de realizar o censo, o levantamento das posses de cada cidadão, e vistoriar a observância da moral e dos bons costumes, especialmente no que tangia à conduta dos senadores. Como se tratava de um cargo muito honroso, esperava-se que o censor tivesse antes sido cônsul, o que implicava senioridade.

As assembleias populares variavam de composição e de função: a assembleia das centúrias (*comitia centuriata*), que reunia os cidadãos segundo a divisão das fileiras do exército, elegia os ocupantes dos principais cargos públicos, inclusive os chefes militares — os cônsules —, decidia sobre a guerra e a paz, votava leis e recursos contra penas capitais; enquanto a assembleia das tribos (*comitia tributa*), baseada numa divisão territorial (os diferentes "distritos" da cidade, inclusive os rurais), escolhia os magistrados menores e votava recursos contra sentenças judiciais menos graves. Em ambas, participava o conjunto dos cidadãos, independentemente de seu status social.

Já as *concilia plebis* eram, como dissemos, exclusivas das classes plebeias. Além de eleger os tribunos das plebes e votar assuntos de seu interesse exclusivo, a partir de certo momento da história da República elas começaram a votar também leis válidas para toda a cidade. Mas em nenhuma dessas assembleias o voto era individual e de peso igual, como acontecia na Eclésia ateniense: ele era contado por faixa censitária ou por "tribos". Com isso, evitava-se que a soma dos votos individuais dos grupos mais numerosos, ou seja, os de origem popular, prevalecesse sobre os dos mais abastados.

Duas peculiaridades adicionais das instituições romanas promoviam a unidade interna dos subgrupos de elite. Primeiro, o direito à palavra não era franqueado ao "chão" das assembleias: como em Esparta, discursar em praça pública — o Fórum romano —, perante os cidadãos, era uma prerrogativa dos ocupantes de cargos públicos. Segundo, a "autoridade" (*auctoritas*) do Senado, em princípio uma instituição voltada apenas para aconselhar, sempre buscava antecipar-se às possíveis dificuldades e aos desafios de política tanto interna quanto externa. Assim, nenhum ocupante de cargo público podia encaminhar uma decisão importante sem antes consultar o Senado, onde tomavam assento não só aqueles que tinham mandato em vigor, mas também ex-ocupantes de cargos públicos.

Como o órgão era consultivo, os membros do Senado ficavam livres para examinar as matérias de interesse público e debatê-las. Faziam-no, porém, a portas fechadas, e ao final das sessões propunham decisões, a serem ou executadas pelos magistrados, ou ratificadas nas assembleias.

Por força da tradição que o Senado encarnava, raramente uma consulta por ele votada era desafiada por um magistrado individual — que, se assim o fizesse, perdia imediatamente a confiança dos colegas, com prejuízos para sua carreira política. O Senado, portanto, era o instrumento fundamental de unificação das iniciativas da elite romana e, por conseguinte, de conservação de seu domínio, como um grupo compacto, sobre os demais grupos sociais da cidade. O contraste com os modos de deliberação de Atenas não poderia ser maior: a democracia ateniense, tendo eliminado ou posto em segundo plano qualquer órgão semelhante ao Senado romano, dispunha de uma pluralidade de líderes políticos que, embora normalmente ori-

A invenção da política na Antiguidade clássica 45

ginados das classes mais ricas e educadas, acabavam tendo de expor suas divergências recíprocas a céu aberto, e disputá-las diretamente na assembleia popular.[28]

A política como prática coletiva da liberdade

Na pesquisa das constituições, chegamos a um nó que merece ser logo registrado. A política contém inúmeras camadas de sentido, que foram se sobrepondo desde os gregos. Como anunciado na Introdução, resolvemos destacar *duas concepções polares*. Uma — a política como prática coletiva da liberdade — será formulada e debatida agora, uma vez que está diretamente relacionada à singular forma de Estado vigente na Grécia e em Roma.

Os elementos destacados nas seções anteriores permitem discutir um sentido da "política" inventada na era clássica e legada à posteridade. Sublinhe-se: ao fazê-lo, estamos longe de sugerir um sentido "acima de qualquer suspeita", porque dificilmente poderíamos encontrar, na história do pensamento político, um conceito de significado tão instável como o da própria política. Na análise desdobrada a seguir, vamos ressaltar as semelhanças e diferenças entre as duas experiências de política mais relevantes, a ateniense e a romana, para em seguida buscar uma síntese.

Tomemos como base comum a experiência grega, sem considerar ainda as especificidades romanas, buscando responder à seguinte questão: como os participantes da *polis* se definiam e em que bases justificavam sua disposição para participar? A resposta, como não poderia deixar de ser, está contida no termo genérico empregado para os nomear: "cidadãos". O importante, na palavra, eram os valores que ela supunha promover, isto é, a liberdade e a igualdade. A cidadania grega expressava um modo de unir esses dois valores que diz muito do que, naquele contexto, significava a política.

A questão da liberdade — *eleutheria* em grego, *libertas* em latim — estava intimamente associada à escravidão, socialmente aceita, embora considerada condição humana abjeta. A escravidão era decorrência do direito de conquista e do espólio de guerra. A cidade, entretanto, só existia enquanto tal porque era uma comunidade de homens livres.

O ponto é que, ao lado do espaço em que a escravidão era imposta, existia — e deveria existir, para que houvesse "cidadãos" — outro no qual a liberdade era praticada. De modo que a coexistência de escravidão e liberdade fazia com que o espaço total da cidade estivesse normativamente dividido em dois. De um lado, o *oikos* (*domus*, no latim), termo que designava a casa, o domicílio familiar, em que vigorava uma escala hierárquica que ia da autoridade do chefe da família sobre a esposa e os filhos até o poder de mando sobre os escravos. De outro, a comunidade política, dirigida por um governo de e para homens livres.

No governo da casa, espaço em que estava enquadrado o escravo, o "senhor" (o *despótes*, no grego, ou *dominus*, no latim) representava um poder absoluto e arbitrário, motivo pelo qual "poder despótico" — ou, como diriam os romanos, a "dominação" — indicava um vínculo de completa subordinação, apropriado para seres radicalmente dessemelhantes. Por isso, era um governo qualificado como não político. Ainda que considerada uma relação de estatura moral mais elevada, o governo sobre a mulher e os filhos também era de subordinação.

A invenção da política na Antiguidade clássica 47

Porém, nesse caso, ao pressupor afeto e interesse comum, tal vínculo impunha ao poder do senhor restrições legais maiores ou menores, dependendo do contexto — o que normalmente não acontecia com os escravos. De todo modo, o espaço da casa era o lugar por excelência da dominação.

Para o governo de homens livres, contudo, supunha-se e esperava-se haver algo muito distinto. Tal expectativa tinha um longo enraizamento na história da civilização grega. A certos estudiosos não escapou, por exemplo, a disposição espacial dos chefes guerreiros helenos nas assembleias em que se reuniam, formando um círculo, tal como o faziam também os deuses do Olimpo, como tantas vezes registrou a poesia homérica.

É certo que, no caso dos chefes helenos, ainda estamos longe do tempo em que se formarão as *poleis* e se inventará a democracia, uma vez que as assembleias eram apenas da estirpe social mais elevada, das quais os grupos subordinados não deveriam participar. Mesmo assim, ali estavam insinuadas as marcas da política e da cidadania: a relação de paridade entre os participantes da assembleia, colocados *a igual distância do centro*, simbolizando a natureza do poder coletivo — daí a figura do círculo; e a liberdade para tomar a palavra e aconselhar sobre questões de interesse comum.

"Os que se medem pela palavra, que opõem discurso a discurso, formam nessa sociedade hierarquizada um grupo de iguais [...]", anota o historiador Jean-Pierre Vernant. "Esse espírito igualitário, no próprio seio de uma concepção agonística da vida social, é um dos traços que marca a mentalidade da aristocracia guerreira da Grécia e que contribui para dar à noção de poder um conteúdo novo."[29] Concepção agonística é aquela que vê a existência como destinada ao combate, à luta.

48 *Estado e democracia*

Como que ancorado nessa indicação, o filósofo espanhol Fernando Savater lembra a cena do Canto ɪɪ da *Ilíada* em que os chefes helenos deliberam sobre continuar ou não a guerra contra Troia. Nessa cena estariam representados os elementos aqui mencionados: os guerreiros sentados em círculo, simbolizando a igualdade entre os pares, todos à mesma distância do centro, e o discurso franco e livre de cada um, expressando publicamente o que pensam.[30] Mais tarde, dois desses princípios, a *isonomia* (a paridade entre os cidadãos) e a *isegoria* (a igual liberdade de falar na assembleia) serão resgatados para compor as práticas da política, em particular da democracia.

A cidadania grega, contudo, jamais foi pensada como universal. Ela sempre implicou excluídos. Para o círculo dos incluídos, definia-se certo nível de igualdade entre os membros, nivelação considerada indispensável para que a prática mesma da liberdade pudesse subsistir. Pensava-se que, violada essa condição, imediatamente o cidadão punha-se em risco de também perder sua liberdade, e então ver-se reduzido a um estado semelhante ao do escravo. Os gregos contrapunham, por um lado, o "despotismo", uma forma degradada de governo, fundada na violência arbitrária, dado que homens formalmente livres eram nela governados como se fossem escravos; e, por outro, os "governos políticos", nos quais um conjunto de práticas e instituições garantia que os cidadãos fossem de fato tratados como homens livres.

Como se vê, o reconhecimento comum não só da liberdade, mas de certo status de igualdade entre os membros, era o que definia a ideia de cidadania, *assim como de política*, a prática coletiva que esse espaço circunscrevia, o qual poderia ser mais amplo ou menos amplo em termos de pluralidade social. De

A invenção da política na Antiguidade clássica

modo que, "entre a antiga assembleia guerreira, a assembleia dos cidadãos nos Estados oligárquicos, e a *Ecclesia* democrática, percebe-se uma linha contínua".[31] Para além do círculo onde vigia a política, estavam os não cidadãos, cuja composição variava segundo a forma de governo: dos regimes oligárquicos estavam excluídos da plena participação os pobres, os plebeus, as pessoas sem marcas de distinção, e dos regimes democráticos, os residentes estrangeiros; sem contar (em ambos os casos) os escravos, as mulheres e os muito jovens.

Em que condições concretas, porém, liberdade e igualdade eram praticáveis? A resposta envolveu um leque de diferentes alternativas. Contudo, podemos elaborar uma fórmula geral a partir dos elementos comuns. O ponto fundamental era que o processo de tomada de decisões não fosse a expressão de uma vontade caprichosa, de uma pessoa ou de um grupo. Ao capricho — índice maior de um poder arbitrário, despótico — se contrapunha a ideia de um empreendimento comum que resultasse de um processo de reflexão público, feito em espaço aberto e visível, exato oposto das decisões tomadas na "antecâmara", o espaço encoberto, privado, ambiente da dominação.

Hannah Arendt fez uma elaboração perspicaz dos elementos da experiência antiga, em particular da grega. Sem adiantar o final do filme, sabe-se que a autora se vale dessa reflexão para fazer a crítica da experiência política moderna, o que nos será valioso para discutir, no capítulo 6, em chave apropriada, a crise atual das democracias. Mas para chegar lá é necessário entender bem a leitura que Arendt realiza, tendo por horizonte a Antiguidade clássica.

Em primeiro lugar está a hipótese de que os gregos descobriram a práxis da política, isto é, inventaram a prática e ao mesmo tempo puseram, reflexivamente, a primeira camada de sentido no conceito.

> Empregar o termo "político" no sentido da *polis* grega não é nem arbitrário nem descabido. Não é apenas etimologicamente e nem somente para os eruditos que o próprio termo, que em todas as línguas europeias ainda deriva da organização historicamente ímpar da cidade-Estado grega, evoca as experiências da comunidade que pela primeira vez descobriu a essência e a esfera do político.[32]

A autora sugere uma identidade entre aquela experiência histórica e o sentido "essencial" da política. Tal sentido define uma das duas concepções polares que introduzimos. Sua perspectiva expressa não só um campo na tradição do pensamento, mas também uma prática social que, de tempos em tempos, ressurge, com impacto efetivo, na história da civilização ocidental.

Vejamos como Arendt inscreve no conceito de política os dois valores da cidadania de que falamos anteriormente. Primeiro, a liberdade:

> Se entendemos então o político no sentido da *polis*, sua finalidade ou *raison d'être* seria estabelecer e manter em existência um espaço em que a liberdade pudesse aparecer [...]. Tudo o que acontece nesse espaço de aparecimento é *político por definição*, mesmo quando não é um produto direto da ação. O que permanece de fora, como as grandiosas façanhas dos impérios bárbaros, pode ser excepcional e digno de nota, mas estritamente falando não é político.[33]

O "de fora" mencionado na citação, do qual as "façanhas dos impérios bárbaros" são apenas um exemplo, indica, como a própria Arendt diz, *o campo do não político*. Qualificá-lo como não político, porém, de modo algum significa torná-lo dispensável ou sem importância para a vida humana. Como vimos, o que acontecia no âmbito doméstico, o *oikos*, fazia parte do não político, mas nem por isso deixava de ser imprescindível. O mesmo valia para a guerra. Trata-se, portanto, não de mútua negação — como se fazer uma impedisse em definitivo de fazer a outra —, mas de uma demarcação, colocando uma fronteira para o conceito.

A guerra traz à tona um ponto bastante delicado, pois remete à questão da violência. De novo acompanhamos o ponto de vista de Hannah Arendt, que registra, sempre de olho na experiência grega, a oposição entre política e violência:

> As justificativas das guerras, mesmo no plano teórico, são muito antigas [...]. Entre seus pré-requisitos óbvios está a convicção de que as relações políticas em seu curso normal não caem sob o domínio da violência, e essa convicção encontramos pela primeira vez na Antiguidade grega, na medida em que a *polis*, a cidade--Estado grega, definia-se explicitamente como um modo de vida fundado apenas na persuasão, e não na violência.

E ela acrescenta: "Fora dos muros da *polis*, isto é, fora da esfera da política no sentido grego do termo, 'os fortes faziam o que podiam, e os fracos sofriam o que deviam' (Tucídides)".[34] A violência se opunha à política do mesmo modo que se opunha ao gesto de persuadir, pois este só fazia sentido onde houvesse um espaço de liberdade. Espaço no qual as pessoas se dispunham a erguer um empreendimento coletivo na medida em que, através do "discurso", para usar o termo recorrente da autora, conseguissem fazê-lo de comum acordo, sem coação.

Em segundo lugar está o valor da igualdade, que é apresentado não como o adendo de um elemento estranho, mas como condição necessária da prática mesma da liberdade.

> A igualdade, que muitas vezes consideramos, seguindo os critérios de Tocqueville, uma ameaça à liberdade, era quase idêntica a ela. Mas essa igualdade no âmbito da lei, sugerida pela palavra "isonomia", não era uma igualdade de condições, [...] e sim *a igualdade daqueles que formam um grupo de pares*. A isonomia garantia *isotes*, a igualdade, não porque todos os homens nascessem ou fossem criados iguais, mas, ao contrário, porque os homens eram por natureza (*phisei*) não iguais e precisavam de uma instituição artificial, a *polis*, que, em virtude de seu *nomos* (lei), os tornaria iguais. A igualdade existia apenas neste campo especificamente político, em que os homens se encontravam como cidadãos, e não como pessoas privadas.[35]

Alexis de Tocqueville, o autor mencionado na citação, é o pensador francês do século XIX que identificou "democracia" não com um regime político, uma forma de governo, mas com a igualdade social (voltaremos a ele nos capítulos 4 e 5).

Por ora, vale enfatizar o sentido contrastante de igualdade apresentado por Arendt: não se trata de um dado universal da condição humana independente do que as pessoas fazem, mas de um valor inscrito numa certa prática coletiva que pretende interditar as relações de dominação *entre os praticantes*, os cidadãos. A igualdade, nessa acepção, só adquire pleno significado se a remetemos à liberdade visada por essa prática. Pois também a liberdade não é aquilo que se faz fora do âmbito da política, e sim, ao contrário, um valor decantado por meio do empreendimento comum, que se dá entre iguais. No fundo, liberdade e igualdade representam, nessa concepção de política, um par inseparável.

Antes empregamos o termo "comum acordo" para nos ajudar a definir a peculiaridade da prática aqui analisada. Poderíamos nos perguntar: como a divergência e o conflito entram nesse jogo? Se estamos interpretando corretamente a experiência histórica na qual a política foi inventada, ambos os termos eram condição prévia, um dado da existência social. Mas haveria dois modos opostos de lidar com o acordo coletivo. O primeiro, negando-o, pela imposição da violência, algo que decerto fora tentado inúmeras vezes. O segundo, praticando justamente a política, a qual, ao reconhecer a divergência e o conflito, mobiliza a palavra como principal meio de lidar com eles.

"Palavra", é claro, remete ao exercício de trocar argumentos. Contudo, não é que esse exercício pudesse levar os falantes, infalivelmente, a acatar o melhor argumento, questão também discutível. Longe disso. O central é que o uso compartilhado da palavra ampliava o horizonte de acordos possíveis, ainda que a divergência e o conflito persistissem. Em arena apropriada, feita para abrigar um processo deliberativo, o discurso colocava em movimento diversos recursos de mediação: considerar precedentes e efeitos de longo prazo, vantagens e desvantagens, soluções intermediárias de interesses em oposição, enfim, bases mais amplas de acordo que relativizavam o peso das questões disputadas. O objetivo, portanto, não era a unanimidade, mas algo bastante distinto, que vamos chamar de *busca do consenso*.

Tentemos agora uma definição, levando em conta os termos introduzidos até aqui: *política é a prática coletiva da liberdade*. Isso significa, como mencionado na "Introdução", que a política ocorre quando se abre um espaço público no qual seres humanos livres e iguais se comprometem com um processo deliberativo, a saber, uma interação na qual as preferências iniciais dos participantes possam ser alteradas em função dos argumentos apresentados. Nesse espaço, a palavra seria, então, o único meio reconhecido de persuasão e deliberação. Note-se como a igualdade é fundamental nessa definição: sendo o único recurso disponível, para que haja plena liberdade a palavra tem de estar franqueada igualmente a todos.

Essa definição está bastante amparada na experiência ateniense, interpretada por Arendt. Roma, a outra experiência exemplar da Antiguidade clássica e também examinada pela teórica alemã, exibe uma complicação que merece registro. Em Roma encontra-se um direito formalizado, que avançou mais que na Grécia. A ideia de liberdade como ausência de dominação, garantida por um governo não arbitrário, se expressou com ênfase na oposição entre o "império dos homens" e o "império da lei". O poder não arbitrário era o governo no qual a lei prevalecia, sendo que *lei* expressava a ideia de uma medida comum que regulava, moderava e, portanto, não ficava sujeita às oscilações características da vontade humana, volátil e efêmera.

Nessa perspectiva, a lei restava comprometida menos com a ideia de um empreendimento comum plenamente vinculado ao processo deliberativo do que com a de uma regra fixa, colocada acima da vontade flutuante dos homens — por isso mesmo sancionada religiosamente —, que os romanos chamavam de *mos maiorum*, a lei fundada em práticas longamente reiteradas, cuja violação equivalia a uma impiedade, isto é, ao não cumprimento de um dever sagrado.

Mesmo que qualquer governo fosse exercido por homens, como de fato eram, a noção de império da lei significava que esse governo era limitado por norma que transcendia o poder dos eventuais ocupantes dos cargos públicos. Por exemplo: o *imperium* (direito de mando) do ocupante de um cargo executivo romano era um poder individualizado e vinculativo — dava a seu detentor a capacidade de coagir em nome da lei —, mas ainda assim condicionado a uma série de restrições, escritas ou não escritas. O mesmo se dava no âmbito das assembleias populares.

Arendt capturou a especificidade dessa experiência através do conceito de *autoridade*. Ela mesma destaca que os gregos não o conheciam.

> Visto que a autoridade sempre exige obediência, ela é comumente confundida com alguma forma de poder ou violência. Contudo, a autoridade exclui a utilização de meios externos de coerção; onde a força é usada, a autoridade em si mesma fracassou. A autoridade, por outro lado, é incompatível com a persuasão, a qual pressupõe igualdade e opera mediante um processo de argumentação [...]. Se a autoridade deve ser definida de alguma forma, deve sê-lo, então, tanto em contraposição à coerção pela força como à persuasão através de argumentos.[36]

Conforme se vê, a autoridade implica uma noção de hierarquia que não combina bem com o sentido de igualdade que expusemos anteriormente: "Contra a ordem igualitária de persuasão", diz Arendt, "ergue-se a ordem autoritária, que é sempre hierárquica".[37]

Como, então, a autoridade obtinha o assentimento livre dos governados? Pelo respeito sacrossanto à *mos maiorum* — em suma, à tradição, que remetia ao momento fundador da cidade, considerado um evento fora do tempo normal, inscrito na religião mítica. A autoridade da lei era a autoridade da "fundação", reivindicada por um grupo destacado de homens que, no caso romano, compunha o Senado:

> No âmago da política romana, desde o início da República até virtualmente o fim da era imperial, encontra-se a convicção do caráter sagrado da fundação, no sentido de que, uma vez que alguma coisa tenha sido fundada, ela permanece obrigatória para todas as gerações futuras. Participar da política significava, antes de mais nada, preservar a fundação da cidade de Roma.[38]

Embora, afirma Arendt, o Senado não fosse formalmente a sede das decisões vinculantes do Estado, as quais eram atribuições das assembleias do povo (*populus*) e dos ocupantes dos cargos públicos, ele detinha a prerrogativa de aconselhar o conjunto da cidadania sobre as decisões a serem tomadas. E o fazia tendo em conta as já aludidas restrições à vontade, escritas ou não escritas. Contudo, mais importante que seu estatuto jurídico era o fato de elas implicarem sanção religiosa. O Senado não detinha o poder vinculativo formal da República, mas não o ouvir significava algo semelhante a lançar um desafio aos deuses.

Como estamos tratando de uma instância de articulação do poder estatal que admitia apenas uma parte dos cidadãos —

aqueles provenientes dos grupos de status mais elevados —, parece-nos evidente que sua prerrogativa reintroduzia no interior da comunidade política a estratificação social que preexistia a ela. Sem dúvida, a política romana, ao reconhecer poder decisório às assembleias populares e aos magistrados exclusivos dos grupos de status inferior, como os tribunos das plebes, forçava a invenção de práticas de mediação do conflito social. Isso produzia uma importante refração do domínio de classe, mas não o deslegitimava. Ao fim e ao cabo, a autoridade do Senado significava, de fato, a autoridade da classe aristocrática. É verdade que, a despeito da incorporação desse elemento de domínio de classe na estrutura de governo, a prática da política implicava reconhecer uma arena de busca do consenso — logo, o direito das classes populares à liberdade (*libertas*) comum. De outro modo, contudo, ela também validava aquele domínio, na medida em que a *auctoritas* do Senado implicava o poder desigual dos grupos de escol.

Enfim, a perspectiva romana do império da lei compete em boa medida com a perspectiva que ancorava a lei diretamente na formação de um empreendimento igualitário, colado ao princípio de isonomia da política grega. Com efeito, armada do instituto da autoridade, a elite dirigente romana buscava precaver-se não só dos perigos da tirania, mas também das iniciativas que desafiavam seu domínio social, as quais emergiam de tempos em tempos entre as classes populares.

É óbvio que a desigualdade também existia na Atenas democrática, pelo simples fato de que havia ricos e pobres, dos grandes detentores de recursos materiais e sinais de prestígio até os mais destituídos. A questão é que o conceito grego de cidadania, ao incorporar inteiramente o princípio da igualdade (isonomia), inibia a presença, *na estrutura do poder político*, da estratificação, que a precedia. Isso tinha consequências no conceito de agir com liberdade; logo, de agir livre de dominação.

Como compatibilizar os elementos romanos elencados com o conceito de política proposto antes? A questão é espinhosa. Arendt reconhece o caráter especial da experiência de Roma, embora sua inclusão na concepção de política só seja consistente se pudermos afrouxar o vínculo estreito entre liberdade e igualdade, uma vez que não se cumpria a exigência de igual acesso ao processo deliberativo, exclusivo do corpo senatorial.[39]

Na Introdução, advertimos que, a fim de tornar mais claro o contraste entre as duas concepções de política discutidas neste livro, seria necessário recorrer ao artifício de abstrair e extremar os sentidos do conceito. Aqui, a síntese extraída da experiência grega concorre melhor para esse objetivo que a romana, pois é menos ambígua quanto ao problema da dominação. No restante do livro, portanto, o primeiro polo da política será entendido como o da prática de uma associação de homens *livres e iguais* que se engajam em *processo deliberativo* para constituir um empreendimento comum, ou, em outras palavras, como prática coletiva da liberdade.

O fim da civilização antiga

Tendo em conta o panorama explorado até aqui, faremos breves considerações sobre o declínio das experiências máximas da política na Antiguidade: a democracia ateniense e a república romana. Embora as duas cidades tivessem se erguido

A *invenção da política na Antiguidade clássica* 59

a partir de dimensões modestas em comparação com as da atualidade, tão logo adquiriram unidade e potência suficientes passaram a conquistar territórios e populações ou, quando isso não era possível, a ter "hegemonia" (como os gregos a chamavam) sobre outros povos, transformados em protetorados e povos-clientes. A soma de conquista e hegemonia, entendida como capacidade de liderança, por sua vez, transformou as cidades-Estado bem-sucedidas em "impérios".

Atenas, depois de ter se juntado às cidades gregas independentes para impedir a conquista da península pelo Império Persa, no começo do século v a.C., acabou ela mesma indo às vias de fato com a principal aliada, Esparta, numa guerra implacável, que durou quase trinta anos. O confronto foi transcendente para os rumos da Grécia clássica, uma vez que esgotou as energias não só da comunidade ateniense, mas das demais cidades, além de ter subvertido os fatores que até então tinham tornado o conflito de classes um motor de pujança da democracia.

A derrota para Esparta em 404 a.C., de certo modo, deu início à ruína do império ateniense, a despeito de aparentes, mas curtas, etapas de recuperação. A perda de potência externa produziu efeitos debilitadores no acordo de fundo da *polis*, que antes dera margem para que o conflito entre ricos e pobres permanecesse dentro de um limite razoável, sem afetar a identidade comum. A democracia de Atenas ainda iria perdurar por cerca de sete décadas, até ficar à mercê dos exércitos de Filipe da Macedônia, o qual colocou um fim à independência da cidade e, com isso, ao autogoverno do povo.[40]

Roma, por sua vez, teve mais sucesso na construção do Império. Depois de ter derrotado e destruído a principal rival no

Mediterrâneo, Cartago (na região da atual Tunísia), durante as centenárias Guerras Púnicas (entre 240 a.C. e 146 a.C.), viu franqueado o caminho de uma expansão quase permanente. Mas nesse caso foi não o encontro de um adversário à altura, como ocorreu com Atenas, e sim a falta dele que acabou desatando fatores que foram destruindo a república por dentro. O mecanismo expansionista comprometeu as relações entre a cidadania e a guerra.

Cada vez mais distante da pátria, ausente dela por longo tempo, por conta de campanhas contínuas, o cidadão-soldado foi se tornando membro de um exército crescentemente profissionalizado e permanente. A lealdade à república e à classe de origem foi se enfraquecendo, assim como a do general que os comandava. Este, em particular, foi desfazendo os laços que o comprometiam com a elite. A fragmentação da unidade interna da classe dirigente levou a uma sucessão de guerras civis e à quebra da identidade coletiva que a República expressava. Depois de lutas fratricidas intermitentes por quase um século, por volta dos anos 30 a.C. um poder de tipo autocrático se ergueu sobre os escombros da república, unificando numa só estrutura a cidade original e o império em que se convertera.[41]

Houve, então, uma inédita integração das diversas formas de vida existentes ao redor do Mediterrâneo, abrangidas pelo território do Império Romano na Europa, no Norte da África e no Oriente Próximo. A certa altura, o próprio Império foi repartido, política e administrativamente, em duas metades, a ocidental e a oriental, o que produziu uma bifurcação não só geográfica, mas histórica. O advento do Estado imperial significou o prolongamento da civilização antiga na metade ocidental por cerca de quatro séculos e meio, isto é, da ascensão de Otávio Augusto como imperador, no final do século I a.c., até as invasões germânicas, as chamadas "invasões bárbaras", no século V d.C., as quais, aí sim, levaram à sua destruição. A parte oriental, que a tradição alcunhou de "Império Bizantino", sobreviveu por ainda mais um milênio.

A decadência e o colapso do Império Romano envolvem, na verdade, um emaranhado de fatores. Nas palavras de um historiador, "a ruína do mundo antigo é uma tragédia de muitas vozes".[42] Primeiro, porque entrelaça diversas causas internas, relativas ao enfraquecimento das estruturas sociais, institucionais e econômicas que sustentavam o poder. Depois, havia as circunstâncias externas, ou seja, a pressão exercida pelos povos e Estados fronteiriços. De certo modo, no saber acadêmico, discutir o colapso da civilização greco-romana tornou-se o modo canônico de debater as causas do colapso da civilização em geral. Toca, portanto, uma corda sensível.

Contemporaneamente, muito se examinaram as causas materiais, econômicas, do declínio. Impossível discuti-las todas aqui. Mas, pela relação que esse declínio guarda com o presente capítulo, vamos dedicar algumas linhas a um dos pontos centrais, relativo ao trabalho escravo. Talvez nenhuma outra civilização tenha se sustentado tão sistematicamente na escravidão, uma vez que ela não só garantia boa parte do labor corriqueiro na cidade e o grosso realizado longe dela — na grande propriedade agrícola, nas minas, no transporte de cargas etc. —, mas também possibilitava aos cidadãos tempo livre para participar na *polis*.

Como vimos, no apogeu das práticas políticas, o crescimento da mão de obra escrava foi concomitante à conquista de povos e territórios. Mas em Roma, com o encerramento das guerras civis da República e o consequente advento do regime dos imperadores, a elite imperial se deu conta de que a estrutura do Estado não permaneceria de pé se a expansão territorial prosseguisse indefinidamente.

Ainda no governo do primeiro imperador, Otávio Augusto, após uma incursão desastrada em território germânico além do Reno, não se tentou anexar novos espaços na região. De fato, a última ampliação do Império se deu em regiões do Danúbio e do Oriente Médio, com o imperador Trajano, entre as décadas de 100 e 110, após vencer uma guerra contra os dácios, nos Bálcãs, e contra o Império Parta, que abrangia aproximadamente os atuais Iraque e Irã. Mas foram conquistas frágeis, só parcialmente consolidadas. A partir daí, os imperadores passaram a construir muralhas nas linhas tidas como mais vulneráveis — vestígios das quais ainda podem ser vistos no norte da Britânia (Inglaterra) e às margens dos rios Danúbio e Reno —, sinal inequívoco da vontade de estabilizar as fronteiras e passar do movimento expansivo para o defensivo: assim se fez a *Pax Romana*.

É claro que isso afetou o que por muito tempo havia sido a estratégia principal de renovação da mão de obra escrava. Sem novas conquistas, o Império não tinha como suprir a forma escravagista de exploração do trabalho, a não ser pela reprodução (sexual) ou pela aquisição mercantil, ambas insuficientes para responder às necessidades de reposição, além de a encarecerem. Alguns estudiosos viram aí o impulso subterrâneo mais relevante para a decadência do mundo romano. Ele subvertia o princípio de construção do modo de vida romano, a começar na parte ocidental, onde o uso sistemático da escravidão na agricultura havia deitado raízes.[43]

A invenção da política na Antiguidade clássica 63

As causas espirituais e morais do declínio do mundo antigo também merecem destaque. Entre elas, o advento do cristianismo, a adesão por ele obtida ao longo do Império e entre suas classes, inclusive entre a aristocracia, a despeito das periódicas perseguições infligidas aos seguidores, até a época em que se tornou a religião patrocinada pelo próprio imperador. O cristianismo modificou por completo a escala de valores da civilização antiga, em especial a orientação para os valores marciais, o éthos guerreiro voltado para a vida arriscada dos combates e a busca da glória.

A vida militar — na qual, por certo, a conquista e a supremacia apareciam como prêmios — era não só parte dos hábitos e costumes, mas o fundamento da existência e da capacidade de persistir. Ao incutir a troca dessa orientação pela busca da salvação da alma após a morte, o amor à humanidade, o perdão incondicional, a humildade em vez da glória, tal como pregavam Jesus e os pais da futura Igreja católica, o cristianismo rompeu a fibra ética do paganismo clássico. Nessa perspectiva, a história do cristianismo, a história do regime autocrático-imperial e a decadência da cultura greco-romana, não interrompida mesmo nos intervalos de aparente revitalização, andariam juntas. Embora não seja a única vereda explicativa que percorreu, a monumental obra do historiador Edward Gibbon sobre o assunto,[44] *The History of the Decline and Fall of the Roman Empire*, publicada no último quartel do século xviii, deixou esse ponto para a posteridade, por sugeri-lo com uma erudição e eloquência talvez sem precedentes.

Ao longo do século xix, a questão ganhou novos intérpretes e até adquiriu maior consistência conceitual e argumentativa, particularmente entre acadêmicos e intelectuais alemães.

64 — Estado e democracia

Mesmo que entusiasme pouco a ciência histórica contemporânea, que enxerga nela uma deriva excessivamente especulativa, essa corrente de interpretação fascinou e continua a fascinar estudiosos de várias disciplinas.[45]

Caberia listar outros fatores que, sobredeterminando os já mencionados, também integraram a reflexão sobre o tema: impostos crescentes para sustentar o numeroso exército e a burocracia imperial; inflação resultante da necessidade de arcar com uma despesa pública incompatível com a receita; lutas sucessórias, não raro produzindo guerras sangrentas entre diferentes facções do exército; esgotamento do solo e consequente despovoamento de áreas rurais; mudanças climáticas de longo alcance (secas) afetando as colheitas; epidemias devastadoras, como as ocorridas na última metade do século II, que, ao causar extensos e repentinos "vazios" demográficos, desorganizaram duramente não só a economia, mas outros aspectos da vida social; a penetração na Europa, em fins do século IV, de povos nômades provenientes das estepes asiáticas, que então pressionaram as tribos germânicas para dentro das fronteiras do Império, rompendo a *Pax Romana*.[46]

Pode-se observar, nessa lista, aquela sobreposição de causas internas e circunstâncias externas acima referida, as quais durante um bom tempo podem não ter se entrelaçado, dando sobrevida à ordem existente; porém, tão logo o duplo conjunto de fatores se fundiu, o edifício imperial desmoronou.

A parte a oriente do Império, como mencionamos, sobreviveu por muito tempo, tornando-se uma potência estatal particular. Sobre ela incidiu uma decadência lenta e sinuosa, pontuada talvez por um número maior e mais bem-sucedido de esforços de "renascimento", sem, todavia, reverter a curva declinante.

A invenção da política na Antiguidade clássica   65

Contribuiu decisivamente o fato de que, na história do Império como um todo, o centro dinâmico tenha se deslocado para o Mediterrâneo oriental. A mudança da capital para Bizâncio (rebatizada Constantinopla e depois Istambul, hoje a maior cidade da Turquia), no início do século IV, marcou o reconhecimento de que, apesar de preservar a força simbólica, a cidade de Roma perdera a capacidade de aglutinar e distribuir adequadamente as forças vivas da ordem que havia fundado e promovido.

Sem poder contar com as principais virtudes que caracterizaram o frescor daquela civilização, o Império Bizantino certamente herdou os vícios que foram se acumulando no regime pós-republicano. É espantoso que tenha conseguido resistir, ainda que aos trancos e barrancos, aos desafios, entre os quais a ascensão do islamismo, transformado em potência estatal de primeira envergadura, a invasão mongol a leste e o surgimento dos povos eslavos ao norte, surgimento que tornou instável o controle sobre os Bálcãs e a península grega.[47] Tudo somado, a integridade territorial do Império desfez-se pouco a pouco, até que restou um pequeno núcleo em torno de Constantinopla, antes de cair definitivamente em 1453.

A recapitulação nos dá a oportunidade de enfocar, à guisa de conclusão, um fator pouco desenvolvido até aqui, mas muito caro à abordagem geral deste volume: a própria política. A questão da política é, no fundo, uma resultante da interação entre os fatores materiais e os fatores morais-espirituais debatidos. Como vimos ao longo deste capítulo, a invenção da política — no sentido de prática coletiva da liberdade — significou a busca de consenso e mediação do conflito social, graças à ascensão de classes populares independentes que passaram a desafiar o monopólio do poder estatal detido pelas classes ricas.

Em Roma, o apogeu da mediação se deu ao longo do período republicano, mas acabou perdendo vigor pelas razões indicadas no início desta seção. A crise insolúvel da República foi resolvida com a construção de um tipo de Estado, o imperial, até então desconhecido pelos romanos: um aparato burocrático em contínua expansão, em cujo topo assentava-se a elite comandada por um autocrata. Para garantir sua legitimidade perante o conjunto do Império, ambos foram pouco a pouco se descolando da comunidade romana original. Trabalhavam cada vez mais para o "Povo do Império" e cada vez menos para o "Senado e o Povo de Roma".

Por longo tempo, as instituições clássicas — os cônsules, os tribunos, as assembleias do povo, o Senado — foram aparentemente preservadas pelos imperadores, porém cada vez mais como meras sombras da antiga autoridade. Reflexo, na verdade, da transformação da cidadania romana, que já não era mais a comunidade política impulsionada pelo conflito entre as classes que a compunham, exercendo e controlando de forma coletiva o poder estatal da República. Havia, ao contrário, se tornado o apêndice de um Estado hipertrofiado, nascido do congelamento do conflito social, na medida em que as classes antagônicas perderam existência independente.

Fato curioso: no ano 212, o imperador Caracala baixou um édito reconhecendo a cidadania romana para o conjunto dos homens livres que viviam em toda a extensão do Império, algo obviamente inimaginável no antigo regime republicano. Iniciativa de um autocrata, ela só poderia ter acontecido porque a cidadania perdera o caráter propriamente político: a enorme diferença que antes existia entre cidadão e não cidadão, inclu-

A invenção da política na Antiguidade clássica 67

sive entre o mais pobre dos cidadãos e o escravo, tornava-se agora pouco significativa.[48]

A civilização greco-romana sobreviveu à mudança da estrutura de poder, porém isso teve um preço. A expansão da estatalidade se deu em detrimento da qualidade da cidadania. A política nos moldes antes praticados não desapareceu de repente, e talvez nem completamente, mas recuou até se tornar, ao final, apenas um vestígio do que fora.

2. As raízes do Estado moderno

Diz-se que em 476 d.C., quando Odoacro se tornou o rei da Itália, acaba a Antiguidade e começa a Idade Média. Mas por que "média"? "Média" entre o que e o quê? A resposta é do século XVI, que

> se via como o renascimento da civilização greco-latina, e, portanto, tudo que estivera entre aqueles picos de criatividade artístico-literária (de seu próprio ponto de vista, é claro) não passara de um hiato, de um intervalo. Logo, de um tempo intermediário, de uma idade média.[1]

Posteriormente, a imagem de "barbárie, ignorância e superstição" medieval foi reforçada pelos iluministas dos 1700.[2]

Na contramão, os românticos oitocentistas, em especial na Inglaterra e na Alemanha, valorizaram a Idade Média por ser carregada da espiritualidade e dos valores que estariam na origem do nacionalismo moderno. Para eles, a recuperação do Medievo funcionava como antídoto ao imperialismo napoleônico e à racionalidade da Filosofia das Luzes.[3]

É difícil aceitar sem restrição quaisquer das imagens extremadas sobre o período medieval. Cerca de mil anos não podem ser interpretados em bloco. Algumas características, contudo, são razoavelmente consensuais. Por exemplo, a *regressão das*

As raízes do Estado moderno 69

cidades e o consequente retraimento para os domínios rurais. Depois vieram os feudos, que se originaram de doações de terras, as quais investiam de "poderes jurídicos" e políticos seus recebedores, "em troca de serviços militares".[4] De acordo com o historiador Jacques Le Goff, "a Idade Média [...] repousa sobre a terra. A Idade Média é rural. É sobre essa ruralidade que se articula o conjunto de outras redes".[5]

Em virtude da ruralização, o Estado, que tende a ser citadino por concentrar funções e riquezas, se enfraqueceu. O declínio estatal trouxe a "ruptura da relação (de direito público) entre o Estado e o cidadão, ocasionada pela deterioração do poder político [...], e a sua substituição por formas de subordinação pessoal (constituídas sob modelos jurídicos de direito privado)".[6]

Em determinadas fases desse período, o Estado foi praticamente reduzido a famílias que reivindicavam para si a condição de principescas, no sentido literal da palavra, de *primus inter pares*: a primeira entre iguais. Apesar da musculatura de alguns dos clãs, os "Estados" que controlavam eram fracos e limitados, pois seus pares impediam, na prática, a centralização. Entretanto, será do improvável solo medieval que irá surgir, em formato completamente inovador, o Estado moderno. Entender como e por que isso ocorreu é o objetivo deste capítulo.

Teremos de atravessar, todavia, um leito sinuoso até aportarmos no Estado absolutista, o primeiro molde do Estado moderno. Na seção inaugural do capítulo, discutimos o contexto europeu entre os séculos V e VIII, forjado por duas diferentes invasões germânicas que estabeleceram relações peculiares com o legado cultural e jurídico romano. Na seção seguinte damos conta da tentativa de Carlos Magno e seus descendentes, entre os séculos VIII e IX, de restaurar elementos do Império Romano e reconstruir o Estado, inspirados pela herança latina e por vínculos com a Igreja católica. Apesar de relativamente bem-sucedido durante certa fase,[7] o projeto falhou. Aí se abriram as portas ao feudalismo, e o excedente produtivo propiciado pela ordem feudal irá se conjugar ao ressurgimento da estatalidade, como se verá na terceira seção. Na quarta seção analisamos como, pouco a pouco, os reis passaram a reclamar, com êxito, o direito de exercer seu domínio de modo incontrastável sobre territórios fixos, lançando os fundamentos do absolutismo e do Estado nacional moderno. Em seguida, apresentamos um desfecho da explicação do absolutismo falando sobre sua relação com o feudalismo e o capitalismo. E finalmente, como ponto de fuga, discutimos o surgimento, durante o absolutismo, de alguns conceitos e instituições fundamentais da política moderna, como soberania e parlamento.

As duas invasões germânicas e a desarticulação do Estado

Com a derrubada de Roma, a penetração das tribos germânicas reconfigurou o território europeu. Diferentes agrupamentos tomavam posse das províncias romanas, ou apenas de partes delas, mesmo assim de forma ainda não definitiva. De início, os chamados ostrogodos, entre outros, ocuparam a península Itálica; os burgúndios, francos, alanos, suevos e visigodos, as regiões da Gália e a Espanha, e os vândalos, o Norte da África. Essa é uma etapa confusa e repleta de detalhes. O mosaico de povos que penetraram a parcela ocidental do Império cria

As raízes do Estado moderno

situação pedregosa para o analista, que deve cuidar para não tropeçar na árvore e perder de vista o bosque.

Para começo de conversa, os latinos e a profusão de povos ditos germânicos já tinham contatos comerciais e estratégicos desde antes da queda de Roma. Essas relações ocasionaram a diferenciação interna das tribos "bárbaras", pois impulsionaram estruturas de poder hierárquicas em torno de chefes militares. O séquito dos líderes se distanciava das atividades agrícolas praticadas pelo restante da tribo. Deixando para trás uma espécie de comunismo primitivo — sociedade lastreada "no direito coletivo aos recursos igualitários, [na] ausência de direitos hereditários ou de domínio autoritário e [nas] relações igualitárias" —,[8] os germânicos transitavam para articulações diferenciadas.

Com frequência surgiam conflitos internos entre as frações guerreiras e, "por meio de subvenções e alianças, a diplomacia romana inflamava essas disputas intestinas, com o objetivo de neutralizar pressões bárbaras sobre a fronteira e cristalizar um estrato de governantes aristocráticos dispostos a cooperar com Roma", explica o historiador Perry Anderson,[9] a quem iremos seguir, embora não exclusivamente, neste capítulo.

Por outro lado, entre os séculos I e V — quando o Império já emitia sinais de fragilidade, mas ainda estava de pé —, um contingente numeroso de germânicos se incorporou aos exércitos romanos, que eram designados legiões. Fizeram-no tanto por serem recrutados para vigiar as fronteiras como porque viam aí oportunidade para galgar postos de comando e receber soldos superiores.[10]

Por que, então, os "bárbaros" invadiram os domínios imperiais? Ao que tudo indica, porque os espaços que ocupavam antes foram conquistados pelos hunos, populações de origem mongol que se destacavam pelo uso avançado, a cavalo, do arco e da flecha. Empurradas, as tribos que circundavam o Império Romano cruzaram as fronteiras no alvorecer do século V e, por décadas, foram ocupando rincões cada vez mais distantes.

Em 31 de dezembro de 405, em pleno inverno, suevos, vândalos e alanos atravessaram o leito congelado do rio Reno, no limite setentrional do Império.[11] Em agosto de 410, Alarico comandou os visigodos em um saque de três dias a Roma. Quando chegaram à região espanhola, o religioso católico Isidoro de Sevilha deixou um relato:

> Os vândalos, os alanos e os suevos ocuparam a Espanha, mataram e destruíram muitos nas suas sangrentas incursões, incendiaram cidades e saquearam as propriedades assaltadas, de forma que a carne humana era devorada pelo povo na violência da fome.[12]

Duas décadas depois, vândalos e visigodos chegaram à África.

Portanto, no momento em que Odoacro depôs Rômulo Augusto, o último imperador romano, inúmeras tribos se encontravam assentadas no interior do Império. Os resultados foram surpreendentes, pois elas destruíram as estruturas econômicas, políticas e militares de Roma e, simultaneamente, tentaram conservar a cultura latina. As tribos não conheciam a estatalidade — isto é, uma autoridade suprema *permanente* —, eram desprovidas de legislação sobre propriedade e não tinham linguagem escrita, fatores indispensáveis para a gestão das enormes superfícies que passaram a ocupar.

As raízes do Estado moderno 73

Em razão do contato com os romanos, os germânicos assimilaram parcialmente a instituição da monarquia, tipo de autoridade individual, agora concentrada num chefe guerreiro.[13] No regime nascente, entretanto, as decisões reais ainda eram limitadas por assembleias de sujeitos livres, aos quais cabia inclusive eleger os reis. Importante reter: a concepção limitada de monarquia será influente no papel mais tarde desempenhado pelos monarcas feudais.

Ainda que os monarcas guerreiros tenham se tornado, com o tempo, líderes estabelecidos, os germânicos não eram capazes de articular um "universo político novo ou coerente". Consequentemente, inventaram "arranjos improvisados", inspirados na cultura romana, à qual se combinavam elementos das práticas tradicionais dos invasores. Com frequência, criava-se um cenário de "dualismo institucional": os romanos eram geridos por leis latinas e os germânicos, por suas regras costumeiras.[14] Um exemplo de dualismo é o chamado Breviário de Alarico (visigodo), que compilou leis romanas aplicáveis apenas aos súditos originados do Império.

Por influência da cultura clássica, as tribos passaram a redigir legislações, incorporando alguns preceitos latinos, como exemplificam o Código de Eurico (visigodo) e o Lex Gundobada (burgúndio). Isso, em parte, pode se explicar pelo interesse dos monarcas germânicos em fixarem leis que os legitimassem — intento para o qual o código jurídico romano estava preparado.[15] Contudo, mesmo com a incorporação da cultura estatista romana, os povos estrangeiros desenvolveram baixo grau de estatalidade. "Os reinados germânicos típicos dessa fase", diz Anderson, "ainda eram monarquias rudimentares, com regras de sucessão incertas, apoiadas em corpo de guardas reais ou em séquitos familiares, a meio caminho entre os seguidores pessoais do passado tribal e os nobres agrários do futuro feudal."[16]

O poder das hordas sobre as províncias romanas não perdurou. No século VI uma segunda vaga invasora pôs fim aos arranjos da primeira.[17] Houve três novidades fundamentais: a conquista definitiva da Gália pelos francos, a ocupação da Inglaterra pelos anglos e saxões e o assentamento dos lombardos na Itália. Os recém-chegados deram cabo do "dualismo institucional", favorecendo uma legislação de origem não romana. Em contrapartida, adotaram o catolicismo. Ambos são fatos relevantes para compreender a emergência do reino dos francos, do qual surgirá o feudalismo na Europa Ocidental.

Fruto de unificação sob o reinado de Clóvis (482-511), os francos eram originários da região do Reno. Pela maior capacidade de expansão, logo se destacaram no panorama político e militar. Clóvis e sucessores ficaram conhecidos como dinastia merovíngia — termo originado do nome de Meroveu, avô do monarca franco. Convertido ao catolicismo, Clóvis selou a aliança entre seu povo e a Igreja, elemento dinâmico tanto para a expansão do reino franco quanto para a difusão da doutrina católica pelo restante do continente.

Apesar da capacidade demonstrada por Clóvis, dificuldades nas sucessões dinásticas enfraqueceram o domínio efetivo, o que levou à deposição do último rei merovíngio, Childerico III, em 751, por ordem do papa Zacarias. Com o final dessa dinastia, naufraga a centralização inicial franca, abrindo caminho para a desorganização administrativa — especialmente na fiscalização e coleta de impostos.

As raízes do Estado moderno

75

A tentativa carolíngia

Segundo Perry Anderson,

> com o Estado carolíngio, começa a história do feudalismo propriamente dito. Pois, a partir de uma inversão característica, esse gigantesco esforço ideológico e administrativo para "recriar" o Sistema Imperial do mundo antigo na verdade incluía e ocultava o assentamento involuntário das fundações de um mundo novo. *Foi na era carolíngia que se deram os passos decisivos para a formação do feudalismo.*[18]

Carlos Martel (717-41), *major domus* (responsável pela administração do reino, em especial dos exércitos) do palácio merovíngio, consolida a liderança entre os francos ao comandá-los contra os árabes na vitoriosa batalha de Poitiers, em 732, fortalecendo o vínculo com a Igreja católica. O sucessor de Martel, Pepino III (751-68), seria o primeiro monarca reconhecido como tal por um papa. Em troca do apoio católico, ele liderou os francos contra os lombardos, que ameaçavam o domínio cristão na Itália. Exitoso, doou as terras conquistadas à Igreja, que criou o chamado Patrimônio de São Pedro e fundou o seu poder temporal naquela área italiana.

A expansão carolíngia atingiria o apogeu sob o reinado de Carlos Magno (768-814) — de quem derivou o nome da dinastia —, filho de Pepino III. Rei durante 46 anos, ele subjugou diversos povos de origem germânica assentados a leste do Reno, em territórios hoje pertencentes a Bélgica, Holanda, Alemanha e Áustria, além do norte da Itália. Em sincronia, reforçou os laços com a Igreja e foi coroado pelo papa Leão III imperador dos romanos em 25 de dezembro de 800. A coroação de Magno fundiu a monarquia (guerreira) dos germânicos à ideia romana de império, preservada pela Igreja.

> Antes de tudo, o poder foi dado a Carlos [Magno] pelo próprio Deus e não pelo povo, através do pontífice romano. E, acima de tudo, se tratava de um poder incomparavelmente mais amplo do que a antiga soberania germânica [...], um poder de tipo substancialmente sacerdotal e carismático: o homem elevado a esse poder não somente era colocado acima do povo de uma forma estável e definitiva, mas também nele via-se reconhecido um direito autônomo e estritamente pessoal ao governo.[19]

Com efeito, Magno pretendia reconstruir uma hegemonia política, militar, econômica e cultural similar à antiga: o Sacro Império Romano-Germânico, que duraria, ao menos no papel, até o século xix. No entanto, havia uma peculiaridade: ele não estatuiu um conjunto único de regras para a organização da vida dos povos que dominava. Para compreender a intricada situação vale citar trecho mais extenso:

> Os numerosos atos normativos promulgados (as chamadas capitulares, respeitantes, sobretudo, a matérias penais, processuais, administrativas e eclesiásticas) não substituem as leis nacionais dos povos submetidos ao domínio imperial, que continuam em vigor com as derrogações parciais introduzidas pela nova legislação. Mesmo no auge da sua consistência política, o Sacro Império Romano é sempre caracterizado (em radical diferença perante o paradigma estatal moderno) por uma pluralidade de ordenamentos jurídicos em que as regras (e a legitimação) provêm de

fontes diferentes da vontade do poder público encarnada no imperador. Leis de tribos, costumes locais, direitos e obrigações feudais, cânones eclesiásticos e capitulares imperiais convivem numa pluralidade jurídica desprovida de um sistema de fontes unitário e hierarquizado.[20]

A pluralidade ligada aos costumes distinguia o regime carolíngio do Império Romano, assim como dos Estados absolutistas que surgiriam depois. Apesar das diferenças, o Império Carolíngio implantou uma malha administrativa cuja unidade era o condado, gerido militar e judicialmente pelos condes, nobres locais designados para o posto. Cabia a eles organizar as tropas, zelar pela infraestrutura viária e cobrar impostos, entre outras funções.

Há estimativa de que houvesse entre 250 e 350 condes no Império Carolíngio, que não tinham salários, mas ficavam com parte das rendas dos locais em que atuavam, e recebiam doações de terras do imperador.[21] Os territórios de fronteira eram designados marcas, razão pela qual os governadores ficaram ali conhecidos como marqueses.

Os condes eram subordinados aos *missi dominici*, agentes da administração central enviados aos condados e às marcas como plenipotenciários para resolver problemas relativos à administração. Em geral, tais postos eram ocupados por pessoas próximas ao imperador e por bispos e abades. Por circularem no amplo espaço carolíngio, que ia aproximadamente de Roma ao mar Báltico e de Barcelona a Salzburgo, eles garantiam os vínculos entre os administradores locais e o poder central.

Pelo impacto na posterior organização do feudalismo, destacava-se na estrutura carolíngia a noção de *Gefolgschaft*, termo alemão que designava "a relação de 'seguidores', um vínculo pessoal de lealdade e afeição mútua entre um chefe guerreiro e seu séquito escolhido a dedo entre associados próximos [...]".[22] Magno apoiou-se muito na *Gefolgschaft* e, para tanto, vinculava doações de terras a obrigações juradas pelos condes e *missi dominici*. Segundo Perry Anderson, foi aí que surgiu a "síntese crucial para a criação do feudalismo". As duas práticas — doações de terras e relações juradas de fidelidade — já existiam entre os francos, porém Magno criou um laço entre elas. Concretizou-se, assim, a fusão entre a vassalagem — juramento de lealdade por meio do exercício de funções públicas em favor do rei — e o *beneficium*. "Daí em diante, as distribuições de terra por parte dos governantes deixaram de ser doações e se tornaram arrendamentos condicionais, estabelecidos em troca de obrigações juradas [...]."[23]

Como os serviços militares eram quase que permanentemente requeridos pelo imperador, a concessão das terras, antes precária, tornou-se "definitiva e hereditária, ao mesmo tempo que se consolidavam nela múltiplos poderes de natureza 'pública' (administração da justiça, cobrança de impostos, organização militar)".[24] Isso fica bastante evidente na Capitular de Quierzy-sur-Oise, de 877, em que Carlos, o Calvo, um dos herdeiros de Magno, assegurava aos vassalos o direito à herança do *beneficium* por parte dos filhos. A observação esclarece que, ao menos em parte, os feudos eram espólios de guerra conquistados por saque, distribuídos entre os colaboradores dos reis francos.[25] Com o tempo, o núcleo de auxiliares evoluiu para uma "classe de donos de terras disseminada por entre as autoridades cortesãs do Império", que passaram a ter, eles próprios, vassalos.[26]

As raízes do Estado moderno 79

Em resumo, a rearticulação feita por Magno das instituições de suserania e vassalagem criava vínculos obrigatórios entre o rei e os vassalos, também senhores de terras. Em conjugação com os esforços de desenvolver uma estrutura administrativa para o Império, isso poderia ter promovido o ressurgimento do Estado.[27] Porém a iniciativa naufragou. Há diversas razões para explicar o fracasso. Vamos nos restringir a quatro.

1) A tentativa de centralização franca foi prejudicada porque "a produção agrícola continuava extremamente baixa".[28] A falta de excedentes impedia a concentração de recursos no Estado, tornando-o vulnerável diante das demais forças presentes na sociedade. As funções estatais dependiam de meios privados. O problema estrutural enfrentado por Magno era que, quanto mais ampliava o Império, mais o fragmentava, pois precisava incorporar novos senhores ao séquito.

2) A distribuição de "imunidades" legais aos senhores de terras, antes prerrogativa da Igreja, estabeleceu proteção contra eventuais interferências do poder real em suas propriedades. Se a combinação entre *beneficium* e juramentos de lealdade havia criado o feudo, as imunidades legais conferidas ao séquito de Carlos Magno deram origem ao chamado *senhorio*, termo que "resume todos os meios de que dispunha um dono (*dominus* ou senhor) para se apropriar dos benefícios do trabalho que realizavam os homens submetidos a seu domínio".[29]

As imunidades legais enfraqueceram a hierarquia entre vassalos e reis, relação que passou a se tornar mais protocolar do que efetiva. Diz António Manuel Hespanha:

Para o rei, apenas teria ficado um poder directo sobre os senhores, também ele repousando em vínculos pessoais de vassalagem; em contrapartida, todas as relações políticas entre o rei e os povos habitando os territórios do reino estariam curto-circuitadas pela interposição dos senhores (excepto, claro está, nas terras sujeitas ao senhorio directo do rei).[30]

Importante fixar, neste momento, a figura do senhor feudal, nascido da combinação entre feudo e senhorio.

3) Com a morte do filho de Carlos Magno, o rei Luís I, o Império enfrentou crises causadas pela disputa entre os netos do fundador. Com o Tratado de Verdun, em 843, o Império foi dividido em três partes: a ocidental, que virá a constituir o reino da França, ficou sob o domínio de Carlos, o Calvo; a seção oriental, futura Germânia, coube a Luís, o Germânico; e a região da Itália, Borgonha, Lotaríngia e Provença, a Lotário. Os três reinos seriam posteriormente divididos em múltiplos territórios.

Importa destacar que as sucessivas divisões enfraqueceram a centralização do poder construída desde Carlos Magno, o que também favoreceu os senhores locais. "A unidade interna do Império logo desmoronou, em meio a guerras civis entre dinastias e à crescente regionalização da classe magnata que a mantinha unida."[31]

4) Os golpes fatais vieram no século IX. Invasores no leste, os magiares se estabeleceram na região da Hungria, onde foram cristianizados; ao norte, os francos sofreram ataques dos vikings; no sul, foram acossados pelos árabes, que conquistaram uma parcela da península Ibérica. Para se proteger, a população do Império se refugiou nos campos em que os senhores de terras passaram a construir castelos como meios de defesa. "Foi nas últimas décadas do século IX, enquanto bandos vikings e magiares assolavam o continente europeu

As raízes do Estado moderno

ocidental, que o termo *feudum* começou a ser usado pela primeira vez — palavra totalmente medieval para *fief* [francês para 'feudo']", afirma Anderson. Surgidos entre os séculos v e x, os feudos tinham extensões aproximadas entre oitocentos e 1600 hectares (ou seja, entre oito e dezesseis quilômetros quadrados). "A nova paisagem de castelos era, a um só tempo, proteção e prisão para a população rural. O campesinato [...] finalmente sucumbia à servidão generalizada."[32]

A desintegração do poder tornou o título de imperador quase simbólico. No momento em que ocorreram novas invasões na parcela ocidental da Europa, surgiram diversos territórios governados por incontáveis senhores detentores de títulos de nobreza — condes, viscondes, marqueses, duques, barões — que neles tinham direito a mando irrestrito, uma vez que apoiados nos feudos e na condição de senhorio adquiridos durante o período carolíngio. Embora vassalos dos reis, na prática eles ombreavam com os privilégios monárquicos. Se a relação de vassalagem estabelecia que, por exemplo, o barão deveria auxiliar o rei, ela não requeria obediência de maneira contínua, como ocorrerá com os súditos das monarquias absolutistas.

Conforme vemos na citação de Perry Anderson que abre esta seção, a tentativa fracassada dos carolíngios de reconstruir o Estado lançou as bases para uma nova ordem: o feudalismo, termo que depois, nos séculos xvii e xviii, será usado para designar os direitos senhoriais.[33]

Antes de passarmos ao exame dessa ordem social, cumpre lembrar que, além dos feudos, continuavam a existir, especialmente na região da Itália, as comunas, cidades com autonomia para regular o comércio, cobrar tributos e proceder a julgamentos.[34] A sobrevivência urbana no final do Império Carolín-

O sucesso do feudalismo

Pelos motivos expostos, parece ser mais exato pensar em "feudalismo" apenas a partir do século x ou xi. Sob a nova estrutura, o parcelamento e a superposição do poder atingiram grau tão elevado que,

> entre os múltiplos senhores, a Igreja e as igrejas, as cidades, os príncipes e os reis, os homens da Idade Média nem sempre sabem de quem dependem politicamente. No próprio âmbito da administração e da justiça, os conflitos de jurisdição que se repetem continuamente exprimem esta complexidade.[35]

Dada a proliferação de variantes, tomaremos a França como caso emblemático.

O conceito de feudalismo, como qualquer um na ciência social, é disputado, podendo assumir sentidos amplos ou restritos, dependendo da escolha de quem o emprega. Por ser uma das correntes que confere centralidade ao conflito de classes, vamos acompanhar a definição tributária da tradição marxista, para a qual se trata, na essência, de regime de

> exploração entre proprietários de terras e camponeses subordinados, [em que] o excedente da subsistência dos últimos é trans-

As raízes do Estado moderno 83

ferido por sanção coercitiva para os primeiros, sob a forma de trabalho direto ou renda em espécie ou em dinheiro. Este vínculo é denominado "servidão" [...].[36]

O feudalismo subordina a economia (a extração do excedente via servidão) ao direito (sanções *físicas* legalizadas). O núcleo da servidão é a existência de uma

> transferência, para o uso do terratenente, do trabalho da família camponesa, além do que era necessário para a subsistência e reprodução econômica da mesma. O trabalho excedente poderia ser utilizado diretamente nos domínios do senhor, isto é, na mansão rural e terras circunvizinhas, ou seu produto poderia ser transferido sob a forma de renda em espécie ou em dinheiro, por parte da família serva, para o senhor.[37]

A diferença entre o sujeito escravizado e o servo reside no fato de que o primeiro pertence inteiramente a outrem, enquanto o segundo, não; do servo toma-se o fruto de seu trabalho. Enquanto o escravo é carente de todo direito, o servo é um sujeito com algum reconhecimento jurídico.

O alastramento progressivo da condição servil como forma de expropriação do trabalho reconfigurou, de modo ambivalente, o status jurídico do trabalhador, cuja origem variava muito. Por um lado, foi um avanço, pois os ex-escravos que se tornaram servos, embora continuassem submetidos, passaram a poder reivindicar direitos. No fundamental, podiam demandar a proteção do senhor, que se comprometia com ela. Se não eram iguais nem livres no sentido que expusemos no capítulo anterior, houve uma evolução no segundo aspecto.

De outro lado, ao se tornarem servos, sujeitos que antes eram livres e pobres sofreram regressão — isto é, sua margem de liberdade foi reduzida drasticamente, e a igualdade política de que eventualmente desfrutavam foi eliminada. Com isso, deixava de existir a distinção entre sujeitos livres empobrecidos e escravos, o que era, como vimos, um dos pilares da política clássica nas versões ateniense e romana.

Se o feudalismo carregava uma expressiva ambivalência no que diz respeito à cidadania, ele certamente não o fez no plano da economia. Ao contrário do que se costuma supor, o surgimento do feudalismo dinamizou a produtividade europeia.[38] Até ali, a desorganização social, política e econômica originada das invasões germânicas tinha feito com que a Idade Média ficasse marcada por retrocesso da vida material e cultural. O aumento gradual da riqueza a partir do século x começou a mudar o cenário.

Há múltiplos sinais de prosperidade: o aumento da população, que de 24 milhões no ano 1000 pulou para 54 milhões em 1340; o aumento da expectativa de vida, que era de 25 anos no Império Romano e passou a ser de 35 anos na Inglaterra do século XIII;[39] a força adquirida por cidades como Florença, Veneza e Paris; a expansão do crédito, com a formação dos bancos italianos; a criação das universidades, sendo a primeira delas a de Bolonha (1088), seguida por outras quarenta nos trezentos anos seguintes, em especial na França e na Inglaterra.

Mesmo com a crise do século xiv, cujas características examinaremos a seguir, cidades como Augsburgo (sul da Baviera), Genebra (Suíça) e Valencia (Espanha) cresceram com o excedente da produção propiciado pelas manufaturas têxteis e de papel. Devagar, as urbes ressurgiam.

As raízes do Estado moderno 85

Algumas das modificações eram resultado das novas relações de trabalho rurais, que permitiram a rotinização de modernizações técnicas, como o arado de ferro, o arreio rígido, que tornou o cavalo um animal de tração, o moinho de água (azenha), o adubamento do campo e a divisão do solo em três partes para rotação trienal das culturas. As descobertas técnicas foram precedidas pela mudança ideológica promovida pela Igreja, que, ao fazer com que monges literatos trabalhassem manualmente, permitiu, pela primeira vez na tradição ocidental, que o trabalho fosse pensado como atividade digna de seres humanos livres.[40] Não se deve esquecer também que a possibilidade de o servo trabalhar para si mesmo em parte do tempo colaborou para a dinamização econômica.[41]

O acréscimo da produção agrícola reativou o comércio, favorecido também pelo contato com o Oriente. No século XIII, formou-se a Liga Hanseática, associação de mercadores alemães controladora da rota comercial que, via mar do Norte, passava por Hamburgo, Bruges, Bordeaux e Londres. Ao sul, na zona do Mediterrâneo, as trocas mercantis eram organizadas principalmente por Veneza e Gênova, às quais devemos somar Marselha e Constantinopla. Entre as duas rotas organizavam-se feiras comerciais.

Estimulados pelos influxos de troca, os fazeres urbanos cresceram. Para organizá-los, mestres do artesanato constituíram corporações de ofício, às quais competia ensinar os saberes relativos aos trabalhos manuais, regulamentar a prática e até mesmo prover os "associados" dos insumos necessários para as suas atividades. Os artesãos e comerciantes eram chamados de "burgueses" por habitarem as cidades, muitas das quais fortificadas e cujos espaços internos eram denominados "burgos".

Havia cidades livres e aquelas que pagavam tributos ao senhor feudal dono das terras sobre as quais foram edificadas. Nas primeiras, os próprios cidadãos elegiam seus magistrados, a quem cabia administrá-las e defendê-las. Foi nelas, especialmente nas italianas, que ocorreu, entre os séculos XIV e XVI, a retomada da cultura clássica conhecida como Renascimento. Em cidades como Florença e Veneza desabrocharam diversos ramos do chamado pensamento republicano, que buscava nas influências greco-romanas as chaves para o estabelecimento de Estados centrados no autogoverno.[42] Na República Florentina viveu e pensou Nicolau Maquiavel, tido por muitos como o fundador da ciência política moderna.[43] Maquiavel, com a atenção que dispensa ao papel da violência e à disputa pela direção, antecipa o entendimento da política depois desenvolvido por Max Weber, como veremos no capítulo 3.

Nos séculos XIV e XV, houve um déficit alimentar agudo, com o qual se combinaram crises econômica e sanitária. Provavelmente, "a determinante mais profunda dessa crise geral [...] se encontra em um 'travamento' dos mecanismos de reprodução do sistema na fronteira de suas capacidades finais", afirma Perry Anderson.[44] O "travamento", porém, não foi fruto do caráter recessivo do feudalismo. Pelo contrário, deve ser entendido como um dos sintomas do seu sucesso, tendo a produção de excedente favorecido o aumento da população. Mesmo que a evolução tecnológica tenha permitido a expansão das fronteiras agrícolas para pântanos e florestas, chegou-se a uma etapa na qual o avanço encontrou limite. O sucesso da organização produtiva feudal gerou problemas que ela teve dificuldade de enfrentar.

Os circuitos estabelecidos com o Oriente — fonte de riqueza dos citadinos europeus — contribuíram para a crise sanitária. Originada na Ásia, a peste negra, levada por um navio genovês, alastrou-se pela Europa em 1348. Nas cidades, houve crise financeira por falta de moeda, causada pelo limite físico da exploração de prata. Por outro lado, a produção restrita gerou inflação. "Esses desastres acumulados desencadearam uma desesperada luta de classes pela terra. A classe nobre, ameaçada pelas dívidas e pela inflação, agora se deparava com uma força de trabalho hostil e decrescente", diz Anderson. "Sua reação imediata foi recuperar o excedente prendendo o campesinato à terra ou baixando os salários nas cidades e no campo."[45]

O resultado foi a eclosão de rebeliões camponesas, muitas das quais articuladas a partir dos centros urbanos fortalecidos pelo dinamismo anterior. Entre as principais estão a Grande Jacquerie, de 1358, na França, a Revolta Camponesa de 1381 na Inglaterra e a Remença, de 1462 e 1484, na Espanha. Embora a maioria tenha sido derrotada militarmente, acabaram produzindo efeitos como o aumento da remuneração dos camponeses.

A criação do Estado absolutista

Do ponto de vista teórico, absolutismo seria "aquela forma de governo em que o detentor do poder exerce este último sem dependência ou controle de outros poderes, superiores ou inferiores".[46] Mas há certa inexatidão na frase, pois o poder absolutista nunca foi exercido sem limites, ao menos na Europa Ocidental.

Como "Idade Média", "absolutismo" foi termo criado com intuito crítico. O uso contemporâneo se deve à comparação que ele propicia com a etapa feudal, pois, diante dela, significou concentração de poder discricionário nas mãos do rei. Em verdade, entretanto, o poder absoluto do Estado é traço que só vai emergir com o aparecimento do totalitarismo no século xx. Perry Anderson chega a dizer que "absolutismo" é palavra imprópria para designar o modo de governo pós-Idade Média.[47]

A questão terminológica ilumina uma dificuldade desta seção: a história do absolutismo é, em boa medida, a dos confrontos com os que lhe fizeram oposição. Esmiuçar cada uma das pelejas tornaria a análise infinita. Há outro complicador: a trajetória absolutista variou bastante nos Estados em que se estabeleceu. Como lembra Anderson,

> o absolutismo espanhol sofreu sua primeira grande derrota no final do século xvi, nos Países Baixos; o absolutismo inglês foi ceifado em meados do século xvii; o absolutismo francês durou até o fim do xviii; o absolutismo prussiano sobreviveu até o fim do xix; e o absolutismo russo só foi destronado no século xx.[48]

Seria contraproducente entrar nas filigranas de cada experiência. No capítulo 4, serão considerados os momentos finais do absolutismo inglês e francês, por meio do estudo das revoluções democráticas que lá ocorreram. Aqui vamos abordar as características gerais do fenômeno.

A Baixa Idade Média — o período que abarca dos séculos xi a xv — assistiu a uma contínua unificação regional ao redor de casas nobiliárquicas que se sobrepuseram às demais. Ao passo que desafiavam o poder da Igreja, os monarcas lutavam contra os demais nobres. Portugal se destacou como experimento precoce, com dom Afonso Henriques declarando a indepen-

As raízes do Estado moderno

dência do condado Portucalense já no século XII e as fronteiras sendo consolidadas no século seguinte, sob o reinado de dom Dinis I (1279-1325).

O caso português, todavia, contou com uma singularidade, que foi, simultaneamente, fraqueza e força: na região praticamente não havia nobres.[49] Era uma zona em que o feudalismo não se desenvolvera, fazendo com que continuasse pobre em comparação a outras. O quadro se alterou quando se ergueram ali dinastias capazes de empreender as grandes navegações, como as de Borgonha e de Avis.

Para o futuro do absolutismo, foram mais relevantes os acontecimentos ocorridos na vizinha Espanha. A união de Castela e Aragão, em 1469, acumulou riqueza e poder resultantes da prosperidade do feudalismo nos dois reinos. Castela, depois de bater os fidalgos locais, adotara um conjunto de medidas posteriormente reproduzidas em processos similares ao redor da Europa. Podem-se citar: a demolição dos castelos, o desalojamento dos senhores das áreas fronteiriças, a proibição das guerras privadas, a constituição de um exército regular, o cerceamento da autonomia municipal, o reforço e a ampliação da justiça real, o controle dos provimentos eclesiásticos (ao separar o aparelho local da Igreja do papado), o controle dos parlamentos, o aumento dos rendimentos fiscais, o afastamento da influência dos senhores no conselho real e a constituição de uma burocracia recrutada nos escalões inferiores da pequena nobreza.[50]

O que poderia ser chamado de "programa de reorganização administrativa",[51] posto em marcha na Espanha, envolvia demolir os regramentos típicos do feudalismo. Não por acaso, o fim do estilo de vida feudal aparece no clássico *Dom Quixote de*

La Mancha, de 1605, do espanhol Miguel de Cervantes, considerado o inventor do gênero romance. Há passagem ilustrativa, que compensa reproduzir:

> Então, já rematado seu juízo, [Dom Quixote] veio a dar com o mais estranho pensamento com que jamais deu algum louco neste mundo, e foi que lhe pareceu conveniente e necessário, tanto para o aumento de sua honra como para o serviço de sua república, fazer-se cavaleiro andante e sair pelo mundo com suas armas e seu cavalo em busca de aventuras [...]. E a primeira coisa que fez foi limpar uma armadura dos bisavós que, coberta de ferrugem e azinhavre, longos séculos havia que estava posta e esquecida a um canto.[52]

O romance de Cervantes é uma sátira das narrativas de cavalaria medieval, muito em voga em seu tempo, mas que já não passavam de resquício nostálgico de um passado irreversível. Daí encarná-lo no personagem patético do "cavaleiro de triste figura", tão mergulhado na irrealidade quanto as histórias que o livro satiriza, e da qual é de tempos em tempos despertado pelo discreto escudeiro, Sancho Pança, representante da realidade e, ao mesmo tempo, de um horizonte desencantado que então se abria.

O desenvolvimento absolutista espanhol se beneficiou dos vínculos internacionais privilegiados que os Habsburgo mantinham.[53] Com o casamento entre Filipe I (Habsburgo) e Joana de Castela, em 1496, a casa austríaca, na época a mais poderosa do mundo, entrava na Espanha,[54] o que deu a esta última a dianteira em relação à França e à Inglaterra. O reino espanhol conquistou boa parcela da América, e a expansão ultramarina

As raízes do Estado moderno

foi responsável por custear as crescentes despesas do Estado. Com a União Ibérica, entre 1580 e 1640, a Espanha passou a controlar todos os territórios americanos, do México à Patagônia (Brasil inclusive), toda a costa oeste da África e parcela significativa da costa leste — o que lhe garantia o controle do Atlântico —, além de territórios da Ásia, como as Filipinas. Integrada ao universo dos Habsburgo, a Espanha se tornava a maior potência do planeta no século XVI.

França e Inglaterra seguiram a vereda absolutista espanhola, mas com especificidades. Na França, a principal diferença foi a profunda integração nacional; na Inglaterra, a permanência de resquícios medievais, sobretudo no que diz respeito à força dos senhores de terra. Apesar das distinções, os dois países acabaram por se converter em modelos do absolutismo ocidental.

Absolutismo e classes sociais

Que relações os monarcas absolutistas estabeleceram com as três classes fundamentais da época: aristocracia, burguesia e camponeses? Indicamos que há uma íntima relação entre a crise do feudalismo e o absolutismo, o qual, ao mesmo tempo que procurava sustentar a classe dominante feudal, abriu as portas ao capitalismo. Karl Marx, em *O 18 Brumário de Luís Bonaparte*, de 1852, diz que o poder do Estado,

> com a sua monstruosa organização burocrática e militar, com a sua máquina estatal multifacetada e artificiosa, esse exército de funcionários de meio milhão de pessoas somado a um exército regular de mais meio milhão [...] surgiu no tempo da monarquia

absoluta, na época da decadência do sistema feudal, *para cuja aceleração contribuiu.*[55]

Seguindo a mesma linha de raciocínio, quase vinte anos depois, em *A guerra civil na França*, de 1871, ele sustentou que

> o poder estatal centralizado, com seus órgãos onipresentes, com seu exército, polícia, burocracia, clero e magistratura permanentes — órgãos traçados segundo um plano de divisão sistemática e hierárquica do trabalho —, tem sua origem nos tempos da monarquia absoluta e *serviu à nascente sociedade da classe média como uma arma poderosa em sua luta contra o feudalismo.*[56]

Mas seria equivocado imaginar que, mesmo quando vencedor, o absolutismo foi inteiramente contrário à nobreza. Um exemplo é a busca por garantir aos nobres postos e rendas, mesmo quando derrotados nos confrontos militares. Em verdade, o absolutismo não tendia a eliminá-los, mas a "estatizá-los", incorporando-os à administração pública. O exemplo mais eloquente, não resta dúvida, foi a construção do palácio de Versalhes, na França, no século XVII, onde a nobiliarquia foi convidada a morar, e aceitou.

Por outro lado, a produção feudal excedente e a retomada do comércio fizeram surgir uma burguesia mercantil, classe com tendências antiaristocráticas, interessada na redução de tributos ancestrais. O diário de viagem de Andreas Ryff, cronista suíço do século XVI, de 1597, conta que entre Colônia e Basileia pagavam-se 31 pedágios, um a cada quinze quilômetros, aos senhores feudais de cada região. No rio Reno, a via de comunicação mais importante da Europa Central no fim da

As raízes do Estado moderno

Idade Média, havia sessenta pedágios.[57] É fácil imaginar o que pensavam os comerciantes burgueses: a civilização material era obrigada a sustentar "rentistas" que exploravam privilégios feudais ultrapassados. Não surpreende que apoiassem a retirada das cobranças, promovida pelos reis absolutistas.

O capitalismo europeu deslanchou durante o Renascimento, em particular graças ao impulso dado pelas cidades independentes do norte da Itália às atividades comerciais, industriais e bancárias. Mas também encontrou nas grandes monarquias absolutistas um importante aliado. A centralização padronizou, no território de cada nação, moedas, medidas e procedimentos jurídicos, elementos intrínsecos ao cálculo empresarial. As expedições ultramarinas promovidas pelo absolutismo eram igualmente rendosas para comerciantes e banqueiros.[58]

Segundo alguns intérpretes, o fortalecimento da burguesia ocidental gerou tamanho equilíbrio com a nobreza que impediu esta última de voltar a exercer uma hegemonia inconteste, ao contrário do que aconteceu na parcela oriental do continente, especialmente na Prússia.[59] Em suma, o Estado absolutista estimulou o capitalismo, criando as condições jurídicas e políticas que tornaram possível a acumulação de capital — inclusive a obtida por meios coercitivos (a "acumulação primitiva"), como a exploração das colônias americanas e os cercamentos.[60]

A dinamização econômica erodiu as bases da servidão porque fez com que o valor da terra se elevasse, razão pela qual os senhores retomaram aquelas áreas antes cedidas aos servos. O poder de classe dos senhores parecia depender da existência dos servos, sobre quem exerciam a dominação, mas o cenário que surgia era marcado pela desmobilização da instituição servil.

94   *Estado e democracia*

Os agora ex-servos estabeleciam novas relações de trabalho, como meeiros, foreiros e, futuramente, proletários.[61]

Dadas as evidências em diferentes direções, como entender a relação do absolutismo com as classes sociais? O principal parceiro intelectual de Marx, o filósofo alemão Friedrich Engels, escrevendo em 1884, interpretou o absolutismo como o resultado de um equilíbrio entre a nobreza e a burguesia:

> Há períodos em que as lutas de classes se equilibram de tal modo que o poder do Estado, como mediador aparente, adquire certa independência momentânea em face das classes. Nesta situação achava-se a monarquia absoluta dos séculos XVII e XVIII, que controlava a balança entre a nobreza e os cidadãos [burgueses] [...].[62]

Divergindo tanto da interpretação de Marx quanto da efetuada por Engels, Perry Anderson tentará mostrar que o absolutismo foi um regime favorável à manutenção do feudalismo, ainda que para isso precisasse *enfrentar a classe feudal*. A tese é surpreendente pelo fato de o feudalismo se caracterizar pela soberania descentralizada e o absolutismo, pelo oposto.

Para Anderson, o objetivo básico do absolutismo seria rearrumar a dominação feudal, após a expansão das relações mercantis. Entre os sinais de reorganização está o fim da servidão, mas que, ao contrário da interpretação corrente, não teria significado o desaparecimento das relações feudais no campo. Enquanto a propriedade aristocrática *impediu o livre mercado de terras e a mobilidade do elemento humano*, bloqueou-se a transformação dos camponeses em "força de trabalho". Resultado: as relações de produção continuaram feudais, embora não mais servis.[63] O absolutismo fixou os camponeses em *novas formas*

As raízes do Estado moderno

de exploração, cuja essência — a extração do excedente por meio do direito tradicional — continuou a mesma.

A mudança ocorreu, portanto, no plano político, com a centralização da soberania para a manutenção das relações de produção feudais. O deslocamento da soberania foi possível porque o feudalismo logrou produzir excedente. Segundo Anderson, a ascensão das monarquias nacionais não expulsou as nobrezas das funções administrativas. As aristocracias continuaram politicamente influentes, embora não mais dominantes. Veja-se que a venda de cargos burocráticos garantia que a política fiscal fosse, na prática, uma renda feudal centralizada, pois consistia em arrancar riqueza dos camponeses. Nessa argumentação, continuava a vigorar a expropriação baseada em coações extraeconômicas.

Isso coloca a pergunta: se é assim, por que então a nobreza resistiu tanto ao absolutismo? Segundo Perry Anderson, ela o rechaçou porque não queria perder o poder político. Porém, para manter a dominação econômica, ela precisava ceder o poder a uma estrutura centralizada e profissional, que era o Estado absolutista. "Em épocas de transição, nenhuma classe compreende de imediato a lógica da sua situação histórica: é necessário um longo período de desorientação e confusão até que ela aprenda as regras necessárias de sua própria soberania."[64]

O argumento é interessante porque, ao indicar que o Estado absolutista se impôs à própria classe feudal, sugere que ele, dialeticamente, estava e não estava acima das classes. Por um lado, estava, porque se sobrepôs a elas; por outro, precisava apoiar-se nelas. Isso nos ajuda a compreender por que a política moderna é dotada de uma autonomia relativa em relação à economia, sem poder se desligar completamente dela.

Uma das principais implicações da tese é que a classe dominante é obrigada a disputar a direção do Estado, pois seu domínio não está assegurado a priori. Repetindo: o Estado nem reflete de maneira direta os interesses das classes economicamente dominantes, nem se torna alheio a eles — até porque precisa capturar uma parte do excedente produzido para manter suas funções e a burocracia administrativa. Desse ângulo, o tipo de argumento mobilizado se afasta tanto daquele sustentado por Marx, que entendia o Estado como aparato vinculado aos interesses da classe dominante, quanto do formulado por Engels, para quem a autonomia do Estado só se estabelecia em momentos específicos.

Ponto de fuga: soberania e parlamento

A elaboração de teorias e doutrinas políticas refletiu as mudanças absolutistas. O conceito de soberania, por exemplo, tinha origem medieval e dizia respeito ao sistema de privilégios favoráveis à nobreza, criado a partir de redes de direitos e deveres recíprocos. O termo "soberano" surge para designar a posição superior de alguém na estrutura hierárquica feudal.[65] Mas dentro de um sistema de organização social *descentralizado*, em que súditos nobres tinham força relativamente equitativa, o soberano não conseguia exercer a autoridade suprema.

A situação muda com o advento da Reforma Protestante, no século XVI, uma verdadeira revolução ideológica. De maneira inédita, a unidade espiritual da Europa monopolizada pela Igreja católica foi posta em questão. Ao mesmo tempo, as disputas ameaçavam a integridade territorial das nascen-

As raízes do Estado moderno 97

tes monarquias absolutistas e sua pretensão de monopólio do uso da coerção. Os súditos e famílias dinásticas se dividiram, formando "partidos" religiosos dispostos a resolver suas diferenças pela força.

De maneira algo esquemática, pode-se dizer que o norte da Europa, a que se somavam zonas da Alemanha e a Inglaterra, aderiu aos protestantes, enquanto o sul — Espanha, Portugal e Itália — permaneceu sob influência católica. Na região central — França, Holanda, Suíça, Áustria, Polônia e Hungria — instalaram-se conflitos de proporções significativas. Os "partidos" extrapolavam os territórios, intervindo em países alheios. As motivações religiosas se somavam à busca por alterar a balança de poder entre os Estados, de modo que vários deles entraram em guerra civil por conta dos confrontos.

Na França, que, embora de maioria católica, abrigava expressivo contingente protestante, as lutas foram acirradas. Cada vez mais sangrentas, as batalhas acabaram por favorecer teses sobre a necessidade de reforçar um poder absoluto, capaz de controlar os dois lados. Diante da guerra civil entre católicos e calvinistas (huguenotes), cujo episódio crucial foi o massacre da Noite de São Bartolomeu, em 1572, o teórico francês Jean Bodin escreveu, em 1576, os *Seis livros da República*. A obra altera o conceito de soberania. Ela não é mais concebida como posição hierárquica superior meramente formal, mas sim como "o mais elevado, absoluto e perpétuo poder sobre os cidadãos e súditos de uma república".[66] O elemento que propiciou a modificação foi o direito: este não teria mais gênese no sistema de privilégios articulado entre os nobres do período feudal, mas no soberano, que ocuparia a posição por vontade de Deus. *A soberania, cuja origem seria divina, é que criava o direito.*

O livro de Jean Bodin favorecia o Estado absolutista na luta contra a Igreja, utilizando uma das armas desta última — o argumento teológico sobre a origem do poder soberano. "A reivindicação papal de *plenitudo potestatis* no seio da Igreja estabeleceu o precedente para as futuras pretensões dos príncipes seculares, com frequência realizadas precisamente contra a exorbitância religiosa daquela."[67]

No outro lado do canal da Mancha, o filósofo Thomas Hobbes, um dos maiores autores jusnaturalistas,[68] completará a "revolução" no conceito de soberania ao destacar que a sua origem não seria divina, como argumentava Bodin, mas natural, fruto de um contrato de mútuo interesse firmado pelos súditos. Hobbes escrevia tendo em mente a aflição decorrente dos agudos conflitos religiosos na Inglaterra, onde eles desencadearam uma guerra civil e duas revoluções sucessivas, colocando em pauta a ideia de um Estado centralizado, mas constitucional, como veremos nos capítulos 3 e 4.

Segundo o historiador Quentin Skinner, foi Hobbes, autor do *Leviatã*, quem formulou a teoria completamente moderna da soberania.[69] Os passos inaugurais foram dados pelo pensamento romano, retomado pelos renascentistas, que compreendia a autoridade soberana como um cargo oficial, vale dizer, exercido ex officio, em virtude de uma determinada missão. Ainda que fosse um cargo vitalício, devia-se separá-lo da pessoa particular que o ocupava. A originalidade de Hobbes teria consistido em realizar uma dupla distinção: não só aquela entre o cargo soberano e a pessoa particular que o ocupa, mas também entre o Estado soberano e a população a que serve. O Estado, diz Hobbes, é um artefato humano — tal como uma máquina —, perfeitamente separado da comunidade, e criado

As raízes do Estado moderno 99

para proteger seus membros tanto de ameaças internas à sua integridade física quanto de ameaças externas.

Seria por conta desse papel precípuo que a existência do Estado se justificaria, firmando sua legitimidade perante a população sobre a qual exerce domínio. Para detalhar o ponto, Hobbes imagina um pacto de fundação da soberania, no qual os futuros súditos decidem, entre si, transferir poder de mando a uma autoridade indivisa e suprema, na expectativa de que esta venha a proteger suas vidas, segundo o adágio: *Protego ergo obligo* ("Protejo, logo obrigo"). Em outras palavras, na medida em que o Estado soberano fosse capaz de proteger os governados contra ameaças, ele teria o direito de submetê-los, pela força, se necessário, a obedecer às ordens que emanava. Tal dever, contudo, emerge de um direito antecedente inalienável — ainda que mínimo, no caso hobbesiano — dos próprios governados, o direito à vida.

Gestado no Medievo, o conceito de soberania acabou sendo a pedra de toque do constitucionalismo moderno. Também transformados no período absolutista, o parlamento e a representação, como ele, são uma instituição e um conceito basilares da política moderna. Por volta dos séculos xiv e xv, em vista da dispersão feudal, os reis convocavam os senhores de terras e clérigos para trocarem informações e arquitetarem alianças. Os nobres repassavam aos monarcas as notícias das localidades, ao mesmo tempo que lhes cabia retransmitir eventuais mensagens reais aos habitantes. Além disso, os encontros serviam para se colocarem de acordo sobre a cobrança de impostos, especialmente em tempos de guerra.

O papel primário das assembleias representativas não era intermediar o consenso, mas garanti-lo por meio do endosso às decisões tomadas pelo centro, traduzindo-as, de modo confiável, quando de volta às localidades. Nesse sentido, os parlamentos medievais mais representavam o rei junto ao povo que o povo junto ao rei.[70]

Com o decorrer do tempo, os parlamentos passaram a ser utilizados, em parte, para que os locais apresentassem demandas ao rei. Os nobres modificaram suas funções, exercendo papéis representativos das comunidades. Portanto, não era incomum que houvesse conflitos entre reis e aristocracia a respeito da convocação dos parlamentos. Quando a correlação de forças favorecia o rei, o poder político tendia a se centralizar e a converter o parlamento em corte real. Mais uma vez, o caso francês é paradigmático. Basta recordar a derrota que o cardeal Jules Mazarin, que regeu a França, entre 1642 e 1661, impôs aos nobres na revolta da Fronda, em 1653. Não à toa, o reinado que se seguiu, o de Luís xiv (1643-1715), foi o apogeu do absolutismo, no qual os nobres franceses tornaram-se cortesãos em Versalhes. Já quando os senhores se sobrepunham aos reis, o poder político tendia à descentralização. Nesse caso, o exemplo clássico é o da Inglaterra, onde os barões, com apoio da Igreja, impuseram em 1215 a Magna Carta ao rei João i, conhecido como João Sem Terra (1199-1216).

Podemos definir o parlamento *moderno* como

uma assembleia ou um sistema de assembleias baseadas num "princípio representativo", que é diversamente especificado, mas determina os critérios da sua composição. Essas assembleias gozam de atribuições funcionais variadas, mas todas elas se caracterizam por um denominador comum: a participação direta ou indireta, muito ou pouco relevante, na elaboração das leis e das opções políticas, a fim de que elas correspondam à "vontade popular".[71]

Por que essa é uma definição moderna de parlamento? Por duas razões: porque ela é baseada na ideia de "vontade popular" — uma agência coletiva — como marca da soberania, virtualmente ausente nas práticas medievais; e porque tornava o parlamento um espaço de deliberação, e não apenas de consulta. É nele que atuam os representantes, responsáveis por gerir o poder com a delegação de quem não pode fazê-lo diretamente — os eleitores, como veremos no capítulo 5.[72] Pelo que ficou dito, está claro que há um vínculo estreito entre parlamento e representação. Importa destacar que, embora a função tenha existido na Idade Média, não havia o termo "representante". Como o nome "conselho régio" sugere, os nobres que exerciam funções representativas não participavam propriamente do governo, constituindo-se numa espécie de intermediários entre as comunidades locais e os reis — até porque, antes do absolutismo, não havia um "governo" centralizado do qual participar. Soberania, representação e parlamento são conceitos e instituições fundamentais na articulação moderna entre Estado e democracia, como se verá adiante.

3. Por dentro do Leviatã

ESTE CAPÍTULO, ao contrário dos demais, suspende momentaneamente a história. O motivo da interrupção é que o surgimento do Estado absolutista causou impacto tão profundo no sentido da política que nos obriga a um esforço conceitual concentrado. Embora pareça natural no cotidiano da leitora ou do leitor, o Estado moderno, herdeiro da experiência absolutista, além de novo na escala da história dos Estados, exibe armação muito singular quando comparado com os modelos que o precederam.

De partida, destacam-se o alto nível de especialização de sua gestão e a unificação dos meios coercitivos, além da tendência à despersonalização. Essas são qualidades que fazem os observadores compará-lo a uma máquina: artefato ágil e forte, mas frio e sem alma, indiferente a valores ou à moralidade dos propósitos. Como nunca se pode garantir que algo tão potente, embora programado para servir aos criadores, não venha a descontrolar-se tal qual um Frankenstein, é compreensível que o Estado moderno desperte receios. Pois quem ou o que poderia detê-lo, se isso acontecesse?

Para complicar o quadro, cabe levar em conta que, desde o início, o aparato de acúmulo de poder foi se erguendo em combinação com outra máquina, esta voltada para a acumulação de riqueza, igualmente alheia a valores e ao caráter dos

Por dentro do Leviatã 103

propósitos: o capitalismo. Como acontece com os bólidos capazes de atingir incríveis velocidades nas estradas, os quais exigiram a invenção de freios tão eficientes quanto os motores, a transformação do Estado e do capitalismo em aparelhos gigantescos trouxe a necessidade de se poder brecá-los e tornou crítico o problema da orientação e da responsabilidade dos encarregados de pilotá-los.

O capítulo não pretende apresentar uma teoria geral do Estado, mas apenas fornecer algumas indicações, mostrando como as suas peças se relacionam entre si. Em outras palavras, vamos levá-lo, leitor, a um passeio no interior do monstro. Como o Leviatã (aproveitando a metáfora bíblica que Hobbes forjou para tratar do Estado) percorre a história humana, será inevitável retomar alguns tópicos já tratados. Na primeira seção do capítulo, examinamos o tipo de poder administrativo que o Estado moderno tende a promover. A seguir, enquadramos a maneira pela qual ele age sobre o território e a coletividade (a "nação") em que estabelece direito de mando, e como se relaciona com os congêneres na esfera internacional. Depois, indicamos como se afirmou e evoluiu graças à relação especial estabelecida com o capitalismo. Por fim, apresentamos a concepção de política que se entrelaça com o Estado moderno, comparando-a com a discutida no capítulo 1.

O poder burocrático

Como vimos, o Estado absolutista foi a primeira (e rústica) manifestação dos traços do Estado moderno. Segundo Max Weber, na já citada conferência "A política como vocação", "devemos conceber o Estado contemporâneo como uma comunidade humana que, dentro dos limites de determinado território — a noção de território corresponde a um dos elementos essenciais do Estado —, reivindica o *monopólio do uso legítimo da violência física*". E Weber acrescenta:

> Com efeito, é próprio de nossa época o não reconhecer, em relação a qualquer grupo ou aos indivíduos, o direito de fazer uso da violência, a não ser nos casos em que o Estado o tolere: o Estado se transforma, portanto, na única fonte do "direito" à violência.[1]

Há dois elementos a destacar na definição: o monopólio da violência e o aspecto territorial do Estado. Nesta seção vamos tratar do primeiro, relacionando-o com certo aparato administrativo, deixando o segundo tema para a próxima seção.

Recordemos que todo Estado é a autoridade suprema de um espaço que se vale de meios de coerção para obter a obediência da população que nele vive e sobre a qual reclama domínio. Porém, o modo com que os Estados fizeram uso da coerção nem sempre foi o mesmo. Por exemplo, as cidades-Estado gregas não possuíam exército permanente e apartado dos cidadãos; lá vigorava, por assim dizer, o povo em armas. No mundo feudal, por sua vez, a fragmentação tornava inevitável o uso descentralizado da violência; os nobres detinham instrumentos coercitivos à altura daqueles dos reis.

A emergência do Estado absolutista trouxe consigo uma alteração significativa. Aos poucos, a Coroa, ao mesmo tempo que concentrou em torno da corte um poder administrativo gradativamente imposto ao reino inteiro, fez crescer um braço armado eficiente e superior aos que os nobres tinham à sua disposição. O processo corresponde ao aumento progressivo da estatalidade, tendo o ponto de inflexão desse processo ocorrido no momento em que a monarquia centralizada se viu em condições de exigir o desarmamento dos súditos e reivindicar, não só de direito, mas de fato, o monopólio do uso da força.

À medida que a nobreza fundiária foi desarmada, o estilo de vida e os valores éticos nobiliárquicos também se transformaram. Parte dos fidalgos já não vivia nas propriedades rurais, tendo se trasladado para a corte. A "nobreza de corte" não mais se dedicava às artes da guerra, de comando e gestão da violência. Continuava disponível para os negócios do Estado — motivo que ainda a fazia exigir, para além da herança de sangue, uma posição privilegiada na hierarquia estatal —, mas em assuntos suaves, à altura do refinamento das maneiras e da cultura. Mesmo a aristocracia que permaneceu longe da corte submeteu-se a deslocamento semelhante, arrefecendo a disposição para desafiar o monarca de armas na mão.

No mesmo passo em que a população, e não só a parcela aristocrática, era expropriada dos meios privados de coerção e se esvaziava a legitimidade para empregá-los, outro tipo de expropriação, mais sutil, se desenvolveu sob a égide do Estado. Podemos chamá-la de "expropriação dos diletantes", isto é, o deslocamento gradativo de amadores no aparato administrativo, em favor de profissionais.

O corte veio a atingir a nobreza cortesã, cujo refinamento, herança de saberes e linhagem familiar deixaram de ser suficientes para legitimá-la nos postos de um aparelho estatal cada vez mais especializado. Ela podia continuar desfrutando privilégios na condição de pensionista do rei, mas apartada da condução efetiva do Estado. O próprio monarca, que dera os primeiros passos na direção burocrática, será no devido tempo tragado pela vaga profissionalizante: ainda que conservando o poder, por vezes só aparente, de dar "a última palavra", geralmente será dispensado de controlar as engrenagens burocráticas, complicadas e enfadonhas, afastando-se dos assuntos cotidianos do governo.

Um exemplo da alteração do papel dinástico pode ser encontrado na França absolutista na passagem do século XVII ao XVIII. O longuíssimo reinado de Luís XIV, o Rei Sol (1643-1715), ficou conhecido por iniciativas diretamente formuladas pelo monarca. Mas a gestão do sucessor, Luís XV (1723-74), registrou um visível afastamento dos negócios públicos, a maior parte dos quais foi gerida pelos ministros.

Os monarcas tornavam-se, assim, os maiores diletantes entre os diletantes. Acabaram por se resignar a um poder mais simbólico que efetivo — como gradativamente aconteceu na Inglaterra, após a Revolução de 1688. Ao procurar, em casos específicos, persistir no antigo protagonismo, tiveram a autoridade questionada, até chegar-se ao estágio de serem retirados do palco à força, como ocorreu na França durante o período revolucionário do final do século XVIII. Em ambos os casos, resignação ou resistência, a ideia de um Estado constitucional, com ou sem monarquia, se oferecerá como alternativa de freio ao aparato estatal, que começava a ficar poderoso demais.

No mesmo texto em que formula a definição do Estado moderno, Weber observa que o exercício estável de seu domínio não podia prescindir de dois ingredientes: a "crença na legitimidade" e a existência de um "estado-maior administrativo".[2] A crença na legitimidade remete à noção de que nenhum exercício de poder se estabiliza se, pelo menos em média, os governados não acreditarem que aqueles que ocupam posições de autoridade têm, eles e apenas eles, o direito de exercê-las. É claro que, na origem, em vista do papel fundador da violência ao qual nos referimos no capítulo i, o domínio estatal dificilmente se estabelecia por livre consentimento; porém, com o tempo, os métodos de sujeição abrandavam a resistência até se incorporarem ao costume, abrindo caminho para sua legitimação.

Quanto ao estado-maior administrativo, Weber distingue dois tipos, conforme a natureza da relação de seus servidores com os meios de gestão — os recursos que possibilitam, materialmente, o exercício de poder, inclusive a coerção. No primeiro tipo, os servidores detêm a posse privada desses recursos. No segundo, não os possuindo, necessitam que lhes sejam providenciados por quem está no vértice da hierarquia do domínio. O primeiro tipo é chamado de *patrimonialista*, e tende a adquirir formas mais ou menos descentralizadas, uma vez que a posse privada dos meios faz com que os servidores sejam menos dependentes do topo da hierarquia. Pela mesma razão, o segundo tipo adquire formas mais centralizadas: quando os instrumentos de administração se encontram sistematicamente separados dos servidores, o estado-maior torna-se *burocrático*.

O caso histórico de um aparato patrimonialista é o feudalismo, cujas características foram descritas no capítulo anterior. A burocracia é bem representada pelas Forças Armadas contemporâneas: nelas, os soldados e oficiais não são donos das armas e outros meios que empregam em suas operações, os quais são fornecidos pela corporação centralizada e a ela voltam.

Se situarmos essas distinções no contexto histórico da nascente Europa moderna — a transição do feudalismo para o Estado absolutista, e daí para a evolução contemporânea —, elas correspondem à passagem do patrimonialismo à burocracia. Como o predomínio do patrimonialismo significa que os servidores detêm a propriedade dos instrumentos empregados na administração, é evidente que essa transição exigiu a expropriação dos servidores em favor dos burocratas, inclusive dos burocratas armados. O resultado foi o monopólio do emprego da violência e da autorização de seu uso, característica do Estado moderno.

A separação dos funcionários em relação aos equipamentos administrativos promove a centralização do Estado, assim como o torna mais "racionalizado", quer dizer, mais permeável ao cálculo de adequação eficiente de meios a fins. Ainda que isso possa resultar na promoção do bem comum ou do bem-estar geral dos governados, não é à qualidade moral dos objetivos da ação governamental que o termo "racionalidade" se refere. A burocracia, ainda que composta de seres humanos dotados da sensibilidade que nenhuma máquina possui, pressiona os servidores a operar friamente, segundo um programa que está sempre buscando o emprego eficiente dos recursos,[3] *quaisquer que venham a ser os fins almejados.*

Graças à separação dos funcionários da fonte de recursos, e à consequente centralização destes últimos, aqueles que ocupam a parte superior da hierarquia burocrática dispõem de poder para disciplinar e distribuir os demais de acordo com um plano previamente traçado, sobre o qual incide o cálculo racional. O importante não é que o cálculo racional prevaleça inexoravelmente — sabemos que com frequência isso não acontece —, mas

Por dentro do Leviatã 109

essa é a sua *tendência*, a disponibilidade estrutural da burocracia para, em comparação com outros tipos históricos, funcionar de maneira automática.

Três elementos compõem o tipo burocrático: a divisão do trabalho administrativo, o conhecimento especializado e a dedicação integral ao cargo. Vejamos como se relacionam. Sem deter a propriedade dos recursos administrativos, os servidores ficam mais disponíveis para uma divisão do trabalho, na qual cada um desempenha função distinta, apta a se ligar a ou ser complementada por outras igualmente específicas. Por sua vez, cada papel converte-se em objeto de um conhecimento particular, que requer do servidor treinamento técnico prévio, conforme a própria atividade — no direito, nas finanças, no emprego das armas etc., só para indicar aquelas que, desde o início do processo, tornaram-se alvo de saberes incontornáveis para o exercício do poder burocrático.

Finalmente, a dedicação integral ao cargo significa que o funcionário dispõe todo o seu tempo de trabalho a serviço do aparato, o que cria uma relação de interdependência. O aparelho vira a única fonte de subsistência, e vice-versa, uma vez que o conhecimento acumulado pelo treinamento prévio, mas também pela longa experiência no exercício da função, torna o burocrata peça indispensável para a eficiência do conjunto. Daí a substituição do servidor diletante pelo profissional.

Nada ilustra melhor as tendências históricas do que os momentos em que o aparato está voltado para o terreno que mais claramente define a existência do Estado: o emprego da violência na guerra. A história bélica moderna é o processo por meio do qual os antigos traços humanos da vontade, da honra ou da coragem vão se tornando desprezíveis perante o planejamento sistemático, a divisão em áreas especializadas e o emprego do método científico. As guerras extremamente letais do século xx demonstraram a preponderância do segundo conjunto de fatores sobre o primeiro, o que poderia levar a uma interrogação sobre o caráter racional do Estado. Mas, se queremos encontrar irracionalidade, devemos procurá-la menos na adequação eficiente dos meios ao objetivo do que no próprio objetivo. Este, todavia, não é fixado pela máquina, mas, supostamente, por quem a pilota.

A opacidade e a impessoalidade são outras tendências históricas. Quando os funcionários, a fim de aumentar o poder de barganha frente aos governantes, os "políticos", operam por meio do segredo, segurando ou liberando informações conforme lhes convenha, a opacidade se materializa. A burocracia exibe força não pelo barulho, mas pelo silêncio, o signo maior da impessoalidade.

Tudo somado, o aparato organizado pelo Estado moderno é ao mesmo tempo a arma mais potente e a mais perigosa a serviço de quem dispuser de autoridade para lhe instilar propósitos. Note-se: é perigosa não só porque a máquina é indiferente ao valor e à qualidade dos propósitos, mas também porque não há nenhuma garantia de que ela sempre obedecerá a quem pressiona os botões. O fato de ser impessoal não significa que não tenha vida própria, ainda que seja a vida de uma labiríntica colmeia. Como tal ela visa, acima de qualquer outra coisa, à autoperpetuação.

A mistura de poder total e impessoalidade que marca a burocracia moderna foi tema da obra do escritor Franz Kafka. Em *O processo*, numa cena em que um guarda se dirige a Joseph K, o protagonista da trama, a fala do policial ilustra bem a mis-

Por dentro do Leviatã

tura de especialização e opacidade, valendo uma transcrição mais longa:

> Que importância eles [os documentos de Joseph K] têm para nós? — bradou então o guarda grande. — O senhor se comporta pior que uma criança. O que quer, afinal? Quer acabar logo com seu longo e maldito grande processo discutindo conosco, guardas, sobre identidade e ordem de detenção? Somos funcionários subalternos que mal conhecem um documento de identidade e que não têm outra coisa a ver com o seu caso a não ser vigiá-lo dez horas por dia, sendo pagos para isso. É tudo o que somos, mas a despeito disso somos capazes de perceber que as altas autoridades a cujo serviço estamos, antes de determinarem uma detenção como esta, se informam com muita precisão sobre os motivos dela e sobre a pessoa do detido. Aqui não há erro. Nossas autoridades, até onde as conheço, e só conheço seus níveis mais baixos, não buscam a culpa na população, mas, conforme consta na lei, são atraídas pela culpa e precisam nos enviar — a nós, guardas. Esta é a lei. Onde aí haveria erro?[4]

O risco apresentado pela burocracia é a consolidação de uma "tirania sem tirano".[5]

Soberania, território e nação

Passemos agora ao segundo elemento destacado na definição weberiana: a territorialidade dos Estados modernos. Como vimos no capítulo anterior, os Estados se proclamam "soberanos". À primeira vista, isso remete à ideia de um poder supremo, que pretende estar acima de qualquer outro que atue no mesmo espaço, como também percebemos na *polis* da Antiguidade clássica. Mas o conceito de soberania atado à forma de poder aqui analisada tem outras implicações.

Comecemos pelo seguinte: todo domínio estatal é exercido sobre territórios. Porém, a história do Estado moderno revela especificidades. O contraste entre os mapas contemporâneos e aqueles que indicavam as posses dos antigos impérios e das cidades-Estado, hoje desenhados em retrospecto, é flagrante: conforme avançamos no tempo, os limites territoriais passam a ser cada vez mais bem fixados, a ponto de adquirirem precisão geométrica. Por quê?

Pelo fato de as monarquias modernas reclamarem para si soberania absoluta *em um território cuja demarcação é aceita*, o que significa abrir mão do impulso à expansão indefinida, como era normal nos antigos impérios. *Rex imperator in regno suo* ("O rei é imperador [autoridade indisputada] em seu próprio reino") foi a fórmula tradicional, empregada pela monarquia francesa no século xiv, para sintetizar a ideia. Contudo, para funcionar, isso requeria um acordo entre os Estados sobre os limites dos territórios que cada qual reivindicasse.

A tarefa se confundiu durante a Reforma Protestante, uma vez que os conflitos ocorridos num determinado país, provocados por "partidos" religiosos que não respeitavam fronteiras, repercutiam em outros, numa reação em cadeia. Dois aspectos relacionados estavam em jogo: a configuração de uma soberania interna aos Estados em processo de consolidação e, claro, a relação que estabeleceriam uns com os outros. Para que a norma do território delimitado funcionasse, teria de haver um vínculo indissolúvel entre questões de soberania *interna* e as de soberania *externa*.

Por dentro do Leviatã

Parte do problema foi resolvida com os acordos a que chegaram as principais potências europeias depois da Guerra dos Trinta Anos (1618-48), desdobrados na chamada Paz de Vestfália, de 1648. Esse tratado marca o surgimento de um sistema internacional ("entre nações") no continente. Foi por meio dele que se lançaram as bases da soberania *interna*, em que os Estados eram reconhecidos como única autoridade legítima para impor decisões e leis dentro de suas fronteiras, rechaçando-se, portanto, qualquer interferência de outros agentes nesse espaço. No âmbito externo, reconheceu-se que os Estados eram as únicas autoridades aptas a falar em nome dos súditos. Nessa condição, por exemplo, apenas os Estados podiam declarar e fazer guerra — o que significava que as guerras passavam a ser conflitos *entre Estados soberanos*, rejeitando-se o seu caráter privado, ou ambiguamente privado e público, como nos tempos feudais. A guerra entre Estados se diferenciava assim da "guerra civil", embora esta permanecesse num limbo normativo, ao eclodir *dentro* de um país.[6]

Pelo direito internacional moderno, não poderia haver uma norma impositiva *acima* dos Estados soberanos restringindo os conflitos entre eles ou as divisões que ocorressem em seu interior. Para ambos os casos, se houvesse divergências inconciliáveis, restava o recurso às armas.

> No contexto internacional, a soberania do Estado significa na realidade que ele não está sujeito a leis que lhe sejam impostas por uma autoridade supraestabelecida, dotada do monopólio da força; significa, por outras palavras, a existência de uma situação anárquica.[7]

Daí a importância adquirida pelos acordos entre os soberanos, pela diplomacia internacional e, mais tarde, pelas organizações multilaterais instituídas pelos próprios Estados. Permanecia em aberto, porém, a questão da validade dos pactos celebrados entre eles, pois nada poderia fazer com que fossem cumpridos, exceto os interesses, necessariamente flutuantes, de cada parte.

Da territorialidade assim definida passamos quase que de imediato à noção de nacionalidade, outro traço peculiar dos Estados modernos. É da nacionalidade que emerge o conceito de cidadania que até hoje embasa e articula os direitos dos governados. Um índice da fusão operada entre Estado e nação se encontra na abertura de uma das obras pioneiras das relações interestatais, *O direito das gentes*, de 1758, escrita pelo jurista suíço Emer de Vattel, em que lemos: "As Nações ou Estados são corpos políticos, sociedades de homens unidos em conjunto e de forças solidárias, com o objetivo de alcançar segurança e vantagens comuns".[8]

O termo "nação" vem de *natio*, utilizado pelos romanos para se referir às populações estrangeiras. Como esclarece o historiador Patrick Le Roux: "*Natio* significava o grupo a que se pertencia por nascimento, ao mesmo tempo que o lugar desse nascimento".[9] Nesse caso, combinavam-se o pertencimento à comunidade pela descendência, isto é, o "direito de sangue" (*jus sanguinis*), com aquele derivado do "direito de solo" (*jus soli*), determinado pelo local em que se nasce. No mundo contemporâneo, cada país, em razão de sua soberania, define que princípio utilizar e como aplicá-lo.

Embora a cidadania moderna seja dada a indivíduos, seria errôneo reduzi-la a uma propriedade jurídica individualizada. Ao

Por dentro do Leviatã

contrário, trata-se de fenômeno da sociedade capaz de fixar uma identidade coletiva. Sem perder o vínculo ancestral com a noção de raça ou etnia, o conceito de cidadania sofre um deslocamento com a afirmação da soberania nacional, a fim de abarcar a ideia de uma identidade construída por iniciativa do Estado.

A unificação que o Estado moderno promove, ao estabelecer códigos homogêneos para as populações, em princípio diversas, que habitam o território sob seu domínio, faz com que elas se tornem mais homogêneas — por exemplo, em termos linguísticos e culturais. Os elementos padronizadores instilados pelas agências estatais se tornam elementos constituintes da identidade nacional, os quais transcendem seus fundamentos prévios, como os laços de sangue.

A identidade politicamente constituída — a nacionalidade —, ativada, no começo, "de cima para baixo", acabou por produzir efeito inverso, de "baixo para cima", impulso absorvido por uma cidadania que, de mero receptáculo de códigos, passa a recriá-los e ativá-los por iniciativa própria, fazendo convergir "povo" e "nação". Povos são atores coletivos particulares, e não universais, já que forjados por uma identidade delimitada, da qual emanam direitos que, embora amplos, não deixam de ser "privilégios", pois condicionados ao território finito dos Estados. Graças a essa apropriação, o nacionalismo tornou-se uma das ideias-força da história contemporânea.[10]

Estado e capitalismo

No início deste capítulo aludimos à cumplicidade entre o desenvolvimento do Estado e o do capitalismo. Esse é um fenômeno essencial porque, como exporemos a seguir, o poderio do Estado seria impensável sem a concomitante expansão do capitalismo, e vice-versa.

Não é de hoje que estudiosos do assunto, com interpretações e ênfases distintas, percebem a afinidade. Max Weber foi um deles, mas não o único. Karl Marx, como já se indicou, pressupunha que a trajetória do Estado absolutista militava contra o feudalismo e, portanto, em certa medida, estava a serviço da classe capitalista em ascensão. Mas também observou que os modos de servi-la eram mais emaranhados do que pareciam à primeira vista, e que o serviço cobrava um preço, maior ou menor, a depender do regime político. Mais tarde, alguns cientistas sociais resolveram seguir a trilha aberta por Marx.[11]

No século xx, o economista John Maynard Keynes, ao perscrutar as crises cíclicas do capitalismo, observou suas relações com as diretrizes governamentais e defendeu o papel protagonista do Estado para mitigar, ou contornar, os efeitos mais nocivos e autodestrutivos de tais crises. Joseph Schumpeter, também economista, analisou o elo entre o desenvolvimento técnico e as mudanças nas formas de empreendimento capitalista, assim como o crescimento concomitante da burocracia interna, tal como ocorreu nos Estados. No mesmo século xx, o historiador Fernand Braudel abriu um campo de investigação com base no conceito de "economia-mundo", que enfatiza o nexo entre a expansão universal do capitalismo, de um lado, e a competição e a hierarquia das potências estatais, de outro. Braudel deixou uma agenda de estudos que põe em diálogo diferentes disciplinas e escolas de pensamento ao redor do tema.[12]

Por dentro do Leviatã

Nesta seção, discutiremos dois aspectos dessa extensa pauta. Comecemos com a hipótese de que o regime capitalista apresenta caracteres similares aos que encontramos no Estado burocrático. Também na trajetória do capitalismo vamos flagrar uma gradual separação entre aqueles que produzem as mercadorias — os trabalhadores — e os meios de sua produção, isto é, as ferramentas manuais de trabalho, assim como as máquinas, o local de trabalho etc. Foi dessa separação que surgiu a empresa capitalista moderna, cujo proprietário dispõe dos recursos econômicos que são o pressuposto de sua capacidade para organizar o processo produtivo segundo um plano e uma divisão de trabalho, tornando-o mais "racional". Quer dizer, mais eficiente no sentido de extrair o máximo de valor da combinação dos fatores de produção, entre os quais a própria força de trabalho.

Por sua vez, a divisão de trabalho induz uma especialização de funções, com os respectivos conhecimentos técnicos, principalmente nas posições mais complexas da empresa. Na base da firma, o trabalhador precisa disponibilizar (vender) apenas tempo de trabalho, e em princípio está apto a cumprir qualquer função relativamente simples que lhe for designada. Conforme o processo de produção de mercadorias fica mais sofisticado, aprofundam-se as exigências de burocratização da empresa. Isso faz com que ela adquira os contornos de uma máquina impessoal, cujos meios se tornam inteiramente disponíveis à realização de uma finalidade impermeável a qualidades morais: a acumulação do capital. É a racionalização que, dentro da empresa, tal como havia ocorrido no Estado, leva à substituição do diletante (o dono) pelo profissional (o gerente), tão logo ela seja percebida como via para o sucesso do empreendimento.

Ao fim e ao cabo, essa dinâmica promove o afastamento dos proprietários dos meios de produção — o dono único do capital, e depois, graças à invenção das sociedades anônimas, os acionistas — da condução cotidiana da empresa, agora entregue aos burocratas e administradores executivos com diplomas universitários. Transformada num aparato burocrático privado, ainda que os proprietários conservem o direito de dar "a última palavra", a empresa passa na prática ao controle dos funcionários contratados para ocupar as posições elevadas da hierarquia.[13]

O segundo aspecto vai além da similaridade entre o que ocorre nas entranhas do poder estatal e o que acontece na estrutura da empresa. Na verdade, são dois processos que, embora aparentemente paralelos, estão interligados. O rei absolutista não poderia ter logrado construir o aparato administrativo e militar independente se não dispusesse do excedente econômico, especialmente financeiro — tributos em moeda e crédito bancário —, derivado de uma economia que se tornava progressivamente capitalista. Mesmo assumindo que o soberano tenha continuado a servir aos interesses de sua classe social de origem, a aristocracia feudal, como pretende uma das análises apresentadas no capítulo anterior, é certo que ele teve de se valer dos recursos acumulados pela burguesia emergente nas cidades. Graças a isso, conseguiu impor sua vontade sobre a nobreza e assim forçá-la a perder os anéis para não perder os dedos.

Concentrando na corte os meios de coerção antes detidos pelos barões feudais, o rei se viu estimulado a transferir para a burguesia nascente parte dos direitos de exploração econômica previamente monopolizados pela aristocracia rural. Como, no limite, isso significaria a própria destruição da aristocracia —

Por dentro do Leviatã 119

apesar dos pesares, a base de sustentação política da realeza —, o monarca foi obrigado a fazer um jogo ambíguo, a fim de manter leais o pilar social (nobreza), de um lado, e o pilar econômico (burguesia), de outro. Mas acabou se revelando impossível perpetuar o equilíbrio, na medida em que a acumulação do capital exigia aproveitar não apenas algumas, mas *todas* as oportunidades de negócios, o que o poder da nobreza obstava.

A projeção de afastamento definitivo do poder absolutista abriu o imaginário social para profundas reformas institucionais do Estado, cujos impasses levaram, em alguns casos, a mudanças revolucionárias, como veremos no próximo capítulo. No processo, outras classes sociais, além da burguesia, passaram a reclamar um lugar na estrutura de poder do Estado, a fim de garantir que os governantes estendessem os serviços públicos ao conjunto da população. No longo prazo, as pressões apontavam para separar, de um lado, o espaço social dedicado à reprodução e expansão da riqueza, e, de outro, aquele requerido para repor continuamente a legitimidade da ordem social por meio do exercício da violência concentrada.

Assistimos a uma dupla autonomização: a do poder econômico da burguesia, que ficou liberada de garantir a sua própria proteção, e a do poder político, dispensado de prover por conta própria sua sustentação material. Autonomização relativa, sem dúvida, pois implicava ao mesmo tempo profunda interdependência.[14] Foi nesse quadro de oportunidades e limites que ambos, Estado e capitalismo, passaram a funcionar de maneira conjugada após o absolutismo.

Cabem algumas observações sobre as consequências dessa inter-relação. Desembaraçar-se das tarefas de autoproteção deu à empresa e às classes capitalistas o fôlego imprescindível para as atividades precípuas do ganho e da competição econômicos. Ademais, os custos da reprodução social, em particular os relativos à infraestrutura, educação e saúde, e ao uso dos recursos naturais, foram transferidos, na medida em que se tornaram politicamente sensíveis, para agências estatais.

A garantia da legitimidade da ordem não podia ser reposta pela pura e simples atividade econômica. Ao contrário da antiga aristocracia feudal, as classes capitalistas herdaram o estilo de vida que é a marca do nascimento da burguesia, em princípio inapto para a gestão direta da violência e o controle das populações submetidas. Uma coisa é organizar o trabalho no interior da empresa e fazer os trabalhadores produzirem lucro em troca de salário; outra é obrigá-los, na condição de governados, a aceitarem a ordem na qual a empresa, seus dirigentes e seus proprietários estão mergulhados. Essa era uma missão que apenas os governos dos Estados poderiam cumprir.

Ainda que a aceitação da ordem estivesse condicionada a certa repartição do ganho econômico entre todas as classes — um desafio da história da parceria Estado-capitalismo, como veremos adiante —, essa era uma tarefa que só os governantes poderiam realizar, à medida que obtivessem ou forçassem o endosso das classes ricas. Estava claro, porém, que os novos encargos vinham acompanhados de certas vantagens. A despeito da incessante busca de acumulação de riqueza, o capitalismo revelava-se uma máquina formidável para gerar excedente, muito mais eficaz que qualquer outro modo anterior. Como indicamos no capítulo 1, nenhum Estado, desde os mais rudimentares e ancestrais até o mais recente, poderia subsistir por muito tempo se não houvesse uma população e uma rede

Por dentro do Leviatã 121

social capazes de produzir excedente econômico. Foi sobre ele que essas potências se ergueram, ao conseguirem redirecionar, mediante impostos e outros meios, pelo menos parte do excedente para a construção e manutenção do próprio Estado. Quanto mais fossem capazes de fazer a conversão, mais poderosos ficavam.

Contudo, Estados são poderosos não apenas quando se impõem sobre seus súditos, mas também, e talvez principalmente, quando são capazes de competir na arena internacional, com chance de nela vencer ou se tornar temidos. Se as empresas se esmeram em concentrar e reinvestir capital, os Estados preocupam-se com a projeção, interna e externa, de poder político crescente.

Em resumo, desde o século XVI as potências modernas se tornaram um tipo de domínio que se impôs sobre a maioria da população, quando não sobre quase toda a sociedade humana no planeta. Algo inédito. Uma boa dose do sucesso se deveu ao fato de terem estabelecido uma "joint venture" com a economia capitalista, que, de quebra, também se impôs como regime econômico predominante no planeta, graças ao papel complementar assumido pelo poder público.

A parceria ter dado certo não significa que estivesse livre de contradições. Por diversas vezes, como se sabe, muita areia pesada embaraçou o engate. Para verificar isso, retomemos um ponto já abordado, relativo às características do Estado soberano.

Territorialidade e nacionalidade são potencialmente conflitivas com os imperativos capitalistas. Ao restringir o domínio a um território delimitado e fixo, o poder estatal exibe menor mobilidade que os capitais. Mas a mobilidade dos capitais foi originalmente impulsionada pelos serviços estatais: de proteção interna contra as classes altas não capitalistas e contra ameaças a seus direitos de propriedade; e de defesa externa, em nome dos valores nacionais, contra a concorrência de empresas sediadas em outros territórios.

Ocorre que a dinâmica econômica não é essencialmente territorial, uma vez que, a partir de certo ponto, a mobilidade se revela um formidável motor de acumulação. "O capital não tem pátria", como observaram os estudiosos do assunto. As fronteiras dos Estados podem até diminuir a mobilidade deste — como o fizeram e ainda fazem —, mas são porosas demais para contê-la. Some-se a isso o fato de que sempre foi conveniente aos governantes nutrir-se do circuito internacional de capitais, em particular o disponível nos mercados financeiros.

De qualquer modo, é frequente observarmos, ao longo da história, períodos de divergência entre as duas dinâmicas, levando os grupos governantes a encruzilhadas dramáticas, nas quais o papel arlequinal de "servir a dois senhores" foi posto à prova. De um lado, a pressão para assegurar a continuidade da cooperação com as classes endinheiradas, fonte insubstituível de recursos, não obstante sua volubilidade; de outro, a pressão para honrar o pacto fundamental da soberania: proteger a população de qualquer ameaça à sobrevivência, inclusive a derivada da mobilidade dos capitais. O lado para o qual os grupos governantes penderam nos momentos críticos variou de país a país, dependendo, entre outros fatores, do regime político e do poder de fogo dos dois "senhores" (classes) disputantes.

Percebemos também os efeitos do caráter cíclico da acumulação capitalista, que apresenta fases de expansão e retração, de criação de riqueza seguida de destruição acentuada. Em

Por dentro do Leviatã

termos sociais, isso implicou a alternância de prosperidade e empobrecimento, afetando a legitimidade da ordem constituída. Mas, justo nos momentos adversos, quando obviamente a insatisfação das classes baixas cresce, a capacidade estatal de administrá-la também diminui, uma vez que o acesso ao excedente econômico se estreita. Nessas situações, os governantes enredam-se concretamente no dilema antes descrito, entre "matar a galinha dos ovos de ouro" ou deixar as classes não capitalistas no desamparo. Uma vez que a crise econômica torna visível o que em situações normais não o é — vale dizer, as relações de subordinação e a estrutura de privilégios da ordem estabelecida e garantida pelo Estado —, não é por acaso que essa visibilidade desate agudas *crises políticas*, como se poderá ver no último capítulo deste livro.

Conforme o Estado moderno passou a depender não só de tributos, mas de crédito bancário, através do qual o empreendimento capitalista também encontrou novas oportunidades de ganho, essa relação se tornou um fator de desencadeamento de *crises econômicas*. Muitos são os modos de sua instauração, mas todos convergem para o desencontro entre as necessidades materiais do Estado e a disponibilidade de capitais. Uma vez que, em face das emergências, os créditos só podem ser obtidos a alto custo, sua reiteração leva os agentes estatais a trombar com dificuldades insuperáveis para administrar a dívida resultante, até chegarem ao default, a declaração de inadimplência. Conforme a economia produtiva passou a funcionar de modo altamente encadeado, em estreita articulação com o mercado financeiro, o default de agentes da dimensão dos Estados pode induzir uma sucessão de quebras dos demais elos da cadeia, o que culmina numa crise econômica generalizada. Em outras palavras, o funcionamento do Estado integrou-se às crises cíclicas do capitalismo.

Cabe notar, porém, que, nas circunstâncias em que as crises não derivavam do endividamento dos Estados, encontraram-se maneiras de torná-los um fator atenuante, na condição improvisada de agentes econômicos capazes de cobrir os elos de um circuito financeiro que, em decorrência das adversidades, as empresas tinham deixado de percorrer. Um exemplo: após a crise dos *subprime* em 2008, os Estados injetaram centenas de bilhões de dólares no socorro a um sistema financeiro completamente falido.[15]

Apesar da atribulada trajetória de cooperação e conflito, até pelo menos o terceiro quartel do século xx parecia que as duas dinâmicas haviam alcançado certo equilíbrio, mesmo considerando-se os momentos de predomínio de uma ou da outra. Nas últimas décadas, porém, começou-se a especular sobre um deslocamento mais fundamental em curso, uma autêntica mudança de época, com o advento da chamada "globalização", que algumas análises interpretam como a época do rompimento irreversível da velha parceria entre capitalismo e Estado nacional (ponto que será retomado no capítulo 6).

A política como luta pela direção do Estado

Resta expor, nestas duas últimas seções, o sentido de política que deriva da experiência acumulada do Estado moderno e como ela diverge da concepção apresentada no capítulo 1. Vamos destacar: 1) a política como prática centrada na direção do Estado e na gestão da violência legítima; 2) a profissionalização dessa prática.

Em "A política como vocação", Weber diz que, para evitar a amplitude excessiva do conceito de política, convém articulá-lo ao Estado: "Por política entenderemos [...] o conjunto de esforços feitos com vistas a participar do poder ou a influenciar a divisão do poder, seja entre Estados, seja no interior de um único Estado".[16] Os esforços mencionados são, evidentemente, as práticas que visam à direção do Estado e, por seu intermédio, à direção também da sociedade que está sob seu domínio. O termo "influenciar", aqui, implica que a direção do Estado nunca é dada de antemão: ela sempre precisa ser *disputada*.

Há vários meios de interferir no comando do aparelho do Estado. Mas o principal deles é o acesso aos recursos da violência consentida — "legítima" — de que o Estado dispõe. O próprio Weber assim o sugere quando afirma a certa altura, no mesmo texto, que "toda política utiliza como instrumento específico o poder, por trás do qual se perfilha [sic] a *violência*"; e logo adiante, mais uma vez, ao dizer que "o instrumento decisivo da política é a violência".[17] Registre-se: o autor não reduz a política à violência, pois admite que recursos pacíficos, como a persuasão, também são importantes ingredientes da atividade diretiva. Ao destacar a violência, no entanto, ele circunscreve o *meio* característico pelo qual os que fazem política buscam impor decisões ao coletivo.

Resgatamos a formulação weberiana, e a adotamos aqui, porque ela é conscientemente devedora da experiência do Estado moderno. Foi com seu desenvolvimento que se alcançou uma *inédita concentração de poder*, em virtude da monopolização da violência. Como resultado, a política ficou intimamente ligada à gestão do poder estatal e a seu dom de alocar violência concentrada para impor mandamentos, na forma da lei ou por decisões específicas. Trata-se, portanto, de uma concepção posta em circunstâncias muito distintas daquelas presentes na Antiguidade clássica, nas quais os meios de exercício da violência, em marcada diferença com o que veio a acontecer em tempos modernos, eram distribuídos entre os cidadãos. Tal circunstância de certa forma os obrigava — se quisessem viabilizar uma ação comum, concertada — a pensar e praticar a política como busca do consenso pela persuasão, tal como definida no capítulo 1. O próprio uso generalizado das armas pela cidadania tinha, nesse caso, um efeito dissuasivo.

Em contexto moderno, porém, a prática da política sofre uma ampliação de sentido que em parte contradiz aquele que emergiu da experiência clássica. A parte que o contradiz é justamente esta: embora a concepção que agora estamos examinando abarque qualquer prática que vise à direção da sociedade por meio do Estado — inclusive a busca do consenso pela persuasão —, ela não exclui o emprego da violência.

Pode parecer uma diferença secundária, se pensarmos que a atividade diretiva de fato lança mão de diversos recursos que não os coercitivos. Contudo, ponhamos o foco nesse aspecto da violência e no fato de que se disputa a direção não de qualquer tipo de Estado, mas desse que se materializa num aparato de poder separado da comunidade de cidadãos (o *povo*) e que detém poder exclusivo e legítimo de coagir essa mesma coletividade e toda a população restante sob seu domínio. Assim, as armas deixam de ser recurso difuso para se tornar *recurso escasso e concentrado*. Ora, se dermos a esse aspecto a devida ênfase, radicalizando a definição weberiana, podemos afirmar que a disputa pela direção do Estado significa, essencialmente, a disputa pelo acesso ao recurso da violência.

Por dentro do Leviatã 127

Ao reunir tais elementos, chegamos a uma definição sintética desse sentido da política, a versão *dirigista* — no outro polo do sentido *deliberativista* apresentado no capítulo 1 —, definição que formulamos assim: *política é a disputa pela direção do Estado, visando ao acesso do principal meio diretivo da sociedade exclusivamente sob seu domínio: o monopólio da violência legítima.*

Mas não se trata, mesmo nessa definição, de confundir política e Estado. Este último é um acumulador de poder, reúne os meios para seu exercício e os disponibiliza aos governantes. A política, por sua vez, é o que os governantes, ou os pretendentes a sê-lo, fazem com esses meios. Nesse caso, importa o conteúdo, a finalidade de suas práticas — daí o elemento central da "direção". Como essa direção não está assegurada previamente e, portanto, precisa ser disputada, surge o problema adicional da organização da disputa.

Ciente disso, Weber se debruçou sobre uma noção ampla de "partido", que não se restringe ao uso comum que hoje damos ao termo. "Partido" seria qualquer ação concertada de pessoas que se unem, formal ou informalmente, com o propósito de influenciar a atividade estatal. Diz Weber:

> Os "partidos" vivem sob o signo do "poder" [...], [suas] ações voltam-se sempre para uma meta que se procura atingir de forma planificada. A meta pode ser uma "causa" (o partido pode visar à realização de um programa de propósitos ideais ou materiais) ou pode ser "pessoal" (sinecuras, poder e, daí, honras para o líder e os seguidores do partido).[18]

Fixado nessa perspectiva, o autor conclui que "a essência da política [...] é a luta, o recrutamento de aliados e um grupo de seguidores voluntários".[19]

Mas quem seriam essas pessoas? Os simples cidadãos, o conjunto dos eleitores, ou um grupo mais restrito? Se todos os cidadãos se interessassem igualmente pela disputa que define a política na acepção aqui exposta, seria possível pensar que todos estivessem engajados de alguma forma em "partidos". Sabemos que a participação nessa luta envolve, em realidade, grupos bem menores, e Weber tinha uma explicação para isso. O ponto remete ao caráter profissionalizante da política moderna.

Ao refletir sobre a organização de partidos, Weber examinou os pressupostos sociais do empreendimento. Para tanto, propôs a distinção entre "viver para a política" e "viver da política",[20] acompanhada da anotação, não menos importante, de que, em qualquer agrupamento humano em que houvesse práticas políticas no sentido dirigista anteriormente definido, a maioria das pessoas ou não participa dessas práticas, ou o faz ocasionalmente. Mesmo nos regimes democráticos com massiva participação eleitoral, cujo surgimento Weber testemunhava, o simples cidadão só se engajava de modo esporádico nas práticas políticas, nos períodos esparsos em que votava ou nos raros momentos em que a sensibilidade a uma matéria fosse forte o suficiente para fazê-lo protestar: sair às ruas, apoiar ou fazer greves etc. Na maior parte do tempo, ele dedicava-se a afazeres privados.

Nessa perspectiva, portanto, a iniciativa de influenciar o poder estatal, embora franqueada, é algo que interessa a poucos. Só os chefes de partidos e os seguidores efetivamente, como os militantes e os funcionários dos partidos, fazem da política uma prática cotidiana. Importa, nesse caso, quem de fato se dedica a produzir uma influência sobre a direção do Estado, pela luta que isso exige, e não quem, preocupado em zelar

Por dentro do Leviatã 129

pela condição de ser livre, dá valor a uma prática coletiva de liberdade — a política na acepção deliberativista.

Feita a restrição, quem vive *para* a política não precisa necessariamente viver *da* política. Pois viver da política significa fazer dela não só uma atividade de tempo integral, mas fonte de sustento. A depender da origem social (origem de classe), a pessoa pode ver-se dispensada dessa exigência elementar. Por exemplo, alguém que vive de rendas — financeiras ou imobiliárias — dispõe de tempo e recursos para dedicar-se à política, "viver para a política", sem precisar "viver da política". Para os indivíduos das classes abastadas, portanto, sempre foi mais viável a dedicação exclusiva à política do que para os das demais classes. Como a política reclama a disputa contínua pela direção do Estado, o fato de não ter havido, no passado, uma remuneração específica ou suficiente para seu exercício dava à liderança estatal um caráter "plutocrático", isto é, de acesso exclusivo aos ricos.

Ao trazer consigo a massificação do voto, o regime democrático moderno abriu um campo amplo de profissionalização. A atividade partidária, tão logo virou um grande e complicado empreendimento "racional" — outra vez, no sentido eticamente neutro ressaltado em seção anterior —, precisou expandir a camada de militantes profissionais, o que induziu as organizações políticas a gerar meios próprios para um recrutamento não plutocrático de líderes e seguidores. O processo permitiu franquear a direção do Estado a indivíduos originados das classes médias, populares e trabalhadoras. Com isso, viver para a política passou a ser quase idêntico a viver da política.

O poder do medo e o medo do poder

Ao elaborar dois campos polares do sentido de política — como prática coletiva da liberdade e como disputa pela direção do Estado — miramos certo nível de abstração. Mas não se trata de contrapor teorias autorais completas — por exemplo, os pensamentos de Hannah Arendt e Max Weber —, apenas de indicar visões contrastantes e amplas o suficiente para acompanhar a trajetória real, histórica, da política e ver como as circunstâncias pressionam os homens e as mulheres a fazê-la num sentido ou em outro, ou de algum modo combiná-los. Assim, que a política tenha sido concebida pelos gregos como prática da busca de consenso por deliberação reflete, entre outras, a circunstância de baixa estatalidade de sua sociedade, pois na Antiguidade clássica a cisão entre Estado e povo (a comunidade de cidadãos), típica das sociedades modernas, ainda não se fazia sentir. Ao contrário, o processo que fez o Estado separar-se da cidadania e concentrar poderes coercitivos induziu a inflexão de sentido que dá ênfase à ligação entre política, direção e violência.

Contudo, a diferença de contextos em si mesma não anula a relevância de nenhuma das duas acepções, pois, insistimos, a práxis humana — o agir e o refletir simultâneos — é suficientemente plástica para reinventar, em novas circunstâncias e com novas instituições, os significados originais. É o que vamos verificar no próximo capítulo, quando discutirmos a reelaboração da política propiciada pelas revoluções democráticas, contexto no qual surgiu o desafio de combinar, aceitando ou não as tensões correspondentes, as práticas do consenso e da liberdade e as práticas de disputa pela direção do Estado.

Por dentro do Leviatã

Na visão apresentada neste capítulo, a política torna-se uma prática fortemente associada à violência. Não por acidente, é usual que ela apareça relacionada a paixões sombrias, como o medo. Talvez ninguém tenha elaborado a trama política nesses termos melhor do que Thomas Hobbes, o primeiro a pensar teoricamente o Estado como uma agência separada da sociedade.

De partida, vale chamar a atenção para o fato de que a principal obra do filósofo inglês é intitulada *Leviatã*, referência a um monstro bíblico citado no Livro de Jó, parte do Antigo Testamento. A metáfora é poderosa — lembremos que Hobbes a escreveu durante a Guerra Civil Inglesa (1642-9), conflito que teve a disputa religiosa em seu centro. A despeito da sensação de terror que instila, o *Leviatã* fazia parte da busca de uma saída positiva para aquilo que, ao ver de muitos, talvez a maioria em seu tempo, fosse a condição mais terrível: a guerra civil.

Ao justificar a necessidade do Leviatã, Hobbes opunha a insegurança generalizada da anarquia — resultado, poderíamos dizer, do medo paranoico que os homens tendem a sentir uns dos outros quando não são governados por um poder comum — à relativa segurança gerada, paradoxalmente, pelo medo disciplinador que a simples sombra do monstro desperta. Num raciocínio um tanto herético para a época, o filósofo sustentava que caberia ao monstro organizar a vida civil e promover a paz comum, dado que o simples cidadão, suscetível por natureza a paixões insociáveis, e ainda mais fortemente quando não controlado pelo freio estatal, seria incapaz para a tarefa.

Mas como fazer o cidadão ver a saída senão neutralizando as paixões por meio de alguma outra paixão, a elas oposta? E que paixão, nesse caso? A pergunta pedia um escrutínio sobre a subjetividade que informa a hipotética passagem da insegurança generalizada do "estado de natureza" (a condição de anarquia) para a relativa segurança do "estado civil", garantida pela soberania estatal.

A resposta hobbesiana foi apontar, como parte da cadeia de continuidade, a paixão que denominou *medo da morte violenta*. Esta, ao contrário de outras variantes do medo, seria compatível com a ordem social, pois obrigaria os homens a ver os interesses de longo prazo e, portanto, passíveis de ação calculável, racional. Seria, assim, uma paixão construtiva, forte o suficiente e ligada a um instinto universal, favorável à vida. E também positiva, porque despertaria um desejo de "sair daquela mísera condição de guerra que é a condição necessária (conforme se mostrou) das paixões naturais dos homens, quando não há um poder visível capaz de os manter em respeito, forçando-os, por medo do castigo, ao cumprimento de seus pactos",[21] e outros gestos condizentes com esse desejo. Assim, o medo da morte violenta era forte candidato à fundação e preservação do Estado.

Daí a famosa conclusão, ditada como se o autor estivesse construindo uma figura geométrica, nem por isso menos eloquente:

> É esta a geração daquele grande Leviatã, ou antes (para falar em termos mais reverentes) daquele *Deus Mortal*, ao qual devemos, abaixo do *Deus Imortal*, nossa paz e defesa. Pois, graças a esta autoridade que é dada por cada indivíduo no Estado, é-lhe conferido o uso de tamanho poder e força que o terror assim inspirado o torna capaz de conformar as vontades de todos eles, no sentido da paz em seu próprio país, e da ajuda mútua contra os inimigos estrangeiros.[22]

Eloquência à parte, poderíamos nos perguntar até que ponto essa teoria da geração do Estado é compatível com a ideia da política como prática de *disputa* pela sua direção tal como discutimos na seção anterior. Por certo o próprio Hobbes tinha para ela uma resposta negativa: se quisermos que a paz pública seja mantida a todo custo, uma vez que o mal maior é sempre a anarquia, o melhor a fazer é tornar as decisões comuns matéria exclusiva do soberano, seja este "um homem" ou "uma assembleia de homens" — conservando-as, portanto, acima de lutas entre grupos, facções etc. (os "partidos" no sentido weberiano), enfim, acima de disputas.

Para Hobbes, não era relevante quem viesse a assumir a autoridade suprema — embora, em termos práticos, ele não recomendasse a opção, sua teoria admitia até mesmo a referida "assembleia de homens" para o posto, desde que tivesse uma regra clara para as decisões (o voto da maioria); pois o fundamental não era *o que* os soberanos faziam, mas *que houvesse* um soberano. Como ele admite no prefácio do *Leviatã*, na carta-dedicatória a seu amigo Francis Godolphin,

> não é dos homens no poder que falo, e sim (em abstrato) da sede do poder (tal como aquelas simples e imparciais criaturas no Capitólio de Roma, que com seu ruído defendiam os que lá dentro estavam, não porque fossem quem eram, mas apenas porque lá se encontravam).[23]

Pode parecer espantoso que a perspectiva hobbesiana não tenha reservado espaço para avaliar as ações dos governantes, restringindo-se a compreender a forma do Estado e, por meio disso, sua necessidade para a vida humana. Mas vale reiterar, para não incorrermos numa crítica anacrônica, que ela refletia as angústias do tempo, marcado pelos horrores da guerra civil, na qual a ausência de uma autoridade comum é o que mais se ressente. Entretanto, a consequência da proposta de Hobbes era deixar crescer sem controle o poder impessoal, a máquina indiferente a propósitos que acompanha o processo de construção do Estado moderno. Foi contra isso que o enfoque weberiano acendeu todos os alertas. Não queremos com isso dizer que a resposta de Weber tenha, afinal, se revelado satisfatória. Mas havia nela a convicção de que, com o gume do dispositivo letal dessa máquina se afiando como nunca antes, já não pareceria autoevidente que o perigo de estar exposto à agressão dos demais seres humanos fosse maior que o do Leviatã desatado.

4. As revoluções democráticas

As REVOLUÇÕES NA INGLATERRA, em 1642 e 1688, nos Estados Unidos em 1776 e na França em 1789 moldaram a existência ocidental, sobretudo ao reinventar a democracia — tipo de governo que ficara esquecido na Antiguidade clássica — e transformá-la num projeto civilizatório. Até hoje se vive sob o signo do que ingleses, norte-americanos e franceses fizeram e pensaram algumas centenas de anos atrás. O objetivo deste capítulo é relatar os fatos decisivos de tais processos revolucionários e discutir os princípios que legaram. Havendo incontáveis episódios envolvidos, foram selecionadas apenas as passagens e interpretações fundamentais.

Como é sabido, até meados do século XVII a palavra "revolução" era usada para descrever percursos naturais. Por exemplo, o ciclo de nascimento-morte dos seres ou a rotina dos corpos celestes. No campo dos negócios humanos, era empregada, por analogia, para falar da dinâmica (vista como circular) de ascensão, apogeu e declínio dos Estados.[1] Os ingleses reposicionaram o termo em 1688, usando a palavra para qualificar a rápida transformação sofrida pela monarquia quando os Stuart foram derrubados por um levante civil e militar. Viu-se ali o descortinar de "um novo horizonte",[2] e justamente para essa visada empregaram o termo "revolução".

Diz a lenda que cerca de cem anos depois, na França, quando o povo de Paris resolveu insurgir-se contra a demissão de um ministro de Estado que gozava de simpatia, Luís XVI, perplexo, teria exclamado ao duque Fréderic de La Rochefoucauld-Liancourt: "Isso é uma revolta!". Ao que o interlocutor corrigiu: "Não, Sire, é uma revolução". A quase milenar monarquia francesa havia sobrevivido a dezenas de revoltas. Mas a uma "revolução"...?

Pouco antes, os colonos ingleses da América do Norte tinham se rebelado contra a metrópole, e deram ao gesto o nome de "Revolução da Independência". Pode-se indicar que, embora tenha ocorrido na periferia do sistema europeu, foi a insubordinação norte-americana que marcou o começo do fim do Antigo Regime, termo que os autores revolucionários inventaram para designar a ordem absolutista-aristocrática a que se opunham.[3] Os rebeldes norte-americanos, aliás, eram muito admirados pelos personagens que, treze anos depois, mudariam para sempre a sociedade francesa e a ocidental como um todo.

Dos muitos ângulos plausíveis para abordar essas revoluções, serão privilegiados três: o aspecto "constitucionalista", termo que esclareceremos em breve, e as reintroduções do republicanismo e da democracia na agenda ocidental. República e democracia remetem, como vimos, à experiência da Antiguidade clássica e das cidades livres medievais italianas, mas agora irão adquirir conteúdos bastante inovadores.

O exame do tema será feito em sete seções. As duas primeiras são dedicadas à Revolução Inglesa. Nelas indicaremos a maneira pela qual os acontecimentos na Inglaterra de meados do século XVII colocaram na agenda a perspectiva constitucional. Nas quatro seguintes, o foco recairá sobre as ações e o pensamento revolucionário nos então recém-fundados Estados Unidos da América e na França. Na última seção, buscamos mostrar por que a democracia moderna surgida com essas revoluções traduz não só um regime, mas um projeto civilizatório. Ou seja, mais do que uma forma de organizar o exercício do poder, trata-se de um conjunto de ideais que requalificam as exigências que a sociedade faz à política.

A Revolução Inglesa: da crise do absolutismo ao interregno republicano (1642-60)

O que designamos por Revolução Inglesa refere-se aos eventos que, ao longo do século XVII, puseram em causa a e levaram à queda da monarquia absoluta, cujo apogeu havia sido atingido no século anterior, durante o reinado dos Tudor. O processo se divide em duas fases: a primeira compreende a guerra civil iniciada em 1642 e terminada em 1649, com a decapitação de Carlos I, e o "interregno republicano" que se seguiu e acabou em 1660, com a restauração da dinastia Stuart. A segunda vai do final da república até o conflito dos anos 1680, que levou à queda definitiva dos Stuart, em 1688, resultando na monarquia constitucional, centrada no parlamento.

Os acontecimentos ocorridos entre 1642 e 1649 podem ser entendidos como um ensaio geral para a verdadeira conclusão do processo, que só ocorrerá décadas depois, quando uma primeira versão do constitucionalismo moderno será estabelecida. Nele, é difícil distinguir e nomear claramente as classes em disputa, pois os embates não eram vazados na linguagem secular, predominante depois. Com frequência, mobilizavam um complexo vocabulário religioso, apto a se desdobrar em argumentos teológicos complicados, expressando crenças aparentemente irreconciliáveis.

Percebe-se a sobreposição de conflitos de classe e disputas em torno da "verdadeira" fé cristã, disputas que cindiam não apenas as classes como as famílias, fossem elas pobres ou ricas, camponesas, burguesas ou aristocráticas. Lutas acirradas haviam atingido — e voltariam a fazê-lo — os clãs dinásticos, por conta da mistura explosiva de questões sucessórias e divergência religiosa. Basta lembrar a célebre disputa entre a rainha Elizabeth I (1558-1603), protestante, e sua prima Maria Stuart, católica, "rainha dos escoceses" (1542-67), disputa que resultou no confinamento da última por quase vinte anos, seguido por decapitação.

Em terras britânicas, a Reforma Protestante teve peculiaridades.[4] Enquanto as grandes monarquias do continente (França e Espanha) tenderam a domesticar a Igreja católica ou forjaram soluções de compromisso, o rei Henrique VIII (1509-47) decidiu romper com o catolicismo, criando a Igreja anglicana sob patrocínio do Estado. A Igreja católica detinha parte importante das propriedades fundiárias, que foram confiscadas e redistribuídas pela Coroa. Ao abrir novas oportunidades e uma inusitada mobilidade social, Henrique VIII afetou as relações entre as classes, em particular as de subgrupos da aristocracia rural.

Sem nunca apresentar uma composição homogênea, e admitindo uma hierarquia interna, a aristocracia inglesa viu crescer dentro de si um abismo entre o "topo" — a nobreza de alto coturno, vivendo às custas de privilégios resultantes da proxi-

As revoluções democráticas

midade com a realeza — e a "base", denominada *gentry*. Esta última crescia numericamente nas províncias e modificava seu padrão de vida graças a novas oportunidades, que ampliavam seu horizonte de aspirações.

O século XVI também assistiu à expansão de outros grupos. Oriundos das classes populares, os *yeomen*, fazendeiros sem status de nobreza, se beneficiavam da ampliação das terras cultiváveis e convertiam a agricultura de subsistência num empreendimento comercial; os intermediários capitalistas, posicionados para gerir as trocas entre campo e cidade, além da exportação e importação; os profissionais, como advogados e médicos, em vista da maior demanda de serviços por parte das camadas em ascensão.

Além da Reforma, distintos fatores intervenientes estiveram em jogo: os cercamentos, analisados por Karl Marx em *O capital*, das terras comuns do campesinato de origem feudal, privatizadas com apoio do aparato coercitivo do Estado, expediente que impulsionou o capitalismo. Os cercamentos foram exemplo notório de que as mudanças em curso não eram indolores e pacíficas, criando, ao contrário, ganhadores e perdedores, riqueza e penúria. Para as classes emergentes fixava-se, no fundo das consciências, a ligação entre seu destino no mundo terreno e as transformações espirituais em curso.

Com a ruptura religiosa promovida pela Coroa inglesa, os movimentos internos da Reforma continuaram efervescentes, suscitando efeitos inesperados, enquanto a resistência católica não se dobrava. A monarquia havia "nacionalizado" o clero, preservando, porém, a hierarquia episcopal e colocando o próprio rei em sua chefia. Daí as perturbações dinásticas que ocorreram após a morte de Henrique VIII, uma vez que as regras tradicionais de sucessão hereditária não se harmonizavam necessariamente com o imperativo de consolidar a Igreja reformada. Seria possível a ascensão de um rei ou rainha católicos, como de fato aconteceu: Henrique VIII foi sucedido por uma rainha católica, Maria I (1553-8), conhecida como Bloody Mary, a rainha sanguinária,[5] por sua vez substituída pela protestante Elizabeth I. Para muitos, um sucessor de fé católica representava ameaça à independência nacional, pois colocava a monarquia sob a tutela de interesses estrangeiros — a Igreja romana e as poderosas monarquias continentais aliadas a ela, como a Espanha.

Numa posição extremada, um número crescente de convertidos à nova fé, chamados de "puritanos", gostaria de ver o estabelecimento não de uma Igreja oficial, estatizada, que garantisse privilégios aos seguidores de uma única denominação (a anglicana), mas sim de plena liberdade religiosa, separando sem ambiguidades as questões da cidadania nacional, propriamente políticas, de "foro externo", e as espirituais, a serem tratadas apenas como matérias de "foro interno".

No início do século XVII, com a ascensão dos Stuart, de origem escocesa, as coisas pareciam bem encaminhadas. Filho de Maria Stuart, o rei Jaime, que uniu as Coroas inglesa e escocesa — sendo Jaime I (1603-25) na Inglaterra e Jaime VI (1567-1625) na Escócia —, era de fé protestante e, apesar de reafirmar, no discurso, os poderes absolutistas da monarquia, era hábil o suficiente para manter o parlamento sob relativo controle. Ao mesmo tempo, soube acomodar-se ao fato de, na Escócia, a Reforma ter produzido uma Igreja dita "presbiteriana", que, embora oficial, era menos hierárquica e mais independente dos governantes do que a anglicana.

As revoluções democráticas

No entanto, seu filho e sucessor Carlos I (1625-49) resolveu levar mais a sério a teoria absolutista do "direito divino dos reis", considerando que a conduta contemporizadora do pai havia deixado problemas na gestão do Estado. Com sua postura rígida, Carlos I estimulou a disposição pouco amigável dos representantes parlamentares, dos quais dependia para aprovar novos impostos. O parlamento (a câmara baixa) era controlado pela *gentry*, fato que advinha de, ao longo do século XVI, o absolutismo inglês, apesar de bem-sucedido na centralização do país, ter deixado boa parte da gestão das províncias a esse grupo, que prestava serviços ao Estado, como a administração da justiça, em troca do reconhecimento do brasão nobiliárquico, sem receber salários dos cofres públicos. Cabia também ao parlamento aprovar fundos para a mobilização de forças armadas terrestres a cada ocasião necessária, dado que, apesar do investimento na construção da marinha de guerra, a fim de fazer frente ao poderio espanhol, a Coroa não ergueu um exército permanente em terra. Como se vê, na Inglaterra, ao contrário do que ocorria na França, o parlamento unificado em Westminster, já antes da dinastia Stuart, havia se tornado instituição nacional, diminuindo a autonomia da monarquia absoluta.

Para piorar, numa típica manobra destinada a selar alianças, casou-se com a filha do rei da França, de fé católica, esposa com quem desenvolveu relações de mútuo afeto e que passou a exercer notável influência sobre as suas decisões. Assim, com menos de cinco anos de reinado, Carlos desentendia-se com setores do país sobre diversas matérias, desde a política externa até as mais sensíveis questões religiosas, o que o levou, em 1629, a suspender as sessões parlamentares pelos onze anos seguintes. O conflito entre as duas instâncias está na origem da limitação do poder real, que será o resultado medular da revolução, quase meio século depois.

Em 1640, a contragosto, o monarca convocou o parlamento, premido pela necessidade de financiar um exército destinado a conter os escoceses, que se rebelavam contra a tentativa monárquica de enquadrar doutrinariamente o episcopado presbiteriano. Como era de esperar, o pedido foi negado, tanto porque a maioria parlamentar desejava flexibilidade em matéria de religião, quanto porque percebia na conduta do rei um risco para o futuro do próprio parlamento. Carlos tentou reagir, mas era tarde demais. Em 1642, sem encontrar apoio em Londres, o rei fugiu da capital, com a fração da aristocracia que lhe permanecia fiel, rumo ao norte do país, decisão que, para todos os efeitos, deu início à guerra civil.

Até essa altura, o conflito parecia adquirir as feições de típica revolta de uma parte da nobreza contra um monarca absolutista. Mas a incapacidade da oposição de resolver rapidamente a guerra civil levou à radicalização, descortinando um andamento revolucionário. Primeiro pela necessidade de remodelar o exército parlamentar, o que, tornando-o ao mesmo tempo mais disciplinado e mais permeável a soldados e oficiais de origem popular, acabou dando voz a quem se destacava pela competência no campo de batalha e não por sua posição na escala social. Segundo pela escalada de líderes de fé puritana, convencidos da necessidade de aprofundar a reforma das instituições civis e religiosas. Era o caso de Oliver Cromwell, chefe do exército, também representante da *gentry* das províncias. Sua ascensão significou que a condução do conflito e da própria revolução deslocou-se das mãos da liderança parlamentar para as mãos da liderança do exército.

As revoluções democráticas 143

Com o esgotamento das forças que lhe eram leais, Carlos i, confinado, começou a explorar brechas no interior das fileiras parlamentares que pudessem reverter, pelo menos parcialmente, a derrota. Foi então que os antiabsolutistas se dividiram irremediavelmente: de um lado, os que defendiam a preservação da monarquia e do rei, junto com a Igreja nacional, desde que devidamente supervisionados pelo parlamento; de outro, os que, considerando que o derramamento de sangue da guerra civil teria sido inútil se fizessem o contrário, defendiam a eliminação da monarquia e o fim da Igreja anglicana. A fuga de Carlos e a decisão de deixar que viesse em seu auxílio um exército escocês, logo derrotado, penderam a balança em favor do grupo antiabsolutista radical.

Em fato inédito, um rei seria julgado publicamente, condenado à morte e decapitado em 1649. Em seu lugar emergiu não uma dinastia substituta, mas um regime alternativo. Instaurou-se a Commonwealth of England, a "Comunidade da Inglaterra",[6] república a ser governada por um parlamento unicameral, eliminando a Câmara dos Lordes (nobres), e por um conselho executivo. Com o fim da Igreja oficial, quebrava-se também o vínculo entre a autoridade tradicional e o poder do Estado. Embora a aristocracia não fosse diretamente alvejada, o novo regime, em tese, não contaria com uma figura que representasse o vértice da hierarquia aristocrática, o próprio rei. Em suma, a velha ordem fora abalada.

A fase conhecida como "interregno republicano", de 1649 a 1660, viu os *levellers* ("niveladores"), um setor ainda mais radical que o liderado por Cromwell, introduzirem a pauta democrática — no sentido de dar plena cidadania às classes populares.[7] Mais preocupada com as reformas institucional e de costumes do que com a transformação social, a fração liderada por Cromwell rejeitou essa pauta.

Instável e indecisa, a nascente Commonwealth acabou sucumbindo à ditadura militar. Esta teve como chefe inconteste o próprio Cromwell (1649-58), aclamado *Lord Protector* das Ilhas Britânicas (1653-8), o que lhe deu alguma estabilidade, mas ao custo impagável de colocar em descrédito os próprios ideais republicanos, fato realçado em sua morte, quando é sucedido pelo próprio filho, Richard Cromwell (1658-60). Este não reunia as mesmas capacidades do pai e logo se viu deposto pelo exército, o que reabriu o terreno para as posições moderadas do parlamento. Receando a volta da guerra civil, a maioria parlamentar não viu outra saída senão restaurar a monarquia, na figura de Carlos II (1660-85), filho do rei decapitado.

A segunda fase da Revolução Inglesa (1660-89)

A restauração representou o fracasso imediato da revolução, cujos objetivos teriam que esperar duas décadas para serem retomados. Ainda assim, os efeitos revolucionários serão tão radicais que, quando ela reaparecer, o caminho estará preparado para a passagem, quase sem dor, a um regime parlamentar. Em outras palavras, o absolutismo sobreviveu a 1649, mas a ruptura solapou de tal maneira suas fundações que elas não puderam resistir à segunda ofensiva, em 1688.

A restauração Stuart não significou a volta sem mais ao statu quo. Mas não faltaram esforços da parte de Carlos II e de seu irmão e sucessor, Jaime II, para reimplantar os costumes absolutistas. No reinado de Jaime (1685-8), convertido ao catoli-

As revoluções democráticas 145

cismo, grassou a suspeita de que o rei tramava, por meio do herdeiro, um restabelecimento da Igreja romana. O conflito se precipitou quando uma então recente maioria parlamentar, em aberta insubordinação, conclamou o chefe de Estado das Províncias Unidas (Países Baixos), Guilherme de Orange, casado com a filha do monarca inglês, a intervir militarmente para destituir Jaime, o que veio a acontecer em fins de 1688. Depois de algumas escaramuças, o rei acabou fugindo para a França, deixando o trono vago.

Nos primeiros meses de 1689, o parlamento reuniu-se para decidir os rumos que a Inglaterra deveria tomar. Várias alternativas foram consideradas. A opção que finalmente prevaleceu mantinha a monarquia, mas adotava providências inéditas, com destaque para três delas. Primeiro, a aprovação parlamentar de uma Declaração de Direitos (Bill of Rights, de 1689), que muitos ingleses veem como uma espécie de constituição, na qual eram ostensivamente declarados os direitos invioláveis dos governados e os deveres dos governantes, documento cujos termos os soberanos recém-nomeados aceitaram antes da coroação. Segundo, a reinvenção de uma velha doutrina, o King-in-Parliament, ou Queen-in-Parliament, que na prática fazia do parlamento a sede da soberania, com a sutil cláusula conciliatória de que dele participava o rei (ou rainha), na figura de seus representantes, os ministros de Estado. Terceiro, instituiu-se uma espécie de pluralismo religioso restrito, em que a Igreja anglicana era mantida como a denominação oficial, ao mesmo tempo que se concedia liberdade de culto às demais congregações protestantes — presbiterianas, puritanas etc. —, porém não à Igreja católica, que continuava a ser vista como representante de poder estrangeiro e hostil.

Costuma-se destacar, nesse ponto, a obra do filósofo John Locke, defensor da tese da soberania limitada do Estado, ancorada numa teoria que deve muito ao contratualismo e às ideias de direito natural que a antecederam. Em seu livro *Dois tratados sobre o governo*, publicado em 1689, Locke faz uma defesa enfática do direito dos governados de destituir os governantes caso estes não observem os propósitos a que o poder soberano, por eles assumido, deveria servir.[8]

A argumentação de Locke se tornou, a partir daí, uma das referências centrais do chamado "direito do povo à resistência". Mais importante, todavia, foi o modo como o filósofo relacionou essa questão com as noções de soberania e governo legítimo. Locke entendia que, mesmo que não houvesse um pacto original, explícito, entre governantes e governados, caberia supor um contrato "tácito", no qual a existência de uma autoridade superior com poder de ordenar leis e compelir à sua obediência só faria sentido racional se estivesse voltada para melhorar a vida dos indivíduos. "Indivíduo", aqui, é um termo-chave, pois Locke elabora uma teoria para mostrar que os direitos dos governados, sendo anteriores à instituição da comunidade civil — a associação na qual um poder soberano (de governar) se instala —, não são coletivos, mas "posses" de indivíduos, as primeiras delas sendo a vida e a capacidade de agir, que ele chama de "liberdade".

Precisamente para proteger a vida e a liberdade é que a razão humana ditaria a conveniência de ingressar numa comunidade civil e se submeter ao poder que ela constitui. Por isso, o governante não estaria autorizado a fazer o que bem entendesse, apenas a tomar as iniciativas que fossem compatíveis com a preservação daqueles direitos primários.

As revoluções democráticas

147

Pelo modo de expor a teoria da legitimidade dos governos, Thomas Hobbes —que vivenciou o período da guerra civil — pode ser interpretado como predecessor da elaboração lockiana, embora conhecido como teórico da soberania absoluta. Mas, sem dúvida, Locke é antípoda de Hobbes no que se refere ao "direito à resistência". Em suma: os dois filósofos se aproximam na forma de expor suas teorias, embora seus conteúdos sejam radicalmente diferentes. Ambos, no entanto, estão alinhados na questão de fundo, que é providenciar um argumento racional e, nesse sentido, secular para a existência da soberania do Estado, sem supor intervenções extraordinárias, de caráter sagrado e miraculoso, como costumavam fazer, por exemplo, as teorias do direito divino dos reis.

Hobbes e Locke foram, contudo, apenas estrelas, talvez as de brilho fulgurante, de uma verdadeira constelação de autores e líderes que, na época decisiva da história do constitucionalismo moderno, buscaram desvestir o poder estatal da antiga majestade e da aura religiosa. Por "constitucionalismo moderno" entendamos, portanto, não apenas as ideias de limitação do governo e separação dos poderes constitucionais, questões que a Revolução Inglesa pôs na pauta e que, todavia, como veremos, não resolveu plenamente. O problema principal era o relativo à constituição de um *poder racional e secular*, a serviço dos governados. Isso é o que se convencionou chamar, posteriormente, de *Estado de direito*, uma espécie de infraestrutura constitucional que está na base das democracias modernas e sem a qual as posteriores revoluções Americana e Francesa não existiriam.

Voltaremos ao assunto adiante. Por ora, importa registrar que o conjunto de reformas introduzido a partir de 1688 lançava não só na teoria, mas na prática concreta, as pedras inaugurais do governo limitado. Elas repercutiam as influências das teses republicanas em circulação desde a guerra civil de 1642-9, embora na sequência da revolução tenha prevalecido um republicanismo esmaecido, aristocrático, apoiado na antiga noção romana de "império da lei", de que falamos no capítulo 1.

Em contrapartida, as reformas introduziam as injunções do já mencionado constitucionalismo moderno. Ao interpretar o império da lei, via Bill of Rights, como uma "lei fundamental" que dava precedência aos direitos dos governados em relação aos dos governantes — inclusive a liberdade religiosa, mas não só —, estabeleciam o propósito central das instituições estatais.

Por fim, destaca-se, como peculiaridade britânica, o papel proeminente do parlamento, não só na função controladora e fiscalizadora, mas como poder legislativo em seu próprio direito, ainda que exigindo o assentimento formal do monarca. Dubiedade sutil, a caracterizar os regimes parlamentaristas monárquicos sob inspiração inglesa.

A Revolução Americana (1763-87)

Os acontecimentos de que vamos nos ocupar a seguir estão relacionados à construção dos impérios coloniais britânico e francês, deslanchada no século XVII. Estados beneficiados pelo deslocamento do centro dinâmico do capitalismo europeu do Mediterrâneo para o Atlântico Norte — graças à importância adquirida pelas navegações ultramarinas —, França e Inglaterra lançaram-se numa corrida pela conquista do mundo e pela hegemonia sobre a Europa. A empreitada resultou em guerras desgastantes, que esgotaram a capacidade das estru-

As revoluções democráticas

149

turas estatais até ali construídas de combinar a projeção no exterior e a sustentação no interior, refletida especialmente na administração fiscal.

Mesmo vencedora da Guerra dos Sete Anos (1756-63), em que impôs humilhantes condições de paz à França, a Inglaterra sofreu abalos financeiros. Para contornar o problema, a metrópole, já então governada pelo Parlamento de Westminster, resolveu "exportar" para as colônias, na forma de impostos, parte dos custos do esforço militar. Estes recaíram especialmente sobre as prósperas e até então relativamente autônomas treze colônias da América do Norte. As queixas resultantes, intensificadas pelo fato de os colonos não possuírem direito de representação no parlamento britânico, levaram o governo metropolitano a ampliar a intervenção no território colonial, por meio de perseguição de sonegadores e dissidentes, censuras à pujante imprensa norte-americana e introdução de um exército permanente (*standing army*) para intimidar e reprimir os descontentes. Tal cenário levou à Revolução da Independência.[9]

A Revolução inicialmente reivindicava o vocabulário tradicionalista das "antigas liberdades e privilégios dos súditos britânicos", como diziam os rebeldes. Mas a cena acabou evoluindo na direção de uma contestação geral das fórmulas consagradas de exercício do poder. Diferentemente dos movimentos de independência do século XX, que lançarão a carta do nacionalismo para legitimar a fundação de Estados, a Revolução Americana buscou justificar-se esgrimindo argumentos estritamente políticos.

Os colonos teriam se dado conta, após vários esforços conciliatórios, das tendências tirânicas persistentes do regime britânico, em especial — e paradoxalmente, em vista do que discutimos na seção anterior — do parlamento. Por isso, decidiram romper os laços e constituir-se como Estados soberanos — os planos de uma república única, federativa, ainda não haviam entrado na ordem do dia — no concerto mais amplo das nações. É isso o que, em linguagem diplomática, afirma a Declaração de Independência, de 1776.[10]

A ênfase política, contudo, trazia uma preocupação de fundo social. É que havia entre os colonos o receio da contaminação por um tipo de sociedade que, em virtude da crescente presença do aparato colonial trazido da Europa, estava em vias de ameaçar seu modo de vida. Este era percebido como muito divergente daquele que, ao longo de vários séculos, havia se desenvolvido na Europa, em virtude do passado feudal. Do lado americano do Atlântico, nenhuma forma de feudalismo se implantou — mesmo considerando as colônias do Sul, nas quais fora introduzida, como os rebeldes eram obrigados a reconhecer, não sem forte constrangimento, uma desigualdade absoluta: a escravidão de africanos. Apesar disso, entre os que compunham a população branca, europeia, não se transplantaram para a América as relações servis que caracterizaram a ordem feudal, o que, ao fim e ao cabo — a despeito das óbvias implicações racistas —, era o que lhes importava.

Nos sete anos seguintes à ruptura formalizada em 1776, a metrópole e os colonos travaram uma guerra em território americano.[11] A rigor, ela terminou em 1781, quando o chefe do Exército britânico, lorde Charles Cornwallis, se rendeu em Yorktown (Virgínia) ao chefe das forças sublevadas, George Washington. Só em 1783, contudo, chegou-se a um tratado de paz, no qual a Inglaterra reconheceu formalmente a separação. Desde 1774, as diferentes colônias, agora estados independen-

As revoluções democráticas   151

tes, articulavam suas ações através de um "Congresso Continental", que estabeleceu um conjunto de normas comuns (os "Artigos da Confederação"). Cada estado, porém, levava de fato uma existência independente, com uma constituição escrita e governantes eleitos. A não ser nas ações previamente combinadas, cada qual decidia por conta própria as leis e os impostos que lhes convinham, além de regular a emissão de dinheiro.

Terminada a guerra, no entanto, o Congresso Continental passou a sofrer um esvaziamento, com a consequente desarticulação das ações comuns. Durante os anos 1780, três problemas cruciais emergiram dessa dispersão. Primeiro, os conflitos de fronteira a oeste, que colocavam os novos estados contra os impérios coloniais europeus ali remanescentes — a Espanha e a própria Inglaterra —, assim como os povos originários que viviam nos territórios disputados; sem contar os conflitos entre os próprios estados recém-independentes a respeito da demarcação e posse dos territórios ocidentais. Segundo, a regulação do comércio entre os estados, incluindo questões tais como as tarifas de importação e exportação; com o tempo, os estados tenderam a competir entre si com tanta ou até mais energia do que competiam com as potências europeias, causando enfraquecimento mútuo. Terceiro, e talvez o mais importante: o envolvimento de parcelas significativas das classes populares — em particular o grupo dos agricultores, os *freeholders*, pequenos e médios fazendeiros donos de suas próprias terras — no esforço da Revolução de Independência, o que causou uma alteração na balança social do poder interno de vários estados. O reconhecimento do papel de grupos subalternos na empreitada revolucionária fez com que as assembleias legislativas de cada estado se tornassem mais sensíveis a suas demandas; entre elas, a de aliviar as dívidas acumuladas durante a guerra, as quais colocavam os fazendeiros do interior à mercê dos ricos credores instalados nas prósperas cidades litorâneas. Em 1786, uma violenta rebelião de agricultores no interior do estado de Massachusetts contra os credores da capital (Boston) disparou os alarmes para os líderes da independência.

Pouco a pouco, membros destacados da elite, atuando em diferentes estados, começaram a convergir no propósito de superar a situação fragmentada em que se encontrava a ainda existente confederação e estabelecer um governo unificado, nacional — ou melhor, "federal", como preferiam dizer. Eles pensavam que, para evitar a virtual anulação das conquistas da independência, seria preciso reunir as ex-colônias numa mesma estrutura abrangente de poder, com legislação, impostos, moeda e política externa próprios, ainda que os estados mantivessem largo espaço de autonomia.

A reinvenção do republicanismo (1787-9)

Com a unidade em mente, o Congresso Continental endossou uma "convenção" com delegados estaduais para revisar os Artigos da Confederação. Entre maio e setembro de 1787, na Filadélfia, capital da Pensilvânia, representantes de doze estados — Rhode Island não aderiu de pronto à iniciativa — debateram um plano constitucional elaborado por delegados da Virgínia.

A proposta que saiu da Convenção da Filadélfia teria de ser ratificada por pelo menos nove dos treze estados para se tornar a lei fundamental do Estado unificado. O texto previa: a construção de um braço executivo bastante forte e autônomo,

As revoluções democráticas 153

sob a chefia de um presidente a ser eleito por uma convenção especialmente designada para esse propósito; um ramo legislativo, o Congresso, composto de duas câmaras com poderes equilibrados; e outro judiciário, dotado de uma Suprema Corte com poder de controlar a produção legislativa.

Ao lado dessas instâncias constitucionais superiores, a proposta previa uma estrutura vertical para regular os poderes respectivos da União (o governo federal) e dos estados-membros. Como a proposta acabou indo além do esperado em termos de centralização, o processo de ratificação foi acidamente disputado, dividindo a elite revolucionária entre os favoráveis à ratificação, autodenominados "federalistas", e os que se opunham, chamados de "antifederalistas". Em agosto de 1788 o quórum mínimo de ratificação havia sido atingido, e a Constituição, promulgada. Em março de 1789, após a eleição de seus membros, o Congresso da república recém-fundada se reuniu em Nova York e, em abril, George Washington foi eleito o primeiro presidente do país (1789-97).

A elite dirigente norte-americana ainda não havia chegado ao consenso de designar como "democracia" o que estava fazendo, algo que só aconteceria já avançado o século XIX. À época, preferia usar a fórmula antiga de "república", cheia de conotações positivas e inspiradoras, validada por experiência ancestral que os norte-americanos admiravam: a romana. Mas, apesar da influência de Roma, o que estavam introduzindo era bem diferente. De que, afinal, se tratava?

Aqui precisaremos retomar a elaboração propriamente intelectual a respeito da Revolução de Independência. Em primeiro lugar, houve a transformação do princípio da igualdade humana intrínseca em plataforma política. A igualdade era uma hipótese teórica do pensamento jusnaturalista dos séculos XVII e XVIII, na formulação abstrata de que todos os seres humanos nascem com os mesmos direitos naturais. Nos documentos dos ex-colonos norte-americanos, a começar pela Declaração de Independência, essa ideia, que na Inglaterra do século XVIII ainda aparecia como *direito ancestral* dos súditos de um governo constituído em tempo imemorial, servia agora de *princípio* para orientar, de modo concreto, a constituição de um governo e fundamentar sua razão de ser.

Vale a pena destacar o seguinte trecho da Declaração de Independência:

> Consideramos estas verdades evidentes por si mesmas, que todos os homens são criados iguais, que são dotados pelo Criador de certos direitos inalienáveis, entre os quais estão a vida, a liberdade e a busca da felicidade. Que, para assegurar tais direitos, governos são instituídos entre os homens, derivando seus justos poderes do consentimento dos governados; que, sempre que qualquer forma de governo se torne destrutiva de tais fins, é direito do povo alterá-la ou aboli-la e instituir novo governo, estabelecendo seus fundamentos em tais princípios [...].[12]

Posteriormente, um agudo observador francês da sociedade norte-americana, Alexis de Tocqueville, interpretará a noção abstrata de igualdade humana intrínseca como princípio prático de igualdade social — que chamará de "igualdade de condições" — enraizado menos nas instituições políticas do que nos próprios costumes daquela sociedade.[13] Esse seria o aspecto central do que ele vai chamar de "democracia", ou seja, uma forma de sociedade contraposta à "hierarquia aris-

As revoluções democráticas

tocrática", marca do Antigo Regime europeu. A contraposição entre igualdade e hierarquia dá até hoje um dos sentidos para o conceito moderno de democracia.

Claro que os líderes revolucionários percebiam que esse princípio de articulação social estava, no novo regime, em aberta contradição com a prática da escravidão nas plantations dos estados do Sul. Deixaram, entretanto, irresolvido se e por quanto tempo esses dois modos de vida incompatíveis poderiam continuar coexistindo numa mesma nação.

Em seu livro *A democracia na América*, Tocqueville anteviu as consequências sangrentas dessa contradição.[14] Na verdade, a questão havia sido levantada no início do confronto com a Inglaterra, na elaboração da Declaração de Independência, mas, em nome da luta contra o inimigo comum e, depois, da unificação das treze colônias numa república federativa, acabou omitida tanto na declaração quanto no texto constitucional.[15] A divergência só foi de fato resolvida quase cem anos depois, com a Guerra Civil de 1861-65, provavelmente a mais selvagem que o Ocidente conheceu em todo o século xix, e que se pode considerar a verdadeira conclusão da Revolução Americana.[16]

Em segundo lugar, houve a inflexão no sentido de "república", palavra que, como indicado, os arquitetos da Constituição promulgada em 1788 preferiam a "democracia". Conforme vimos no capítulo i, na Antiguidade clássica a república era um regime a meio caminho entre oligarquia e democracia. Além do cuidado de não ferir suscetibilidades dos colegas mais conservadores da empreitada, o uso de "república" vinha associado à ideia de "governo representativo", isto é, de um governo eletivo no qual representantes deveriam tomar as decisões no lugar dos cidadãos. Os norte-americanos tinham consciência de que as repúblicas antigas desconheciam tal forma de governo; nem a democracia ateniense nem a república romana a praticaram. Embora esta última admitisse magistrados eleitos, os cidadãos não os elegiam como "representantes" para votar leis, declarar a guerra etc. no *lugar* deles.[17] Daí a necessidade de redefinir os termos.

No entanto, há algo mais, cuja importância transparece numa obra deixada por três protagonistas dos eventos, reunindo artigos de defesa do acordo constitucional elaborado pela Convenção da Filadélfia antes publicados em jornais. O volume recebeu o título de *Os artigos federalistas*, ou simplesmente (como vamos chamá-lo aqui) *O Federalista*, e trazia uma definição bastante inusitada de "república". Escrito por James Madison, o artigo nº 39 dizia:

> Se, para fixarmos o verdadeiro sentido da expressão, recorrermos aos princípios que servem de base às diferentes formas de governo, neste caso diremos que governo republicano é aquele em que todos os poderes procedem direta ou indiretamente do povo e cujos administradores não gozam senão de poder temporário, a arbítrio do povo ou enquanto bem se portarem.[18]

Então arremata:

> E é da *essência* que não uma só classe favorecida, mas que a maioria da sociedade tenha parte em tal governo; porque de outro modo um corpo poderoso de nobres, que exercitasse sobre o povo uma autoridade opressiva, ainda que delegada, poderia reclamar para si a honrosa denominação de república.[19]

As revoluções democráticas 157

A intenção da passagem era não admitir para o conceito de república formas de governo que, mesmo não tendo uma cabeça dinástica (as monarquias hereditárias), acomodavam membros de uma classe que se distinguia legalmente das demais por sua origem de berço, isto é, uma aristocracia. A forma de governo defendida no artigo, e consagrada na Constituição de 1788, não deveria admitir que um grupo estamental fosse representado na estrutura de poder do Estado apenas em razão de uma suposta condição prévia. Agora, "povo" deveria significar um grupo de status único, com direitos e deveres iguais. Em suma, tratava-se de uma cidadania nivelada em termos de status político e jurídico, ainda que admitindo desigualdades de riqueza e renda, como seria de esperar se o capitalismo fosse visto, e o era, como prática econômica e social compatível com a cidadania republicana.

Convém frisar os impactos dessa mudança de perspectiva em relação à cidadania. É que a nova visão, além do efeito nivelador, sugere um vínculo entre cidadania e individualidade, o qual John Locke havia adiantado na defesa da Revolução Gloriosa de 1688, e que o mundo antigo desconhecia. A defesa agora vinha com um tempero: se não deveria mais haver grupos fixos de status — mesmo persistindo as classes sociais, entendidas como camadas distribuídas em posições desiguais na escala da divisão do trabalho e da propriedade —, o "povo" podia ser entendido como uma *comunidade de indivíduos* com os mesmos direitos, inclusive de votar e ser votado.

Assim, embora o Estado de direito já se insinuasse na Revolução Inglesa, como observamos, seu significado mais profundo permanecia encoberto, pois lá a divisão da sociedade por diferentes status manteve-se intocada. No passo dado pelos americanos, a Constituição fazia do cidadão individual, e não de estamentos ou classes de qualquer tipo, o sujeito elementar dos direitos, que as instituições estariam obrigadas a defender para justificar a própria existência.

O terceiro ponto a ressaltar tem a ver com um problema que a república, entendida como governo representativo eleito por maioria de cidadãos, trará à reflexão. Se república significasse apenas a vontade da maioria do povo, como se poderia evitar que essa forma de legitimação do poder viesse a oprimir os cidadãos em posição minoritária, solapando seus direitos? Os arquitetos da Constituição de 1788 ofereciam três "remédios", os quais, no fundo, ampliavam o conceito de república.

O primeiro era a constituição. Conforme a definição proposta por Thomas Paine — publicista revolucionário nascido na Inglaterra, mas que, vivendo na América, aderiu à revolução —, tornada canônica desde então, a constituição de uma república não é qualquer arranjo de instituições, independentemente do modo como fosse instituído. Para Paine, por exemplo, a Inglaterra, inclusive a que emergiu da Revolução Gloriosa, não possuía uma "verdadeira constituição", pois era regida por um conjunto indefinido de práticas e leis sedimentado de modo consuetudinário, isto é, pelo costume.

Em contraste, Paine sustentava: "A constituição não é o ato de um governo, mas [o ato] de um povo constituindo um governo; e governos sem uma constituição são poder sem um direito".[20] A constituição, corretamente entendida, significava, portanto, uma lei de ordem superior, distinta daquelas que emanavam dos órgãos de governo, inclusive as originadas dos parlamentos dotados de poder legislativo.

Hoje, conhecemos bem a consequência prática da definição: ela implica a formação de um novo poder constitucional — as

As revoluções democráticas

chamadas cortes constitucionais, de que o Supremo Tribunal Federal brasileiro é um exemplo —, encarregado de supervisionar e controlar, em nome do respeito aos direitos consagrados numa constituição previamente elaborada, a produção de normas legais dos demais poderes.

O segundo "remédio" para proteger os direitos das minorias seriam os mecanismos de freios e contrapesos (*checks and balances*), um subproduto da separação dos poderes constitucionais em diferentes "departamentos" de governo. Para os autores da Carta Magna norte-americana, introduzir a representação não era apenas uma maneira de resolver o problema de escala do país, viabilizando a participação, mesmo que indireta, de uma população cidadã numerosa e dispersa em vasto território; isso, claro, era importante, porém talvez não o fundamental. Havia o imperativo de compatibilizar a massiva participação popular com a produção de decisões "sábias".

Tanto a prática representativa quanto a divisão de trabalho entre os poderes deveriam ter esse objetivo. Como diz um dos artigos de *O Federalista*,[21] tais artefatos deveriam servir como filtros e mecanismos de esfriamento e retardo das vontades frívolas ou apaixonadas, de modo a fazer com que a república, ao fim e ao cabo, produzisse decisões temperadas.

Por conta disso, imaginou-se juntar, à mecânica das eleições periódicas dos representantes e das eleições separadas dos poderes executivo e legislativo, estímulos para fazer os poderes constitucionais se atritarem uns com os outros, deixando, até certo ponto, que um poder se imiscuísse nas funções em princípio especializadas dos demais, para que funcionassem como freios e contrapesos. Ao processo de filtragem e moderação das paixões e dos interesses, transformando o voto dos eleitores numa vontade coletiva racional, eles deram o nome de soberania popular,[22] um termo venerando, que procuraram redefinir.

O terceiro remédio seria a construção do mencionado poder federativo, que deveria atravessar em sentido "vertical" a divisão "horizontal" dos poderes constitucionais superiores. Nesse plano, tratava-se de desafiar uma visão consagrada, exposta em *O espírito das leis*, a obra celebrada de Montesquieu, segundo a qual as repúblicas são incompatíveis com países de território extenso. Se Montesquieu estivesse certo, uma república com a extensão das treze ex-colônias americanas estaria fadada ao fracasso.

Vendo as coisas por outro prisma, os arquitetos da Constituição norte-americana trataram de transformar o aparente defeito em virtude. O argumento aparece no artigo nº 10, quiçá o mais reverenciado de *O Federalista*.[23] O principal problema das cidades-Estado da Antiguidade e da Itália renascentista, dizia o autor, era precisamente terem de lidar com o mal endêmico das facções nas "cidades livres" (repúblicas) — problema que se tornava gravíssimo quando se transformavam em facções de maioria — num espaço físico e social pequeno.

Em ambientes apertados, sem válvulas de escape, maiorias apaixonadas e desenfreadas — o autor tinha em mente, claro, os setores destituídos de propriedade — podiam com facilidade oprimir as minorias possuidoras. Ao contrário, uma república extensa e organizada de modo federativo, na qual as unidades federadas (os "estados") detivessem poderes autônomos, teria como providenciar uma muralha contra o facciosismo, sem prejudicar a liberdade dos cidadãos, pois a vastidão territorial e a diversidade de interesses locais tenderiam a dificultar a formação de um bloco único faccioso em nível nacional.

As revoluções democráticas 161

Embora endereçado aos representantes das classes abastadas da república em formação, sempre temerosas dos efeitos da participação dos pobres nas decisões de governo, o argumento ampliava o horizonte da imaginação. Unido aos demais apresentados, o raciocínio de Madison e de outros federalistas propunha uma reinvenção do modelo institucional antigo de sociedade, o republicano. O argumento servia não apenas para um país vasto como os Estados Unidos, mas também como alternativa ao modelo até então hegemônico na Europa, a monarquia — fosse a constitucional, como no caso inglês, ou a absolutista, como em outros países.

A Revolução Francesa: convocação dos Estados Gerais e fim do Antigo Regime (1788-9)

O Estado francês apoiou com recursos e diplomacia a independência norte-americana, fazendo-o em virtude de um pragmatismo comum nas relações internacionais, sintetizado na máxima "o inimigo de meu inimigo é meu amigo". Entretanto, os custos da aliança e das guerras anteriores contra a Inglaterra trouxeram para a gestão doméstica uma penúria financeira mais grave que a vivida pelos britânicos, pois os governantes franceses não tinham como exportar a crise para colônias prósperas, que haviam sido perdidas durante as sucessivas guerras contra a rival. Esses custos, bancados dentro das fronteiras metropolitanas, levaram o país a um impasse, que viria a ser resolvido de modo violento: uma revolução política e social em sentido pleno.

Não podemos abarcar aqui todo o processo francês, que parte da historiografia estende até 1815, quando o império de Napoleão

Bonaparte, subproduto direto da Revolução, é derrotado e a monarquia Bourbon, restaurada. Ficaremos no "período crítico", que vai da eclosão da crise nacional, em fins de 1788, até o fim da Convenção jacobina, em 1794. É o período em que o Antigo Regime foi desmantelado e instituições, práticas e valores foram edificados. A exposição se fará em três partes: a evolução da crise que levou ao deslocamento do poder da realeza para a Assembleia Nacional instalada em meados de 1789; o período de condução da política revolucionária por uma maioria moderada da Assembleia Nacional, a partir de meados de 1789, até a tentativa de fuga do rei Luís xvi (1774-92), em meados de 1791; e a radicalização do processo revolucionário que, combinado com crises sucessivas geradas pelas guerras contra Estados vizinhos, levou à proclamação da república, à decapitação do rei, à ascensão do partido jacobino e à instalação do terror revolucionário, até a queda desse grupo em meados de 1794. Os segundo e terceiro tópicos serão examinados em seção subsequente.

A penúria financeira da Coroa francesa era apenas o aspecto mais saliente dos problemas que Estado, sociedade e economia acumularam ao longo do século xviii. Somaram-se a circunstância de uma sucessão de más colheitas nos anos 1780 e o subsequente aumento do preço do pão, o que atingiu com particular dureza as camadas populares. No final da década, as finanças públicas se agravaram e, após uma tentativa fracassada de aliviar os problemas do tesouro real com uma elevação de impostos — recusada pelos parlamentos de Paris e das províncias —, o rei Luís xvi decidiu convocar uma assembleia dos Estados Gerais, nos últimos meses de 1788.[24]

Era um sinal da gravidade da situação. Composta das três "ordens" ou "estados" (estamentos) do reino — o clero (pri-

As revoluções democráticas

meiro estado), a nobreza (segundo estado) e o povo (terceiro estado) —, essa assembleia não se reunia desde 1614. Do ponto de vista da monarquia, reuni-la depois de tanto tempo era uma faca de dois gumes. Podia ser um jeito de obter consenso em torno de uma ampla reforma estatal, como era desejado pelo principal ministro do rei, o banqueiro suíço Jacques Necker; mas também tornava possível o aguçamento daquilo que, depois, os historiadores chamariam de "a revolta da nobreza", com a possível contaminação dos escalões mais baixos da hierarquia social.

As eleições dos representantes dos Estados Gerais abriram um período de ampla agitação em que os problemas nacionais, e as possíveis e divergentes soluções, foram debatidos numa verdadeira enxurrada de artigos de jornal, reuniões públicas e panfletos. Entre os últimos, pelo impacto causado e pela compreensão aguda do que estava em jogo, destacaram-se os escritos do abade Emmanuel Joseph Sieyès, bispo auxiliar de Chartres, sobre os quais nos debruçaremos a seguir.

Em maio de 1789, a assembleia se reuniu no palácio de Versalhes, onde residiam o rei e a corte, e, de partida, surgiu o impasse: os votos deveriam ser contados individualmente ou por estado, em separado? Era óbvio que, no primeiro caso, a distinção por grupos de status, que caracterizava a hierarquia do país havia séculos, ficaria, na prática, diluída. A proposta, portanto, era defendida pelos representantes do terceiro estado, interessados em impor sua vantagem numérica. A sugestão foi recusada. Em junho, os deputados do terceiro estado juraram solenemente não se dispersar até que a França "tivesse uma constituição" — valor inspirado diretamente na Revolução Americana. Em julho, Paris se encontrava fora de controle.

Após a demissão de Necker, tido como paladino da causa reformista no interior da corte, e com a circulação de notícias desencontradas sobre a suposta repressão das tropas reais à agitação parisiense, no dia 14 explodia na capital um tumulto popular, resultando em confrontos e mortes. Nos anais da história mundial, o evento passou a ser chamado de "Queda da Bastilha", a velha prisão situada no miolo da cidade, tida como símbolo da brutalidade repressiva do regime absolutista.

Na sequência, uma série de comoções semelhantes se espalhou pelas províncias, em particular nas zonas rurais, com saques a armazéns, incêndios de castelos e linchamentos. O episódio ficou conhecido como *La Grande Peur* ("O Grande Medo"). Os camponeses, mantidos na passividade durante tanto tempo, não só extravasavam o ódio acumulado contra a classe senhorial como desejavam intervir no rumo dos acontecimentos. Aconselhado a ceder, Luís xvi finalmente topou transformar os Estados Gerais numa "Assembleia Nacional" nos moldes exigidos por representantes do terceiro estado, com a tarefa de elaborar uma constituição.

Da Assembleia Nacional ao Terror (1789-94)

Os membros da Assembleia Nacional percebiam que o poder efetivo do Estado, assim como as responsabilidades de condução da crise, passava para as suas mãos. Diante do cenário grave, a liderança tratou de elaborar medidas urgentes, a serem expedidas antes mesmo que a redação da Carta Magna fosse concluída. Em agosto de 1789 duas decisões de altíssimo valor simbólico foram tomadas: um decreto de 4 de agosto extinguia

As revoluções democráticas 165

o que ainda restava de taxas e outros serviços prestados pelos camponeses à nobreza fundiária, a chamada "feudalidade"; e uma Declaração dos Direitos do Homem e do Cidadão, de 26 de agosto, fixava o sentido da revolução. No preâmbulo da Declaração os franceses escreveram:

> Os representantes do povo francês, reunidos em Assembleia Nacional, tendo em vista que a ignorância, o esquecimento ou o desprezo dos direitos do homem são as únicas causas dos males públicos e da corrupção dos governos, resolveram declarar solenemente os direitos naturais, inalienáveis e sagrados do homem, a fim de que esta declaração, sempre presente em todos os membros do corpo social, lhes lembre permanentemente seus direitos e seus deveres.[25]

Assim como a dos norte-americanos, a Declaração francesa estava destinada a mudar o mundo.

O período de costura de uma carta constitucional, promulgada quase dois anos depois, em setembro de 1791, lembra o primeiro período da guerra civil inglesa. O rei francês oscilava entre o acordo com as forças revoltosas e a ruptura com elas — isto é, o retorno puro e simples às antigas prerrogativas. Havia, também, o complicador da política externa. Uma vez que os laços dinásticos e eclesiásticos ultrapassavam as fronteiras nacionais, a nobreza e o clero mobilizavam seus congêneres no continente e pressionavam potências estrangeiras a intervir. O setor da contrarrevolução, evidentemente, ansiava pela intervenção direta de forças internacionais nos assuntos franceses e começou a achar que a melhor maneira de provocá-la seria instigar a radicalização.

O raciocínio era unívoco: como as tendências radicalizadoras, republicanas e democratizantes questionavam a sobrevivência da velha aristocracia, seu predomínio acabaria por acionar a rede de solidariedade internacional desta última, colocando a França em pé de guerra contra a Europa. Caberia, portanto, mesmo que por vias indiretas, ajudar a enfraquecer os moderados e fortalecer os adversários no interior do campo revolucionário.

Os grupos radicais sabiam que os projetos de transformação social colocariam o país à beira da guerra civil. Logo, a chance de inibi-la, ou minorar seus efeitos, sem renunciar às reformas que consideravam a razão de ser da causa revolucionária, seria transformar o conflito interno em guerra contra os Estados europeus representativos do Antigo Regime. Radicalizar o processo revolucionário implicava radicalizar a política externa.

A Constituição de 1791, fruto da fase moderada, manteve a monarquia, mas a revestia de trajes de governo limitado e representativo, semelhante ao que a Inglaterra havia feito cem anos antes. Concedia a uma assembleia de representantes do povo quase toda a iniciativa legislativa e punha os ministros de Estado sob seu controle. Também estabelecia a plena igualdade civil, suprimindo a ordem estamental, mas limitava o direito de voto, ao distinguir os "cidadãos passivos" (com direitos civis iguais) e os "cidadãos ativos" (com plenos direitos políticos).

Antes da promulgação da Constituição, soube-se que o rei e toda a família real haviam fugido de Paris a fim de encontrar-se, na fronteira, com parentes próximos: nobres franceses igualmente fugitivos e gente ligada ao rei da Prússia e ao imperador da Áustria, irmão da rainha Maria Antonieta. Era julho

As revoluções democráticas   167

de 1791. Rei e família foram capturados no meio do caminho. A tentativa de fuga provocou comoção popular. Embora despojada dos poderes absolutistas, na arquitetura constitucional pensada pelas correntes moderadas a monarquia continuaria a simbolizar a unidade nacional. Com o gesto de fugir, porém, o rei jogava por terra sua credibilidade e demonstrava de que lado estava entre os contendores que dividiam a França.

Enquanto a Carta ainda era redigida, os constituintes decidiram nacionalizar os bens da Igreja católica, usados para garantir as dívidas do Estado, e transformar os padres e bispos num corpo de funcionários públicos, obrigando-os a jurar uma Constituição Civil do Clero. A notícia não agradou a Roma; em resposta, o papa Pio vi decidiu conclamar a hierarquia católica e os fiéis a resistir. A tutela cultural da Igreja continuava forte, sensibilizando especialmente os camponeses. Embora, a princípio, a política revolucionária os beneficiasse materialmente, parte dos camponeses voltou-se contra Paris por conta do embate religioso; foi o que tornou a região da Vendeia palco de violenta guerra civil.

A combinação de fatores levou a posições extremadas. Em agosto de 1792, uma insurreição parisiense organizada pelos emblemáticos sans-culottes — indicação de que as classes plebeias urbanas desejavam meter-se no centro dos acontecimentos — derrubou a monarquia e fez a Assembleia Legislativa proclamar a república no mês seguinte. Outra Constituição, escrita às pressas, foi promulgada no meio do ano seguinte, ratificando a eleição, agora por sufrágio universal masculino, de uma também nova assembleia de representantes, a Convenção Nacional. Em dezembro de 1792, Luís xvi foi julgado pela Convenção, acusado de traição nacional e, após um debate acirradíssimo, que praticamente dividiu a representação ao meio, condenado à morte. No mês seguinte, a praça da Revolução — hoje place de la Concorde — assistiu à decapitação do descendente do Rei Sol na guilhotina.

A disputa em torno do destino do rei, da qual saiu vitorioso, e a firmeza na condução da guerra colocaram a república sob a liderança do Clube dos Jacobinos, uma espécie de partido que aglutinava a maioria das tendências republicanas e sobrepujou os grupos que pregavam o "fim da revolução", ou seja, a estabilização das reformas conquistadas desde 1789. A liderança jacobina, temendo o retorno enraivecido da velha ordem, não via alternativa senão a continuidade da luta que, afinal, havia logrado libertar a França do Antigo Regime.

O caminho do jacobinismo traduziu-se, por um lado, na adoção de uma agenda democratizante mais nítida — isto é, mais favorável a políticas de igualdade e de alívio das classes populares; por outro, na estratégia do "Terror", com o acionamento, a partir do segundo semestre de 1793, de um aparelho repressivo voltado não só para esmagar de vez as forças identificadas com a aristocracia e a realeza, mas também para calar toda e qualquer dissidência.

Uma vez que as políticas democratizantes pouco puderam avançar, diante da escassez econômica, os jacobinos também não conseguiram manter o apoio popular. Em julho de 1794 — o mês do Termidor, segundo o calendário da República —, depois de guilhotinar muitos velhos adversários, além de ex-aliados e gente que talvez nem soubesse por que havia caído na malha repressiva, o núcleo duro do jacobinismo encontrou, ele próprio, o destino da guilhotina. Terminava o período agudo do processo revolucionário.

As revoluções democráticas 169

Duas décadas depois, o país voltaria à monarquia, em 1815, mas não era mais a velha França. A própria monarquia restaurada era diferente, ainda que ocupada por um rei da antiga dinastia. A construção institucional era distinta, assim como a argamassa social que a sustentava. As ideias em circulação, debatidas no espaço público, haviam se transformado para sempre.

A revolução democrática como projeto civilizatório

Para terminar o capítulo, queremos falar sobre aspectos da herança intelectual deixada pela Revolução Francesa. A perspectiva de transformação ampla vinha sendo gestada pelo pensamento iluminista europeu ao longo do século XVIII, e teve como um de seus formuladores o filósofo Jean-Jacques Rousseau. Em 1762, Rousseau publicou, simultaneamente, *Emílio ou Da educação* e *Do contrato social*, ambos de imediata repercussão. Em nosso tempo, são livros mais conhecidos por seu conteúdo político e secular, e menos pelo escândalo que provocaram na época da publicação por terem alvejado dogmas religiosos caros às Igrejas, tanto a católica como as protestantes.

Entre eles, o dogma do pecado original, talvez o mais sensível, por representar a versão cristã de uma crença muito arraigada: a de que o ser humano possuiria uma natureza fixa, imutável e essencialmente perversa. Ao criticá-lo, Rousseau buscava elaborar uma fórmula antropológica diversa, que consistia em pensar os homens como seres plásticos, moldáveis, constituídos pelas sociedades em que vivem, e não por uma natureza previamente fixada. A mensagem era que os seres humanos poderiam ser aperfeiçoados, dependendo da forma e do conteúdo das instituições. Rousseau achava que o desenvolvimento moral e cultural dos cidadãos poderia ocorrer se a sociedade fosse transformada pela base, e nisso a política tinha um papel a desempenhar.[26]

O pensamento influenciou os círculos dissidentes da Europa ilustrada, convertendo-os para um projeto de "revolução" que explica a inflexão de sentido anotada no início deste capítulo: para promover uma "revolução" e não uma simples "revolta", seria preciso colocar no horizonte a mudança da sociedade como um todo. O que se insinuava era, aparentemente, um resgate da política como "direção" do Estado, mas que buscava, ao mesmo tempo, apontar para o sentido da prática coletiva da liberdade. Em outras palavras, tentava-se juntar as duas concepções polares de política.

Moldar o caráter dos indivíduos deixava de ser uma questão de ensiná-los, dentro de casa e na escola, a preferir o bem ao mal, e se tornava a possibilidade, aberta a todos, de aperfeiçoamento econômico, moral e intelectual. "Igual acesso aos benefícios da civilização", como dirá no século xx o sociólogo T. H. Marshall.[27] Era justamente isso o que estava no cerne da igualdade defendida pelos atores das revoluções democráticas, sobretudo os franceses.

No período crucial da Revolução Francesa, pode-se considerar que duas figuras encarnaram os ideais rousseaunianos. Uma delas foi Sieyès, que em três panfletos formulou o programa das transformações que viriam a seguir, colocando em linha as dimensões política e social.[28] No mais famoso, "O que é o terceiro estado?", apontou as razões de fundo da crise e como ela poderia ser superada. Seu alvo fundamental era o Antigo Regime.

As revoluções democráticas

Segundo Sieyès, a França estava sob o domínio de uma casta que vivia às custas da nação sem dar nada em retorno. Impossível caracterizar melhor o que, na essência, era o Antigo Regime: um sistema de privilégios. Nele, os que contribuíam para a riqueza e a prosperidade — a maior parte dos franceses — eram excluídos de participar das decisões. A maioria era o terceiro estado, a base da pirâmide da velha ordem.

A estratificação expressa na pirâmide representava a hierarquia com que a antiga ordem classificava, formal e juridicamente, as camadas segundo graus de status. Ao fazer a acusação, Sieyès estava mostrando que o motivo fundamental dos males da França tinha a ver com o fato de que a base provia o país de tudo o que lhe era necessário, mas não exercia o poder correspondente.

"O terceiro estado é tudo e, porém, não é nada", sintetizava no texto. Essa era a contradição que precisava ser superada, mas que só poderia sê-lo se o terceiro estado assumisse com todas as letras, e como questão de direito, o que já era de fato: a própria nação. Essa simples identidade continha todo o conteúdo perturbador do pensamento de Sieyès. Se o terceiro estado, representando as forças produtivas — isto é, as que mantinham o país por meio do trabalho —, continha tudo que era necessário para a sociedade existir, então o primeiro e o segundo estados seriam inúteis. Mais que inúteis, prejudiciais, pois sugavam recursos produzidos por outros.

Poderíamos colocar a pergunta: como combinar a necessidade de produzir riqueza, aquilo que a nação já fazia de fato, com o imperativo de assumir as responsabilidades do Estado, ou seja, governar? Perfeitamente cônscio do problema, Sieyès repetiu a resposta que se tornou canônica no pensamento democrático moderno: o governo representativo. Porém o argumento que apresentou em "Perspectivas dos meios executivos à disposição para os representantes da França em 1789" era original.

A modalidade representativa implicava uma espécie de divisão de trabalho de segunda ordem, para além daquela que tornava possível a produção da riqueza material. Sieyès propunha uma divisão do tempo social total, em que uma pequena parte dos cidadãos iria se aplicar às tarefas de governar, enquanto a maioria da população — envolvida no dia a dia do trabalho relativo à produção econômica — se dedicaria, de tempos em tempos, a controlar e influenciar as ações dos governantes. Isso seria possível através do voto, em intervalos regulares, e da intervenção da cidadania junto à opinião pública, alternando a condição de ouvintes e falantes, leitores e escritores.

Sieyès queria unir, numa mesma resposta, as concepções polares de política de que estamos tratando: a prática coletiva da liberdade, na medida em que os representantes nacionais deveriam ser os mediadores indiretos das divergências e conflitos sociais; e a luta pela direção do Estado, na qual importa fundamentalmente providenciar uma orientação para a vida nacional. Como os fundadores da república norte-americana, Sieyès estava ciente do desafio posto pela representação. Uma vez que se admitisse a divisão de trabalho de segunda ordem, estaria aberto o risco de que a parte que se dedicasse à tarefa de governar acabasse, ela mesma, se separando da fonte de poder — o povo —, criando um tipo novo de aristocracia opressiva. Quiçá, até, um novo tipo de despotismo, que os americanos

As revoluções democráticas

chamariam de "despotismo eletivo" e os franceses, de "despotismo indireto".

Daí o imperativo de nunca dispensar os "remédios" para tal risco. Métodos para que os governados, ainda que indiretamente, pudessem influenciar as decisões dos governantes, e que os tornassem pelo menos capacitados para discernir os erros que estes últimos viessem a cometer, corrigindo-os a tempo. O próprio Sieyès depositava esperanças no dispositivo das eleições periódicas, pelas quais acreditava que os governados poderiam se desfazer dos maus governantes. Hoje, por razões que examinaremos no próximo capítulo, sabemos que a resposta é parcialmente insatisfatória.[29]

A segunda figura que vamos comentar é Maximilien de Robespierre, o principal dos chefes jacobinos. Grande orador, sua marca foi deixada menos em livros do que em discursos proferidos nas assembleias de representantes do período decisivo da Revolução Francesa que descrevemos. Antes de discutir o conteúdo de um desses pronunciamentos, cabe anotar a seguinte qualificação: em artigo sobre a história do uso da palavra "democracia" na França, o cientista político Pierre Rosanvallon observa que, até o final do século XVIII, o termo carregava um sentido predominantemente "pejorativo" — de uma forma indesejada de governo —, quando não "utópico e arcaico", querendo dizer com isso que ela remetia a algo irrealizável ou a um passado sem volta.[30]

Rosanvallon constata que, mesmo na alvorada da Revolução Francesa, "a palavra 'democracia' não é pronunciada nem sequer uma vez nos debates entre 1789 e 1791 sobre o direito ao sufrágio". Sieyès, seguindo os federalistas norte-americanos, rejeitava o termo; em seu lugar, usava "governo representativo". Outros preferiam a expressão "soberania do povo", sabendo que a audiência lhes seria mais favorável. É só no início de 1794 que, em discurso à Convenção, Robespierre "quebra o gelo", usando a palavra "democracia" menos para designar uma forma de governo precisa do que para empunhar uma arma de combate, mas dessa vez com sentido positivo. Fala em "governo democrático ou republicano: essas duas palavras são sinônimas malgrado os abusos da língua vulgar". Em seguida, afirma que

> a democracia não é um Estado em que o povo, continuamente em assembleia, resolve por si todos os assuntos públicos [...]; a democracia é um Estado em que o povo soberano, guiado por leis que são obra sua, faz por si tudo o que pode bem fazer e por delegados tudo o que não pode fazer por si mesmo.[31]

Em pleno exercício, a democracia seria o único regime capaz de unir as duas paixões cívicas mais sublimes: "o amor à igualdade" e o "amor ao país e a suas leis", sinônimo de "virtude" no vocabulário da época. Essa junção explica por que Robespierre identificava república e democracia, ou melhor, as via como princípios necessariamente idênticos. É que a virtude, o princípio dos governos republicanos, conforme lembrava Montesquieu, só poderia ser eficaz se praticada comunitariamente, pelo conjunto dos cidadãos. É aí que entra a democracia, como princípio da igualdade, ingrediente indispensável para o exercício coletivo do "amor à pátria e suas leis".

Afinal, por que os cidadãos haveriam de querer, num exercício de reciprocidade, dedicar-se à pátria, se a maior parte

As revoluções democráticas

deles fosse tratada desigualmente, humilhada numa posição inferior? Na verdade, as formas aristocráticas — entendidas também por Robespierre como o exato oposto das formas democráticas — só tenderiam a corromper os governados, uma vez que a desigualdade que elas consagravam fazia com que eles se desinteressassem pelo destino comum.

Ponderando a importância do jacobino como chefe de uma corrente democratizante, e a projeção de sua figura histórica dentro e fora da França, John Dunn conclui que

> foi Robespierre, acima de todos, quem trouxe a democracia de volta à vida como foco de aliança política — não mais apenas uma vaga ou ruidosamente implausível forma de governo, mas um polo brilhante e talvez, a longo prazo, irresistível de atração e fonte de poder.[32]

Que esse personagem, defensor da igualdade, tenha sido também a figura mais eminente nos meses finais do Terror — sabidamente os mais avessos à liberdade — não passará despercebido pelos autores que, no século seguinte, formarão a corrente ideológica conhecida como "liberalismo". São os liberais que, especialmente na França, ao passar em revista a experiência daqueles anos, mais insistirão na potencial inimizade entre igualdade e liberdade. Sem dúvida, uma questão a desafiar o pensamento democrático e a reflexão política até hoje.

O projeto civilizatório[33] democrático colocou como desafio inarredável incluir *todos* os que estivessem sujeitos às leis do Estado numa associação de seres humanos livres, que estava no centro da concepção de política como prática coletiva da liberdade. Em nosso tempo, a igualdade *entre os participantes* só pode ser reconhecida como valor se for estendida a todos os grupos sociais inseridos na empreitada cooperativa que sustenta a vida comum. Igualdade política e igualdade social não podiam senão formar um par inseparável. É o que estava no coração dos anseios que os atritos, tumultos e lutas da era das revoluções democráticas nos legaram.

5. A parábola da democracia moderna

DESENCADEADA PELAS REVOLUÇÕES dos séculos XVII e XVIII, a democracia moderna percorreu três fases até encontrar a onda autoritária deste início do século XXI. Neste capítulo, examinaremos as implicações dos modelos de representação sugeridos pelo cientista político Bernard Manin, que marcaram cada uma dessas etapas: o "governo parlamentar", a "democracia de partido" e, por fim, a "democracia de público".[1] Adotamos o roteiro de Manin, embora numa interpretação bastante distinta a respeito do sentido atribuído ao script. Onde o autor francês enxerga certa linearidade, identificamos uma parábola com a concavidade para baixo. A passagem do "governo parlamentar" à "democracia de partido" teria correspondido a uma intensificação da relação representativa entre eleitos e eleitores, que chega a um auge por volta do terceiro quartel do século XX. O mesmo não teria acontecido na transformação da "democracia de partido" para a "democracia de público", quando, ao contrário, a participação decai, "desvitalizando" a democracia. Daí a imagem da parábola, na qual a intensidade da democracia sobe para depois cair.

Antes de entrarmos no debate desses períodos, será necessário, na primeira seção, fincar algumas balizas teóricas. A democracia moderna se distingue da antiga por ser representativa, elemento que introduz um princípio aristocrático no interior dessa forma de governo. Definida a partir da experiência da Antiguidade, a democracia seria o "governo do povo", entendido como o conjunto de sujeitos livres detentores do direito de participar das decisões políticas. Mas na democracia moderna o povo não governa, apenas escolhe, de tempos em tempos, quem governa.

Colocadas as estacas conceituais, entramos nas fases concebidas por Manin. No "governo parlamentar", objeto da segunda seção, o povo concede ampla liberdade aos representantes, de modo que estes atuem no parlamento sem consultar as bases. Acentua-se o traço aristocrático preexistente. Mas, ao longo do século xix, movimentos populares mudaram o sistema, forçando a ampliação do direito de voto, o que é discutido na terceira seção, direito no qual a "democracia de partido" fixou as condições para o funcionamento da democracia moderna em *grande escala*, por oposição "às anteriores democracias de pequena escala".[2]

Após a Segunda Guerra Mundial, foram aprovadas leis e medidas que favoreceram a extensão da igualdade social. Valores fundamentais, estabelecidos na Declaração dos Direitos do Homem e do Cidadão, de 1789, e reafirmados pela Declaração Universal dos Direitos Humanos, de 1948, se concretizaram, conforme discutido na quarta seção (um ponto de fuga em relação ao esquema de Manin). A partir de meados dos anos 1970, o cenário sofre nova alteração, que dá origem ao que o cientista político francês chama de "democracia de público", que será abordada na última seção do capítulo.

O princípio aristocrático da representação

A representação é a bússola da democracia moderna. Na visão do federalista James Madison, mencionado no capítulo anterior, os representantes refinariam as opiniões do povo. Conforme sintetiza um importante cientista político, Madison distinguia entre "uma democracia pura, que é uma sociedade consistindo num pequeno grupo de cidadãos que se reúnem e administram o governo pessoalmente", e uma "república, que é um governo em que há um sistema de representação".[3] Tenhamos claro que "democracia representativa" é composta de dois elementos independentes e, no fundo, contraditórios. "Democracia" sugere autogoverno ou, mais precisamente, a noção de "autogoverno coletivo";[4] por outro lado, "representação" implica que o autogoverno é impossível. Há três argumentos sobre a inviabilidade do autogoverno nas condições contemporâneas que vale a pena considerar, os dois últimos em geral mobilizados por autores conservadores ou liberais.

O primeiro se refere à inviabilidade física e temporal de milhões se reunirem em um mesmo lugar para deliberar. Se imaginarmos organizações delimitadas, como um clube ou uma cidade de poucos habitantes, talvez os participantes pudessem decidir tudo o que é necessário em reuniões presenciais na sede da entidade ou em praça pública. Porém, como fazê-lo em Estados nacionais, que congregam no mínimo centenas de milhares de indivíduos dispersos no território? Em que locais físicos eles se reuniriam? Acresce que assembleias com mais de cem pessoas, em que cada um quisesse falar dez minutos, durariam, no mínimo, dois dias, com oito horas de reunião por jornada.[5] Como realizar um diálogo em que milhões queiram e *devam* se pronunciar?

Além dos obstáculos técnicos — alguns dos quais, talvez, a internet pudesse solucionar —, o número de participantes traz perguntas de fundo. Quando a organização é reduzida, o consenso e o "acordo consumado pela discussão e pelo respeito mútuo" ficam mais prováveis, pois indivíduos em grupos pequenos seriam estimulados a agir de modo racional.[6] Modificada a escala, os membros, subsumidos na massa, correm risco de agir irracionalmente.[7] Autor de uma das teorias sobre a democracia moderna, o economista Joseph Schumpeter afirmava que

> os leitores de jornais, os radiouvintes, os membros de um partido, mesmo sem estar reunidos fisicamente, têm uma facilidade enorme para se transformar em uma multidão psicológica e chegar a uma situação de frenesi em que qualquer tentativa de argumentação racional não faz senão incitar os espíritos animalescos.[8]

O segundo argumento pontua as diferenças qualitativas envolvidas no processo decisório de acordo com a escala. Quando a comunidade é pouco numerosa, as questões são relativamente simples e as soluções costumam estar ao alcance da cidadã ou do cidadão comum. Em uma sociedade de milhões, as equações se complicam, exigindo preparo especializado para serem resolvidas. Daí o papel exercido pela burocracia profissional, analisada por Max Weber. Nas condições descritas, a democracia direta seria ineficiente, levando ao caos.

Por fim, há um terceiro problema: o individualismo. Segundo Tocqueville, a igualdade democrática "dispõe cada cidadão a se

A parábola da democracia moderna 181

isolar da massa dos seus semelhantes e a se retirar isoladamente com sua família e seus amigos; de tal modo que, depois de ter criado assim uma pequena sociedade para seu uso, abandona de bom grado a sociedade a si mesma".[9] As pesquisas do século XX mostraram que a participação demanda um tempo livre que o eleitor médio não possui, pois precisa garantir seu sustento; ou, às vezes, até tem, mas não está disposto a gastar com política, que considera tediosa ou incompreensível.

O pensador liberal Benjamin Constant enfatiza que a "liberdade dos antigos", cujo ideal era a participação, seria inadequada para o mundo atual, em que os cidadãos estariam ocupados, sobretudo, consigo mesmos.[10] Para Constant, a "liberdade moderna" consistiria em *não* ter que se preocupar com a política, em estar livre *da* política, que deveria ser assunto para os representantes. Na experiência democrática ateniense os cidadãos dispunham de tempo para participar das deliberações públicas porque os escravos eram encarregados da reprodução material.

O raciocínio de Tocqueville e Constant sublinha o risco de que, sem interesse pela pauta pública, posse de informações sobre ela e engajamento em debates, a participação na democracia moderna, ainda que permitida, fique restrita à minoria de engajados,[11] situação em que os representantes não representam os eleitores por desinteresse destes últimos.

De acordo com esses argumentos, a democracia moderna seria um governo derivado de um povo não muito participativo, certamente não efetivado pelo povo e nem sempre destinado a ele. O que é bem distinto do que sugeriu o presidente norte-americano Abraham Lincoln no lendário discurso de Gettysburg, em 1863, no qual afirmou, durante a Guerra Civil

Americana, que os mortos daquela batalha histórica o fizeram para que "o governo do povo, pelo povo e para o povo não desapareça da face da Terra".[12]

Uma vez que o povo não governa, espera-se, ao menos, que ele escolha os melhores para governar. Essa é uma das finalidades do pleito, que adota implicitamente o princípio anti-igualitário da distinção. Daí a palavra "elite", cuja etimologia remete para "os eleitos". Em suma, podemos interpretar a democracia moderna como um desdobramento da longa tradição do governo misto. De acordo com ela, os regimes que produziriam dinâmicas mais estáveis seriam os que *combinassem* princípios e instituições das chamadas "formas puras": monarquia, aristocracia e democracia.[13] Não por acaso, na tradição do pensamento político, a forma mista foi defendida por autores de distintas épocas como Aristóteles, Cícero, Maquiavel, Montesquieu e Madison.[14]

As restrições do "governo parlamentar"

Na Antiguidade clássica havia alternativas ao mecanismo eleitoral, como o sorteio ou o rodízio para selecionar representantes. O critério randômico era utilizado para escolher os componentes de instituições como o Conselho dos Quinhentos, de Atenas, entre outras.[15] Vale um pequeno parêntese sobre esse tópico. De certo ponto de vista, o sorteio é mais democrático que as eleições porque ele garantiria que *todos tivessem igual chance de ocupar os cargos de mando*. Em uma dinâmica eletiva, tendem a ser favorecidos aqueles que, por vias próprias ou não, possuem recursos (materiais ou simbólicos) para influenciar as escolhas dos eleitores.[16]

A parábola da democracia moderna

Por outro lado, o sorteio, além de criar uma forte imprevisibilidade no sistema político, torna possível que pessoas cujas preferências estejam longe de serem compartilhadas pela comunidade política de que fazem parte acabem se tornando líderes. Nesse caso, paradoxalmente, a democracia correria o risco de se ver diante de governos com pouco apelo popular, deixando de ser um governo "do povo". Parêntese fechado.

Durante a Idade Média, registra-se uma pluralidade de conselhos, cujos integrantes eram escolhidos de maneiras diversas, entre elas a hereditariedade e a designação por uma autoridade, além do voto. A democracia moderna, contudo, optou por privilegiar o sufrágio. É razoavelmente consensual a ideia de que foi o regime inglês derivado da Revolução Gloriosa que estreou as práticas eletivas modernas como fonte superior de legitimidade.

Na transformação dos parlamentos medievais em modernos, generalizou-se o paradigma eletivo, que é "uma homenagem prestada, pelo menos formalmente, ao princípio dominante da soberania popular",[17] uma vez que o voto expressa a *vontade da maioria*, o que não ocorre com os demais meios de escolha. A noção de *soberania popular* envolvida no voto evoca o componente democrático da democracia moderna. Mas, como indica Manin,[18] a realização de eleições no "governo parlamentar", o tipo inicial de representação, *não* implica identidade de interesses e pontos de vista entre governantes e governados; apenas reconhece a necessidade de o povo autorizar, pelo voto, quem o representa.

Essa "autorização" se divide em dois tipos de mandato. No mandato imperativo, supõe-se que o mandatário deva representar fielmente os desejos de quem o elege, sem liberdade para a atuação independente. Delega-se ao representante a tarefa de encenar os desejos exatos do representado. Só que o mandato imperativo não permite a construção de acordos e alianças por meio da argumentação ou negociação no parlamento, uma vez que o representante seria carente de autonomia para buscá-los sem anuência prévia dos representados. Ou seja, não permite que o representante delibere. No mandato livre, em contraponto, o representante teria liberdade para encontrar as melhores soluções, por meio de troca de argumentos e da negociação, dispondo da confiança de quem o elege. Possui, portanto, liberdade para deliberar.

A liberdade de mandato dominou o "governo parlamentar". Disseminou-se a premissa de que os representantes devem ser mais capacitados do que os representados — motivo pelo qual Manin destacará o já referido princípio de distinção —, justificando a confiança de quem vota em quem é votado.[19] Cabe registrar que, na época, o voto estava restrito aos homens que pudessem comprovar posses na circunscrição eleitoral a que pertenciam. Assim, quando começaram a vigorar eleições sistemáticas na Inglaterra, nos Estados Unidos e na França, a escolha se alimentava da rede de relações locais, da notoriedade e da deferência prestada aos "grandes" de cada distrito pelos que constituíam uma espécie de clientela sua. Os parlamentares eram, quase sempre, os notáveis da região — o que indicava relativa continuidade, embora com pressupostos distintos, da prática medieval e renascentista em que os nobres funcionavam como emissários que conectavam os reis à sociedade. Daí Montesquieu atribuir à nobreza o exercício dos "poderes intermediários" que limitavam a força do monarca.

Em outras palavras, no "governo parlamentar" o vínculo eleitor-eleito tinha caráter pessoal, decorrendo do prestígio do

A parábola da democracia moderna

escolhido. Os parlamentares não eram vistos como porta-vozes das bases, mas como seus homens de confiança (*trustees*), livres para atuar da forma que lhes aprouvesse. O pensador e político Edmund Burke, em discurso de 1774, explicava aos cidadãos de Bristol, distrito pelo qual era deputado, que o "Parlamento não é um congresso de embaixadores", mas a assembleia *deliberativa* "de uma nação",[20] funcionando como palco de debates, esclarecimento e negociação justamente porque os mandatos eram livres.

Além da confiança, a figura do mandato livre estava vinculada à aceitação da diversidade social. Como nenhuma vontade particular deveria se impor sobre as demais, era necessário que a Assembleia produzisse acordos por meio de discussões organizadas em que o representante pudesse mudar de posição. Após discutir os assuntos com os pares, o parlamentar decide, sem consultar os eleitores.

Apesar de o mandato livre ser inevitável na concepção liberal, cabe reconhecer que há tensões. Se o representante pode mudar de opinião entre a eleição e a votação parlamentar, o que impede que ele leve adiante o ponto de vista oposto ao do eleitor? Se os representantes precisam de independência para chegar a acordos, como evitar que eles se tornem completamente alheios à obrigação representativa? Em resumo, a possibilidade de as instituições traírem a vontade de quem vota sempre ronda a democracia moderna.[21]

Daí o importante debate a respeito do controle dos representantes sem eliminar a liberdade do mandato. Um recurso é a própria eleição — como vimos, medida privilegiada por Sieyès. Ao votar, o povo não só elege como exerce influência, pois, com pleitos regulares, ele pode, no período apropriado, afastar aqueles cujas atuações não lhe agradarem. Compreende-se por

186   *Estado e democracia*

que as pesquisas sobre como os eleitores votam tenham conformado um dos campos mais importantes da ciência política.[22] Uma maneira de apressar, ou interromper, o ciclo político em curso seria instituir o recall, um mecanismo pelo qual os eleitores poderiam decidir retirar os mandatários de suas funções, por motivos diversos — não necessariamente criminosos. O recall foi proposto nos Estados Unidos por Theodor Roosevelt, em 1903, continua a existir e é adotado por vinte estados, cerca de 40% do total.[23] Foi também adotado em alguns países como a Alemanha no período da República de Weimar (1919-33).

Outra forma de exercer controle sobre os representantes passa pela liberdade de imprensa e expressão. Essa é a razão pela qual a Primeira Emenda da Constituição norte-americana deixa claro que a liberdade de opinião é direito inalienável, que não pode ser cassado em hipótese alguma, determinando que "o Congresso não fará lei relativa ao estabelecimento de religião ou proibindo o livre exercício desta, ou restringindo a liberdade de palavra ou de imprensa, ou o direito do povo de reunir-se pacificamente e dirigir petições ao governo para a reparação de seus agravos".[24] Ou seja: é da essência da democracia moderna que haja liberdade de expressão política, inclusive a de criticar os ocupantes de cargos, a conduta do governo, o sistema econômico, social e político prevalecente.[25]

Por meio da opinião, a vontade popular influencia os representantes. Embora não sejam obrigados a atendê-la diretamente, estes últimos precisam, por razões pragmáticas, tomar conhecimento dela para guiar suas ações, pois do contrário arriscam a não se reelegerem. Costuma-se chamar de *opinião pública* a voz coletiva que, sem possuir valor impositivo, se manifesta de maneira independente e assim age sobre os assuntos comuns.

A parábola da democracia moderna

Opinião pública é um conceito que data do contexto iluminista do século XVIII. Diz respeito à publicização dos atos do governo. Pressupõe a existência de um *público*, interessado em assuntos igualmente públicos, que se articula de diversos modos — clubes, partidos, associações, salões e revistas — para formar opinião fundamentada a respeito deles. Desse prisma, percebemos que a opinião pública é uma instância relevante de mediação entre o poder e os indivíduos privados.[26]

Do ponto de vista teórico, talvez o filósofo Immanuel Kant seja quem tenha explorado com mais acuidade o assunto. Em "Resposta à questão: O que é Esclarecimento?", de 1784, Kant defende ser possível que "um público se esclareça a si mesmo [...], e isso é até quase inevitável, se lhe for concedida liberdade".[27] O *uso público da razão*, que consistiria na atividade intelectual de raciocinar livremente em um contexto comunitário, criaria a chance do esclarecimento.

O processo beneficiaria o eleitorado, que teria condições de conhecer com mais profundidade os assuntos de interesse geral e, portanto, de formular opiniões qualificadas — daí a centralidade da liberdade de imprensa. A circulação de informações e opiniões é um aspecto essencial para a formação da vontade dos sujeitos que devem ser representados, implicando alguma limitação para a liberdade do representante.

Ampliação do voto e "democracia de partido"

Apesar de previsões em contrário, durante o século XIX movimentos populares organizados, com expressão nas ruas e nas urnas, demonstraram alto interesse na política. Por meio de intensa mobilização, conseguiram potencializar a dimensão igualitária da democracia moderna. Desde a Revolução Inglesa do século xvii havia lutas por uma sociedade justa, retomadas na França de Sieyès e Robespierre. François Noël ("Graco") Babeuf liderou, em Paris, a Conspiração dos Iguais, de 1796, menos de dez anos depois da Revolução Francesa. No relato do escritor Filippo Buonarroti, para os conspiradores, a democracia seria a "forma política" da "ordem da igualdade".[28] A perspectiva igualitária se fortaleceria nos decênios seguintes, razão pela qual se pode sugerir que a democracia radical dominou "as insurreições populares" da Europa entre 1820 e 1848.[29]

No decorrer do século xix, a tradição democrática se fundiria com princípios socialistas, levando à criação da social-democracia, fortemente influenciada, a partir de certo ponto, por Karl Marx e Friedrich Engels, para quem a principal meta do movimento operário deveria ser a superação do capitalismo por meio da revolução social. No âmago da ascensão socialista, "a democracia tornou-se [...] o nome do governo que garantia o caminho para a igualdade, conferindo beleza a toda instituição política que se voluntariasse a colocar sobre os ombros a responsabilidade de seguir na direção daquele vago objetivo".[30]

Estabelecida a premissa de que a democracia poderia abrir a porta à igualdade, o objetivo prioritário dos trabalhadores foi a ampliação do direito de voto. Nesse particular, o caso da Inglaterra foi paradigmático. Talvez o cartismo inglês, cujo programa reivindicativo foi sintetizado por William Lovett na "Carta do Povo", em 1838, tenha consistido no "mais impressionante destes primeiros movimentos".[31] Entre as demandas estavam o sufrágio universal masculino, o voto secreto, a eleição anual e a presença de representantes operários no Parlamento.

A luta pelo direito universal ao voto revelou-se longa, por vezes violentamente reprimida, porém coroada de êxito. Trinta anos depois de posta em marcha a jornada cartista, ocorreu na Inglaterra "a incorporação ao eleitorado de homens adultos pertencentes ao que hoje descreveríamos como as classes médias"[32] e de parte da classe trabalhadora. Com a Reform Bill (Lei da Reforma) de 1867, o "governo parlamentar", enquanto fase, se encerra.[33] Somada aos efeitos da reforma de 1884, o eleitorado inglês passou de 8% da população para 29%,[34] abrindo a era da democracia de partido.

Mais de três décadas depois, o Representation of the People Act (Lei da Representação do Povo), de 1918, reconheceu, na Inglaterra, o direito de voto, nas eleições parlamentares, dos homens de 21 anos e das mulheres acima dos trinta anos, embora estas últimas com algumas restrições financeiras. As massas entravam na política. O People Act foi importante para a incorporação da classe trabalhadora ao sistema representativo inglês, apesar da limitação ao voto pleno feminino, que viria a ser estabelecido somente em 1928. Em outros lugares a luta feminista estava em estágio mais avançado e os primeiros países a adotarem o sufrágio universal foram Nova Zelândia (1893), Austrália (1901), Finlândia (1907) e Noruega (1913).[35]Assim, se o modelo parlamentar já se caracterizava pela escolha e remoção pacífica dos governantes em eleições periódicas, agora estas passaram a incluir quase todos os adultos no direito de voto e de candidatura, tornando-se uma das principais características da democracia moderna.[36]

A universalização do voto transformaria a *qualidade* do regime representativo. De acordo com Bernard Manin, a ampliação do sufrágio resultou em uma nova figura, surgida na

Inglaterra a partir das Reform Bills: os partidos de massa, na designação clássica da ciência política.[37] Até então, os partidos eram clubes de notáveis estruturados dentro do Parlamento. Porém as leis que expandiram o eleitorado provocaram o surgimento de agremiações que vinham do "chão" da sociedade, de baixo para cima, em particular da classe trabalhadora (o Partido Trabalhista, criado em 1900) e da classe média (Partido Liberal, fundado em 1859). Em resposta, as velhas legendas tiveram de se reorganizar e, igualmente, fazer a mediação entre o corpo eleitoral de massa e o Poder Legislativo, instituição na qual desembocava a política.

A disputa pelo sufrágio passou a girar em torno dos programas partidários, instrumentos praticamente desconhecidos até o fim do xviii, formulados e aprovados dentro dos partidos com a participação ativa da militância. Por meio deles, os cidadãos influíam sobre a ação dos representantes de um modo inédito. O deputado precisava ser fiel ao programa, sob pena de perder o apoio partidário e da base, manchando as suas candidaturas futuras. O mandato deixava de ser completamente livre e, sem chegar a ser imperativo, os movimentos do representante eram limitados pela vontade dos representados.

Por meio dos partidos de massa, os eleitores participavam também da escolha dos candidatos, que muitas vezes compartilhavam a situação econômica e as preocupações do votante comum. As funções legislativas deixavam de ser exclusivas dos notáveis locais e a representação assumia, gradativamente, conteúdo popular. Como o incremento do eleitorado impedia o eleitor de manter relações pessoais com os representantes, passou-se a sufragar os candidatos do partido, e não mais os personagens locais conhecidos, como acontecia no governo parlamentar.

A parábola da democracia moderna 191

Essa "democratização da democracia", porém, não ocorreu sem conflitos. Manin lembra que o partido de massa foi interpretado como antagônico à representação, uma suposta volta ao modelo direto de democracia. Como, até 1870, o parlamentarismo inglês era considerado o exemplo mais bem-acabado de governo representativo, surgiu a visão de que se enfrentava uma "crise do governo parlamentar". Depois ficou claro que os partidos de massa ocasionaram a falência de um *tipo* de representação, mas não da forma de governo em si: a democracia de massas inventara nova modalidade de representação, democratizando o governo parlamentar. Do ponto de vista igualitário, isso significava progresso, pois haveria maior identidade social e cultural entre eleitos e eleitores, cujo papel crescera na definição das leis e políticas públicas.

Embora correntes anarquistas, republicanas e outras mantivessem relevância em diversos países, foi a social-democracia, com a alemã à frente, a principal beneficiada pela extensão do sufrágio no velho continente. Nos Estados Unidos, onde o socialismo nunca conseguiu virar partido majoritário, as bandeiras em favor da igualdade política foram absorvidas por políticos da tradição liberal. Dos dois lados do Atlântico, pode-se dizer que a "democracia de partido" garantiu as condições para o funcionamento da democracia moderna em *grande escala*.[38]

Esse regime institucional expandido — que Robert Dahl prefere chamar de poliarquia — demandaria sete condições de existência: 1) políticos eleitos investidos constitucionalmente da responsabilidade pela tomada de decisões governamentais; 2) políticos eleitos escolhidos e removidos pacificamente em eleições livres e periódicas; 3) praticamente todos os adultos com o direito de votar nas eleições; 4) a maioria dos adultos votantes com o direito de competir pelos cargos públicos como candidatos em eleições; 5) cidadãos com o direito, efetivamente garantido, de liberdade de expressão, em particular a expressão política, inclusive a de criticar os ocupantes de cargos, a conduta do governo, o sistema econômico, social e político prevalecente e a ideologia dominante; 6) cidadãos com acesso a fontes de informação alternativas, as quais não são monopolizadas pelo governo ou por qualquer outro grupo, isoladamente; 7) cidadãos com o direito, efetivamente garantido, de formar ou se juntar a associações autônomas, inclusive associações políticas tais como partidos e grupos de interesse, que tentam influenciar o governo através de eleições e outros meios pacíficos.

A lista de Dahl pode ser considerada a definição de democracia moderna, tal como a conhecemos hoje, isto é, em larga escala. Apesar das alterações internas produzidas pelo que Manin chama de "democracia de público", que veremos a seguir, os critérios elencados por Dahl não foram alterados — ao menos enquanto a presente onda autoritária for contida. O fato de Dahl preferir chamar a democracia moderna expandida de poliarquia — pois entende que "nenhum grande sistema no mundo é plenamente democratizado",[39] isto é, não é inteiramente (ou quase inteiramente) responsivo aos seus cidadãos[40] — não impede que usemos os critérios que listou como parâmetro para saber se um regime contemporâneo é ou não democrático.

Ponto de fuga: a democracia moderna como forma de vida

Nesta altura traçaremos um desvio no roteiro de Manin, para retomá-lo em seguida. A experiência da "democracia de par-

A parábola da democracia moderna 193

tido" abriu um debate com o qual vale a pena o leitor tomar contato. Trata-se de saber até onde pode chegar a democracia moderna em matéria de igualdade política e social. Embora o retrocesso generalizado que se atravessa neste início de século XXI faça tal discussão parecer bizantina, na realidade ela constitui elemento indispensável para a compreensão do que denominamos, no início do capítulo, de parábola da democracia moderna.

Diante do êxito da "democracia de partido" em expandir os limites da participação, no interior da social-democracia alemã — que tomamos aqui como representante de todas as social-democracias — se firmaram, por volta do começo do século XX, três concepções. A primeira, elaborada pelo teórico político e militante do Partido Social-Democrata da Alemanha (SPD, na sigla germânica) Eduard Bernstein, afirmava que a perspectiva de Marx sobre as contradições capitalistas estaria equivocada, razão pela qual essa concepção ficou conhecida como "revisionista". Ela pregava que caberia abandonar a perspectiva revolucionária e produzir reformas que melhorassem a qualidade de vida da classe trabalhadora *dentro da democracia*. O socialismo seria, fundamentalmente, a luta pela "ampliação dos direitos políticos e econômicos das classes trabalhadoras".[41]

A segunda concepção foi a de Karl Kautsky, destacado dirigente e formulador do SPD e da Segunda Internacional, a entidade que reuniu os socialistas do mundo entre 1889 e 1915.[42] O dirigente social-democrata defendia o rol progressista da democracia e das liberdades democráticas no aprofundamento das reformas *enquanto* não ocorresse a debacle capitalista. Sem abandonar a perspectiva do autor de *O capital*, Kautsky adiava o momento revolucionário para o futuro.

Em 1909, quando publicou *O caminho do poder*, Kautsky percebeu, contudo, que o regime capitalista cambaleava e havia entrado "em um período de insegurança geral". A tarefa urgente seria, então, "transformar instituições fundamentais do Estado", por exemplo implantando o parlamentarismo na Alemanha, para chegar ao poder e impedir a guerra.[43] Em 1918, ele escreveu que "por socialismo moderno, não entendemos somente a organização coletiva da produção, mas, igualmente, a organização democrática da sociedade".[44]

A terceira posição foi a da teórica e militante comunista Rosa Luxemburgo, que polemizou com Bernstein em dois artigos escritos em 1898 e 1899 e publicados em *Reforma ou revolução?*, de 1900. Para ela, as contradições e crises ensejadas pelo capitalismo não poderiam ser vencidas sem as lutas dos trabalhadores nas atividades sindicais, cujo foco deveria ainda ser a revolução anticapitalista. Luxemburgo denunciou como "catástrofe histórica mundial" a mudança de posição da social-democracia, que, ao contrário do que esperava Kautsky, na hora H, em 4 de agosto de 1914, apoiou o militarismo, aprovando no Parlamento os créditos que deram início à Primeira Guerra Mundial.[45]

Como será discutido no próximo capítulo, Rosa Luxemburgo enxergou longe. Ela tinha realizado nos anos anteriores uma análise original sobre a "necessidade histórica" do imperialismo "para as classes dominantes do mundo capitalista contemporâneo",[46] e achava, em consequência, que apenas uma revolução poderia representar alternativa ao morticínio: "Mais uma guerra mundial como esta e as perspectivas do socialismo ficarão enterradas sob as ruínas amontoadas pela barbárie imperialista", escreveu em 1916.[47] Ao mesmo tempo, ao criticar

A parábola da democracia moderna 195

os rumos autoritários da Revolução Russa, poderíamos dizer que ela sonhava, na verdade, com uma revolução socialista e democrática que nunca chegou a ser tentada — a não ser, talvez, no Chile de Salvador Allende, e foi esmagada pelo golpe militar liderado por Augusto Pinochet em 1973.

A despeito das divergências, de um modo ou de outro, assinala Manin, "acreditava-se que os partidos de massa conduziriam o 'cidadão comum' ao poder".[48] Havia dúvidas, porém, sobre se essa transformação seria capaz de afetar radicalmente a dimensão aristocrática envolvida na política representativa. Os trabalhadores eleitos democratizariam o poder político, como queriam os democratas radicais e social-democratas, ou sucumbiriam diante de seu funcionamento?

Alguns formuladores do que ficou conhecido como "teoria das elites" sustentaram a segunda hipótese. Na síntese do cientista político Norberto Bobbio,

> por teoria das Elites ou elitista — de onde também o nome de elitismo — se entende a teoria segundo a qual em toda sociedade existe, sempre e apenas, uma minoria que, por várias formas, é detentora do poder, em contraposição a uma maioria que dele está privada.[49]

O jurista Gaetano Mosca, teórico inaugural do elitismo, argumentava que, ao contrário do que supunha a tradição do pensamento ocidental, não existiam três formas de governo básicas — monarquia, aristocracia e democracia —, com suas decorrentes composições e/ou deformações, mas uma única: o governo de elites. Para ele, todo poder, independentemente da estrutura, é conduzido por uma minoria organizada — que ele chamará de "classe política" — contra uma maioria desorganizada.

No fundo da tese de Mosca está a ideia de que a democracia não existe, pois seria impossível dividir o poder completamente. É sempre necessária uma dose evidente de concentração nas mãos de poucos. Portanto, qualquer política seria aristocrática, levando água para o moinho da definição de política como disputa pela direção. A questão que se colocaria, para ele, diz respeito à maneira pela qual se escolhe a aristocracia governante.

A formulação de Mosca será complementada pelo sociólogo Robert Michels, discípulo de Weber. Em seu livro, *Sociologia dos partidos políticos*, de 1911, ele argumentou que toda elite é sempre superada e substituída por outra mais nova. A história humana não seria tanto a da luta de classes, como queriam os pensadores da tradição socialista, mas corresponderia ao conflito multissecular entre diferentes elites. A tese ganhou notoriedade em razão de ter estudado justamente o Partido Social-Democrata da Alemanha, o partido que, supostamente, deveria promover a democratização da política.

Michels percebeu que, pouco a pouco, a burocracia partidária tomara conta do SPD, impondo a agenda que lhe convinha. A partir daí, estabeleceu o que ficou conhecido como a "lei de ferro da oligarquia", cuja formulação mais conhecida é:

> Reduzida à sua mais breve expressão, a lei sociológica fundamental que rege inelutavelmente os partidos políticos [...] pode ser formulada assim: a organização é a fonte de onde nasce a dominação dos eleitos sobre os eleitores, dos mandatários sobre os mandantes, dos delegados sobre os que delegam. Quem diz organização diz oligarquia.[50]

A parábola da democracia moderna 197

A formulação tornou-se influente porque jogou luz sobre um problema central da crise da "democracia de partido" que surgiria na segunda metade do século xx. A representação foi construída para evitar a tirania da maioria, mas não consegue evitar a *tirania da burocracia*, que passa a constituir uma camada com interesses próprios. Se a democracia conduz à oligarquia, no raciocínio de Michels, e estamos em um mundo cada vez mais organizado — racionalizado, diria Weber —, seria possível deduzir que estaríamos rumando para a oligarquização.[51]

Apesar dessa previsão sombria, depois da Segunda Guerra Mundial maiorias eleitorais que envolviam também camadas externas ao operariado implantaram reformas voltadas para aumentar a igualdade social e travar o "moinho satânico" do mercado descrito pelo economista Karl Polanyi em *A grande transformação*, de 1944.[52] Segundo Polanyi, relações de mercado sem limite submetem o trabalhador a uma moagem, razão pela qual seria lógico que, tendo conquistado o direito de votar, o proletariado o utilizasse para aprovar medidas que o protegessem.

De fato, entre 1945 e 1975, foram aprovadas leis que favoreciam a cidadania social, materializando metas estabelecidas na Declaração dos Direitos do Homem e do Cidadão e na Declaração Universal dos Direitos Humanos. A partir delas, o sociólogo Thomas Humphrey Marshall formulou a tese da tripla cidadania, forjando os conceitos de cidadania civil, política e social, decisivos para entendermos a democracia moderna.[53] Foi preciso dar suporte material aos enunciados da época das revoluções democráticas, que do contrário se tornariam abstrações vazias, para que todos pudessem fazer uso das liberdades civis (julgamento justo, direito de ir e vir, liberdade de expressão, privacidade) e políticas (sufrágio, direito a se candidatar, liberdade de organização e oposição) a que tinham direito. Em outras palavras, era necessário que houvesse medidas que tornassem os indivíduos socialmente mais iguais para que as igualdades civil e política pudessem ser reais.

Tome-se o exemplo do direito civil à defesa e ao julgamento justo perante os tribunais. Em teoria, ele iguala o dono da grande empresa ao encarregado da faxina. Porém, na sociedade capitalista, o dono da fábrica tem muito mais recursos para se livrar de uma acusação injusta do que o faxineiro teria caso sofresse a mesma falsa acusação. O dinheiro contrata ótimos advogados, influencia juízes inidôneos, manipula meios de comunicação venais. Já a falta de dinheiro relega o pobre às garras de um sistema impessoal que pode varrê-lo de uma penada.

Aprofundemos o raciocínio a partir do exemplo dado no parágrafo anterior: a democracia moderna promete acesso igualitário à lei, mas não está, *de fato*, aberta às pessoas simples. A promessa poderia ser, então, considerada uma ilusão. Mas não é, e por uma razão importante. O projeto civilizatório das revoluções democráticas estabeleceu o princípio da igualdade e, ao mesmo tempo, o da liberdade de lutar por ele. Marshall percebeu como o sufrágio universal abria o caminho para "firmar a reivindicação" de que os trabalhadores, "enquanto cidadãos, estavam habilitados a certos direitos sociais".[54] Os direitos sociais, que pressupõem "um direito absoluto a um determinado padrão de civilização", subvertem o sistema de classes produzido pelo liberalismo econômico, produzindo um efeito equalizador no interior do capitalismo.

A invenção dos direitos sociais — previdência, saúde, educação, cultura e lazer universais e públicos — deu aos traba-

A parábola da democracia moderna 199

lhadores acesso a "uma vida civilizada e culta, originalmente monopólio de poucos".[55] À medida que a classe trabalhadora usa os "seus direitos democráticos para se proteger dos donos da propriedade",[56] ela democratiza a cidadania e diminui a desigualdade. Por essa razão o movimento dos trabalhadores acabou sendo fundamental para a democratização da democracia moderna.

Em suma, as maiorias políticas de meados do século xx foram capazes de dar direitos sociais aos que não eram proprietários dos meios de produção. Ao adquirirem direitos universais, os trabalhadores ficaram, simultaneamente, em condições superiores, porque protegidas, para reivindicar e obter melhorias salariais, do que resultou uma dupla diminuição da desigualdade. Os países nórdicos, onde tal experiência avançou rapidamente, tornaram-se os menos desiguais do mundo, de acordo com o índice de Gini.[57] Os Estados europeus do período ficaram conhecidos como *welfare states*, ou Estados de bem-estar social.

Dialogando com a conceituação de Marshall sobre a cidadania e as possibilidades democratizadoras do Estado de bem-estar social na Europa, o sociólogo dinamarquês Gosta Esping-Andersen argumentou que essa modalidade de Estado deveria ser compreendida a partir de três dimensões: 1) a relação entre direitos e "desmercadorização" — isto é, retirar os indivíduos da dependência das relações de mercado para sobreviver; 2) o reordenamento da estratificação social a partir da intensidade do processo de "desmercadorização"; 3) a forma pela qual as empresas se relacionam com as famílias. A partir desses critérios, Esping-Andersen sugere que uma "definição mínima" do Estado de bem-estar social envolveria a possibilidade de os cidadãos "parar[em] de trabalhar quando acham necessário", sem prejuízos do "potencial de trabalho, rendimentos e benefícios sociais" que lhes corresponderiam".[58]

Os avanços obtidos naquele período fizeram com que, no auge do Estado de bem-estar social, Enrico Berlinguer, então secretário-geral do Partido Comunista Italiano, dissesse na comemoração do sexagésimo aniversário da Revolução Russa: "A democracia é hoje não apenas o terreno no qual o adversário de classe é obrigado a retroceder, mas é também o valor historicamente universal sobre o qual fundar uma original sociedade socialista".[59]

A perspectiva de parte da geração que se tornou ativa nos anos 1960 e 1970 era combinar democracia representativa com democracia direta, combatendo, dentro das regras democráticas, as tendências à oligarquização da sociedade capitalista e da própria democracia de partidos, que Robert Michels identificou no começo do século. O alerta da teórica política Carole Pateman para a importância das instâncias participativas diretas no estímulo de uma sociedade democrática é um bom exemplo da perspectiva predominante na época: "Somente se o indivíduo tiver a oportunidade de participar de modo direto no processo de decisão [...] ele pode esperar ter qualquer controle real sobre o curso de sua vida [...]".[60]

Naquela quadra, havia razoável consenso de que a diferença entre liberalismo político e o socialismo moderno não é que um fosse a favor da democracia e o outro, da propriedade coletiva dos meios de produção. A diferença residiria no *desejo do socialismo de levar a democracia para o plano das relações sociais e econômicas*, de tal maneira que a democracia política se completasse por meio do controle social sobre a produção; ao passo que o liberalismo se contentaria com a democracia política, impedindo a democratização da vida econômica e social. Ambos, no entanto, estariam de acordo em que a democracia política seria imprescindível.

A expansão dos direitos sociais nos trinta anos após a Segunda Guerra Mundial, por meio do Estado de bem-estar social, foi o vértice do desenvolvimento democrático — ou da democracia como "forma de vida", na expressão da filósofa Rahel Jaeggi. Nos países capitalistas centrais, experimentou-se importante redução da desigualdade, com a efetivação de parte das promessas de 1789. Estava em curso o que poderia se chamar de democracia numa direção socialista. Se não houve a socialização dos meios de produção, a regulamentação estatal sobre o mercado implicava zonas socialistas no interior de um modo de produção predominantemente capitalista.

O retrocesso da "democracia de público"

Escrevendo na década de 1990, Bernard Manin identificou um declínio da "democracia de partido". O autor aponta duas razões que ajudam a explicar o que aconteceu (uma terceira, ligada ao neoliberalismo, será vista no próximo capítulo). A difusão dos mass media, como o rádio e, em especial, a TV, diluiu a vinculação entre eleitores e políticos realizada pelos partidos, uma vez que os veículos de comunicação de massa conectam *diretamente* o candidato ao votante.

O tipo de político privilegiado pelo novo arranjo — que Manin designa como "democracia de público" — se transmuta: deixa de ser o militante partidário e passa a ser o "comunicador". Ao alcançar milhões de espectadores, a performance midiática do candidato — conjunto que reúne postura, gestos, modos de falar, vestimentas, entre outras características — ganha relevo.

A cientista política Nadia Urbinati observa que o público deixa de ser aquele organizado pelos partidos. De acordo com ela,

> o novo plebiscitarismo é o da *audience*, o aglomerado indistinto de indivíduos que compõe o público, um ator não coletivo que vive no espaço privado da domesticidade e, quando é agente sondado de opinião, atua como receptor ou espectador de um espetáculo encenado por técnicos da comunicação midiática e recitado por personagens políticos.[61]

Na linguagem que moldou o projeto civilizatório das revoluções democráticas do final do século XVIII, o cenário descrito por Urbinati seria visto como de corrupção do regime republicano, equivalente a um veneno mortal injetado no corpo político.

O segundo fator levantado por Manin é a crescente complexidade da política, que se tornaria, frequentemente, incerta para os próprios políticos. Os cenários internacionais e a economia globalizada imporiam desafios pouco previsíveis, e relativamente incontrolados, aos representantes eleitos. À medida que os problemas foram se tornando complexos e indeterminados, aumentou a necessidade de *delegação*, por parte do cidadão comum, para os indivíduos que estão no governo.

Assim, com o declínio das relações de identificação entre representantes e representado por meio do partido, a autonomia aristocrática do representante estava de volta, só que com outra roupagem: a de apresentador de TV ou gestor (às vezes

A *parábola da democracia moderna*

uma combinação de ambos). Os candidatos procurariam se legitimar por meio da *confiança* do eleitor, como na época do "governo parlamentar". Isto é, a "democracia de público" se aproxima mais do governo representativo dos séculos xviii e primeira metade do xix que da "democracia de partido" do século xx.

Mas, se o voto tornou-se de novo "pessoal", há uma diferença importante em relação àquele típico do governo parlamentar: ele ficou menos controlável, pois não há laços fortes entre o eleitor e o candidato, que antes era personagem conhecida na localidade, e agora é celebridade da mídia.

Manin argumenta que a sensação de passarmos por uma *crise* de representatividade estaria sustentada em pressupostos equivocados. Tratar-se-ia de um julgamento baseado numa frustração com a democracia, não com a representação. É como se estivéssemos criticando um dos princípios da democracia representativa pela falha do outro. Escreve o cientista político:

> A situação corrente, no entanto, toma outros contornos quando se compreende que a representação nunca foi uma forma indireta ou mediada de autogoverno do povo [...]. Quando se reconhece a existência de uma diferença fundamental entre governo representativo e autogoverno do povo, o fenômeno atual deixa de ser visto como sinalizador de uma crise de representação e passa a ser interpretado como um deslocamento e um rearranjo da mesma combinação de elementos que sempre esteve presente desde o final do século xviii.[62]

Seria uma simples alteração da forma de combinar representatividade e democracia.

Em que pese a perspicácia do argumento de Manin, a insatisfação popular com a democracia não pode ser reduzida a um engano teórico ou cognitivo. A crítica à forma atual do governo democrático pode ser dividida em dois planos: um referente ao processo pelo qual os representantes são escolhidos e outro vinculado ao que os representantes, quando eleitos, fazem. Trataremos, a seguir, do primeiro, pois ele guarda relação direta com o problema do sufrágio; o segundo será abordado no capítulo 6.

Saber que o governo representativo, originalmente, não pretendia ser democrático é insuficiente para aplacar o descontentamento do eleitorado, pois este possui um fundamento real: a sensação de que a democracia representativa é incapaz de acolher os seus anseios. Por mais que a intenção originária da representação fosse *evitar* a democracia direta (antiga), ela se tornou, como Manin demonstra, o mecanismo pelo qual a própria democracia pode se efetivar no mundo moderno.[63] Daí a legitimidade que adquiriu.[64] Não há, portanto, injustiça em criticar o funcionamento da democracia moderna por falhar nos horizontes que (não) abre.

Nos últimos cinquenta anos, campanhas eleitorais transformaram-se em empreendimentos milionários, nos quais partidos, sob o tacão mercadológico, buscam "vender" candidatos/ produtos como mercadorias quaisquer. O padrão comercial das campanhas eleitorais trouxe duas consequências. A primeira foi limitar a escolha. À medida que as campanhas são passagem obrigatória para a arena política, só estão habilitados a ingressar competitivamente nela os que controlam, ou têm acesso a, grandes somas de capital, o que significa dizer que a elite econômica pré-seleciona os candidatos — ou, no mínimo, mar-

A parábola da democracia moderna 205

ginaliza aqueles que ameacem seriamente seus interesses. Os donos de empresas que manejam recursos abundantes, assim como o estrato que sem ser proprietário gerencia o capital privado, influenciam na definição dos candidatos dos partidos e na quantidade de votos que estes recebem ao final da campanha.

A segunda consequência é a de converter o debate em uma operação de propaganda. Na origem da democracia moderna estava pressuposto que as decisões de Estado seriam influenciadas pela opinião pública. O filósofo alemão Jürgen Habermas, na esteira da teorização de Kant, mostrou que a formação de opinião por parte de um coletivo de cidadãos depende da existência de uma dinâmica de esclarecimento mútuo.[65] A prática de um público ativo, que debate em busca de um consenso esclarecido a respeito de argumentos racionais contrapostos, está no âmago da política pensada como prática coletiva da liberdade.

Um eco distante do que foi uma esfera pública densa e relevante está atualmente nas poucas páginas de jornal dedicadas à opinião sobre temas públicos. No que se refere à história das campanhas eleitorais, um momento marcante da "virada" foi o famoso debate entre John F. Kennedy e Richard Nixon, candidatos à presidência dos Estados Unidos, em 1960. A partir dali a eleição presidencial norte-americana se converteu em show business. O mesmo aconteceu mundo afora, numa espécie de "americanização" da política.

Para alimentar as discussões públicas é necessário conhecer os argumentos. Daí a função original da imprensa, à qual, antes de ser convertida em veículo publicitário, cabia levar ao público as peças argumentativas. Hoje, diante do papel pouco elucidativo da massa de informações despejada pelos sistemas de mídia, sem falar das fake news, as páginas de opinião restantes parecem tênue homenagem a tempos passados.

A colonização, para usar expressão de Habermas, da democracia moderna pelo dinheiro teve, portanto, efeitos destrutivos sobre aspectos centrais do avanço civilizatório ocorrido entre 1945 e 1975. O poder do voto foi reduzido a uma escolha entre opções pré-selecionadas pelos que detêm capital, e mesmo essa competição limitada passou a se dar em termos manipulativos. O processo democrático moderno, partindo de tendência aristocrática no século XVIII, conheceu considerável democratização a partir da segunda metade do XIX para, em seguida, voltar a elitizar-se, em condições bastante duras, no último quartel do XX, descrevendo uma parábola, em vez de uma linha em contínua ascensão.

6. Espectros autoritários

NESTE ÚLTIMO CAPÍTULO IREMOS analisar fenômenos que, embora relacionados, ocorreram numa sequência fora da cronologia que seguimos no livro e percorrem distintas dimensões históricas e teóricas, obrigando-nos a uma exposição entrecruzada. De um lado, a lenta, porém contínua, construção da hegemonia neoliberal que perpassa quatro décadas, entre 1980 e 2020, com extensos reflexos na sociedade e na política. De outro lado, a retomada das análises sobre o totalitarismo, pertencente a outra ordem de reflexão e em curso desde que o espectro autoritário despertado pelo neoliberalismo voltou a assombrar o Ocidente. Por fim, chegando muito perto do presente, as ameaças à democracia a partir de 2016, quando Donald Trump foi eleito.

A direita extremada sempre existiu nas democracias, mas hibernou nos trinta anos dourados do capitalismo democrático (1946-75). Despertada pela "revolução neoliberal", como a chama o sociólogo Wolfgang Streeck, os extremistas chegaram ao governo da Áustria em 2000 e, após se expandir por várias partes do planeta na década seguinte, ocuparam o centro do mundo em 2016, com as inesperadas vitórias do Brexit, no Reino Unido, e do trumpismo, nos Estados Unidos.[1] Em consequência, deu-se a retomada de teses formuladas ao redor dos conceitos de fascismo e totalitarismo, além de produzir-se um conjunto de hipóteses sobre o futuro imediato da democracia.

Optamos por organizar os assuntos em três seções. Na primeira, avaliamos de maneira genérica o neoliberalismo e o espectro autoritário que passou a rondar o mundo desde que a democracia moderna perdeu a energia integradora da "democracia de partido". Na segunda, abordamos a teoria do totalitarismo de Hannah Arendt. Na terceira, resumimos algumas hipóteses a respeito das ameaças contemporâneas ao regime democrático, ponto em que voltaremos a falar do neoliberalismo. Tendo em vista o caráter recente dos acontecimentos aos quais as hipóteses se referem, a síntese fornecida visa a situar o leitor em certos tópicos do debate em curso.

Neoliberalismo e democracia

O neoliberalismo pode ser entendido como

> uma teoria das práticas político-econômicas que propõe que o bem-estar humano pode ser mais bem promovido liberando-se as [...] capacidades empreendedoras individuais no âmbito de uma estrutura institucional caracterizada por sólidos direitos à propriedade privada, livres mercados e livre-comércio.[2]

Em nome da liberdade mercantil, foram revertidos os denominados "Trinta Gloriosos", nos quais houve expansão produtiva com integração da classe trabalhadora aos direitos de cidadania, pelo menos na parcela desenvolvida do capitalismo. Na década de 1980, a democracia moderna, às voltas com os

Espectros autoritários 209

problemas da representação que já discutimos, passou a sofrer dificuldades novas. O Estado de bem-estar, determinante do pacto democrático que presidiu o capitalismo nos anos dourados, começou a ser desconstruído por uma crescente hegemonia neoliberal. Esta minou, juntamente com os direitos sociais, os requisitos que permitiam a efetiva alternância de programas de classe distintos no poder.

O capitalismo neoliberal precarizou e fragmentou internamente a classe operária, com a expansão das atividades por conta própria, intermitentes etc. O trabalhador precarizado não conhece os seus companheiros de trabalho, não tem local fixo nem horário determinado de jornada. A "uberização" do mercado laboral obriga os que vivem do próprio esforço a dispor cada vez menos das garantias "relacionadas ao trabalho".[3]

Em paralelo, largas áreas da existência social deixaram, gradualmente, de obedecer à soberania popular, ainda que as eleições continuassem a acontecer. A melhor ilustração do processo é a autonomia dos bancos centrais, que blindou a direção da economia contra o veredicto das urnas. Ocorreu o que a cientista política Wendy Brown chama de "desdemocratização": a democracia foi sendo esvaziada sem ser formalmente abolida.[4]

O resultado plasmou-se na "pós-democracia", em que à insistente descrença dos eleitores nos políticos, estes respondem com uma sofisticada máquina de propaganda operada por meio de técnicas advindas do marketing.[5] O ceticismo do eleitorado, por sua vez, é realimentado pela proliferação de escândalos de corrupção que marcam a política nas últimas décadas. Somadas ao papel decisivo que os meios de comunicação adquiriram no final dos anos 1960, as denúncias de desvios passaram a ocupar o centro do debate.[6]

A ofensiva neoliberal será retomada na última seção deste capítulo. Mas é preciso, desde logo, mencionar que, enquanto as camadas populares sentiam-se permanentemente prejudicadas, crescia o apoio a propostas autoritárias. À medida que se intensificava a transferência de capital produtivo para nações da periferia e semiperiferia oriental, por exemplo, deixando sem trabalho jovens norte-americanos e europeus, fervia a reação xenófoba.

Conforme a disparidade de riqueza se elevava, a democracia — que tem como uma das virtudes equilibrar em alguma medida, por meio do voto majoritário, os resultados desiguais do mercado — perdia legitimidade.[7] Nos dias correntes, uma onda antidemocrática varre o planeta. Após o crash financeiro de 2008, "tomando a elas mesmas de surpresa, forças extremadas à direita chegaram ao poder em democracias liberais ao redor do globo".[8]

A sombra da extrema direita se projetava desde que Jörg Haider assumiu o governo da Áustria, em 2000. De lá, com Viktor Orbán na Hungria e Jaroslaw Kaczynski na Polônia, se estendeu para nações do antigo bloco socialista. Rodrigo Duterte, nas Filipinas, colocou a periferia no roteiro ultradireitista. Em seguida, com o duplo terremoto eleitoral de 2016 — a inesperada vitória do Brexit, no Reino Unido, e a de Donald Trump nos Estados Unidos — chegou ao núcleo do capitalismo. Na esteira da virada espetacular ocorrida no eixo Londres-Washington, uma onda de ultradireita ensejou a ascensão de Matteo Salvini ao Executivo da Itália, como poderoso ministro do Interior, e Jair Bolsonaro à presidência da república no Brasil, ambos em 2018 (Salvini acabou por perder o cargo no segundo semestre de 2019). Além deles, o endurecimento do regime na

Turquia, o desempenho eleitoral positivo do primeiro-ministro Narendra Modi, uma espécie de supremacista hindu,[9] na Índia, em 2019, e o crescimento do Vox na Espanha marcaram o caráter global da ventania autoritária, cuja força se manifestou, também, na reeleição de Andrzej Duda para presidir a Polônia, em 2020, quando este livro estava em fase de conclusão.[10] Em novembro de 2020, Trump foi derrotado pelo democrata Joe Biden; apesar da derrota, conseguiu uma expressiva votação, mostrando tratar-se de fenômeno que deitou raízes.

Origens históricas do autoritarismo

Não por acaso, o historiador Timothy Snyder abre o quarto capítulo de *Na contramão da liberdade* (2018) com a frase pela qual Hannah Arendt terminara as *Origens do totalitarismo*, quase sete décadas antes: "Começar, antes que se torne um acontecimento histórico, é a capacidade suprema do homem".[11] Agir para bloquear o pior virou lema desde 2016.

De fato, é alarmante o crescimento do que nos Estados Unidos se conhece por *alt-right* (de *alternative right*, "direita alternativa"), que constitui "uma constelação heterogênea de grupos e figuras públicas traficando um coquetel insalubre de supremacismo branco, misoginia e, sim, flertes com o nazismo".[12] Cumpre lembrar que o totalitarismo nazista extinguiu milhões de inocentes, cavando o abismo mais fundo e escuro da história humana. Apesar dos registros obtidos após a Segunda Guerra Mundial, foi impossível, até agora, calcular com precisão quantas vítimas extrabatalha (ou seja, excluídos os mortos em combate) foram eliminadas pelo Estado nazista, que, sob o comando de Adolf Hitler, implantou um regime totalitário na Alemanha entre 1933 e 1945. De acordo com os cálculos do museu norte-americano sobre o Holocausto, em Washington, mais de 15 milhões de pessoas foram executadas pelo nazismo, boa parte em campos de concentração.[13]

Para Arendt, deve-se considerar também como totalitário o regime da ex-União Soviética após 1928, quando Ióssif Stálin (1927-53) abandonou a política desenhada por Vladimir Lênin e desencadeou mecanismos de terror que duraram mais de duas décadas, provocando mortes cujos números alcançam igualmente as dezenas de milhões, incluindo tanto antigos companheiros de partido (nos chamados "expurgos de 1929 a 1937") quanto povos inteiros a partir do Primeiro Plano Quinquenal (1928-32).[14]

"É provável que jamais se possa calcular adequadamente o custo humano das décadas de ferro na Rússia", segundo Eric Hobsbawm, que pertenceu ao Partido Comunista Britânico. "Mesmo assim, o número de vítimas diretas e indiretas deve medir-se mais na casa dos oito algarismos do que na dos sete", afirmou o veterano professor, que conclui:

> Nessas circunstâncias, não importa muito se optamos por uma estimativa "conservadora" mais próxima de 10 que de 20 milhões, ou de um número maior: não pode ser outra coisa que não vergonhoso e além de qualquer paliativo, quanto mais justificado.[15]

Dada a centralidade da Revolução Russa de 1917 para a história ocidental, cabe neste trecho um comentário a respeito, ainda que rápido. Na segunda metade do século XIX, a Rússia estava isolada do desenvolvimento ocidental. O país contava com 60

Espectros autoritários 213

milhões de servos e a burguesia era incipiente. Diante do atraso, o czar Alexandre II (1855-81) aboliu a servidão, em 1861, sendo a Rússia o último Estado europeu a fazê-lo, e estimulou a entrada de capitais franceses, o que desencadeou um processo de industrialização. Com o coroamento de Nicolau II (1894-1917), a industrialização se acelerou. Para reforçar o impulso modernizador, e como reação ao levante antiabsolutista de 1905, o czar fez uma reforma agrária em 1906, entregando propriedades aos *kulaks*, camponeses que se tornaram médios proprietários de terras. Mesmo assim, não tendo ocorrido uma aliança entre elites agrárias e urbanas (nobreza e burguesia), o confronto russo punha de um lado a massa camponesa e, de outro, a dinastia czarista, à frente de um Estado monumental e burocratizado.

De acordo com o sociólogo americano Barrington Moore Jr., uma formação *segmentada*, na qual a nobreza tem peso, que extrai excedente dos camponeses é quase imune à rebelião, como exemplificaria o caso da Alemanha.[16] Mas quando uma sociedade agrária depende de burocracia complexa *sem corpos intermediários*, como acontecia na Rússia, em que a nobreza era fraca, movimentos revolucionários podem ter sucesso, o que acabou por se verificar na Primeira Guerra Mundial. Diante da devastação que o conflito provocou, uma revolução democrática, em fevereiro de 1917, levou à queda da monarquia e à convocação de Assembleia Constituinte. Oito meses depois, em meados de outubro, colocando-se à frente de operários, marinheiros e soldados (estes representando os camponeses), Lênin liderou os bolcheviques — fração majoritária do Partido Social-Democrata Russo — na tomada insurrecional do poder.

Tendo alcançado o núcleo do Estado, os revolucionários suprimiram a nascente democracia e tentaram colocar em prática a socialização dos meios de produção de cima para baixo. Lênin morreu precocemente em 1924, aos 54 anos, e, a partir de 1928, Stálin, que o sucedera na liderança do Partido Comunista e do Estado, decidiu, com o primeiro Plano Quinquenal, revogar a linha de conciliação com os camponeses que Lênin havia adotado por meio da Nova Política Econômica, a NEP. O projeto stalinista previa a coletivização forçada da terra e a *"liquidação* dos *kulaks* enquanto classe".[17] A frase de Stálin conotava a decisão de eliminar, fisicamente, toda uma camada social e iniciar uma fase repressiva absoluta, que só seria aliviada com o desaparecimento do próprio Stálin em 1953.[18]

Enquanto isso, também como subproduto da guerra, na Alemanha e na Itália a democracia era suprimida pela direita. Em setembro de 1919 foi criado o Partido dos Trabalhadores Alemães, rebatizado no ano seguinte como Partido Nacional-Socialista dos Trabalhadores Alemães, conhecido como Partido Nazista. Em novembro de 1921, na Itália, foi a vez da fundação do Partido Nacional Fascista, dirigido por Benito Mussolini, produto de um movimento que existia desde 1919. Em 1922, com a promessa de reprimir os socialistas, Mussolini alcançou o comando do país. Os nazistas chegaram ao Executivo onze anos depois, quando Adolf Hitler tornou-se chanceler. O fascismo dominou os dois países com amplo apoio popular, suprimindo a democracia. Mussolini e Hitler só deixaram o leme ao morrer, derrotados na Segunda Guerra Mundial pela aliança entre as democracias ocidentais e a União Soviética de Stálin.

Como definir o fascismo? Trata-se de tema controvertido e intensamente debatido na literatura especializada. Como orientação operacional, podemos nos guiar pela definição oferecida pelo *Dicionário de política*, organizado por Norberto

Espectros autoritários 215

Bobbio, Nicola Matteucci e Gianfranco Pasquino. No verbete correspondente, lemos que,

> em geral, se entende por fascismo um sistema autoritário de dominação que é caracterizado: pela monopolização da representação política por parte de um partido único de massa, hierarquicamente organizado; por uma ideologia fundada no culto do chefe, na exaltação da coletividade nacional, no desprezo dos valores do individualismo liberal e no ideal da colaboração de classes, em oposição frontal ao socialismo e ao comunismo, dentro de um sistema de tipo corporativo.[19]

Seria um erro atribuir tanto o socialismo autoritário quanto o fascismo a acasos locais. Moore sugere que a bifurcação ditadura/democracia deve ser compreendida como parte do processo de modernização. Genericamente, entende-se por modernização a passagem de sociedades rurais para urbano-industriais, evolução que ocorreu a partir do Renascimento e se acelerou no século xviii,[20] conforme examinado nos capítulos 2 e 3. A análise de Moore aponta que a via ditatorial tem fundas bases históricas, sendo a democracia moderna, de certo ponto de vista, mais improvável.

O teórico marxista Antonio Gramsci, de maneira análoga a Moore, analisará o fascismo italiano como "forma autoritária de governo da transição para uma sociedade industrial de massa, na qual, na luta entre os 'grupos sociais', decaem as mediações precedentes".[21] Para o líder do Partido Comunista Italiano, o fascismo seria produto, como seu congênere alemão, da história do país — em particular, da lenta e contraditória unificação italiana — e da Primeira Guerra Mundial. Gramsci

216 Estado e democracia

formulará o conceito de "revolução passiva" (ou "revolução sem revolução" ou, ainda, "revolução-restauração"), que designa a maneira de o capitalismo ser implantado sob direção conservadora. Existe um paralelo mais ou menos nítido entre o conceito de Gramsci e a perspectiva de Moore a respeito de "revoluções pelo alto".

A comparação da conjuntura pós-2008 com a década de 1930 deve ser feita com cautela, mas é inevitável, pois foi o passado que forjou as teorias de que dispomos para analisar o presente e discutir, mesmo que de modo incerto, o futuro.[22] Do extenso material disponível, decidimos nos concentrar na tese de Hannah Arendt a respeito do totalitarismo. Não concordamos, necessariamente, com o ponto de vista da grande pensadora alemã exilada nos Estados Unidos, mas, como se trata de referência obrigatória no campo da ciência política, e tendo em vista a impossibilidade prática de abordarmos interpretações alternativas, que nos desviariam do foco introdutório deste livro, entendemos ser útil para o iniciante na disciplina tomar contato com *Origens do totalitarismo*, obra seminal da autora.[23]

Totalitarismo: a interpretação de Hannah Arendt

Para Hannah Arendt, o totalitarismo foi um regime *novo na história*, e seu objetivo consistiria na extinção da política como prática da liberdade. Para tanto, o totalitarismo quer nada menos do que mudar a natureza humana, fazendo cessar nos indivíduos o impulso que os leva a estabelecer vínculos intersubjetivos, essenciais à política. A invasão da mente do indivíduo, isolando-o dos outros, se dá por meio do *terror*, que

Espectros autoritários 217

decorre do assassinato gratuito, como aconteceu nos campos de concentração. Daí serem necessárias populações supérfluas, um fenômeno da modernidade potencializado pela Primeira Guerra Mundial, que produziu uma massa de *párias*, populações que, em um mundo dominado por Estados, não têm um Estado que as proteja.

Como foi possível chegar a isso? A explicação de Arendt é complexa e se espraia pelas quase seiscentas páginas das três partes de *Origens do totalitarismo* (Antissemitismo, Imperialismo e Totalitarismo). As considerações que seguem aqui, portanto, fazem somente uma reconstrução sumária de argumentos parciais, e sugerimos aos leitores interessados que busquem consultar o texto original para aprofundar o assunto.

De modo contraintuitivo, Arendt entende que a fase imperialista, iniciada por volta de 1880, foi *desorganizadora do Estado- -nação* construído desde o absolutismo, e não uma ampliação dele. Os movimentos totalitários seriam, portanto, uma resposta (antipolítica) ao declínio do Estado nacional. O imperialismo é uma "expansão violenta por parte dos Estados, ou de sistemas políticos análogos, da área territorial da sua influência ou poder direto, e formas de exploração econômica em prejuízo dos Estados ou povos subjugados [...]".[24] A definição poderia caracterizar a ocupação de territórios alheios que ocorre desde a Grécia antiga, mas o termo imperialismo começou a ser utilizado — e debatido — apenas a partir da segunda metade do século xix, para explicar um processo específico de relação entre as potências capitalistas. Um trabalho especialmente influente na popularização do termo foi *Imperialismo*, de 1902, escrito pelo economista inglês John A. Hobson. Nele, o autor analisa a vinculação entre imperialismo e crescimento dos mercados capitalistas.

218   *Estado e democracia*

O ponto de vista de Hobson (um economista sem vínculo com as teses de Marx) foi retomado em conjugação com a teoria marxista em duas elaborações influentes: a de Rosa Luxemburgo e a de Lênin, respectivos autores de *A acumulação do capital*, de 1913, e *Imperialismo: Fase superior do capitalismo*, de 1917. Embora diferentes entre si, as interpretações concordam que o capitalismo do final do século xix e início do xx não era mais aquele analisado por Marx. Uma das alterações residiria no comportamento da burguesia, até então satisfeita de que o Estado cumprisse o papel policial de proteger a propriedade. Em busca de ganhos extraordinários, a burguesia depois embarcara na aventura imperialista e, com isso, *destruíra a estrutura estatal anterior*, salienta Arendt, pois uma característica básica do Estado nacional europeu moderno seria justamente a *limitação territorial*.[25]

As crises econômicas dos anos 1860, na Inglaterra, e 1870, na Europa, teriam convencido os capitalistas de que o "milagre" da acumulação primitiva precisava se repetir, de modo que a solução viesse da periferia.[26] Em outras palavras, quando ficou claro que o Estado não conseguia fazer a economia crescer, entre 1860 e 1880, os empresários passaram a querer que houvesse expansão para além das fronteiras nacionais estabelecidas.

A solução estaria em transformar áreas não capitalistas do planeta em consumidoras de mercadorias e fornecedoras de matérias-primas. Para tanto, era preciso destruir as economias locais, medida que conjugava colonialismo e imperialismo. Essa seria a explicação da corrida que, por volta de 1880, iniciou-se entre as principais potências estatais para a ocupação de espaços no planeta, sobretudo na África. O processo de criação de nações em áreas com culturas diversas e alheias à

Espectros autoritários

forma de organização ocidental levou a enormes vácuos de poder. Com isso, disputas paroquiais se transformaram em instrumentos de conflito internacional. A política da era imperialista, que transformava objetivos limitados locais — e, portanto, previsíveis — na busca ilimitada de poder estimulada pelas burguesias centrais, ameaçava devastar o planeta inteiro sem qualquer fim delimitado, sem alvo territorialmente claro e, portanto, sem direção previsível.[27]

É preciso lembrar que a Primeira Guerra Mundial eclodiu com o assassinato do arquiduque Francisco Ferdinando, herdeiro do trono do Império Austro-Húngaro, por um nacionalista sérvio devido ao domínio das províncias eslavas que formavam a atual Bósnia e Herzegovina. Ou seja, surgiu de uma centelha em região de interesse geopolítico secundário.

Os políticos tradicionais, inclusive, não queriam gerir o conflito incontrolável gerado pelas pressões imperialistas. Por exemplo, William Ewart Gladstone, do Partido Liberal, primeiro-ministro britânico por quatro períodos entre 1868 e 1894, se opunha à conduta da Inglaterra. Arendt argumenta que, naquela quadra histórica, a burguesia havia decidido assumir ela própria o poder, precisando apoiar-se no que a filósofa denomina ralé, único estrato de massa disponível, uma vez que a classe trabalhadora aderira ao socialismo, antagonista declarado da burguesia.

De onde vem a ralé? Segundo Arendt, cada crise capitalista gerava *déclassés*. O desemprego coloca pessoas fora das relações capitalistas "normais". Uma vez excluídas, algumas não conseguirão retornar ao mercado de trabalho regular — soldados que voltam do campo de batalha sem destino, como era o caso dos italianos reunidos por Mussolini no Partido Fascista e dos alemães incorporados por Hitler ao Partido Nazista; pequenos proprietários que, uma vez falidos, não conseguem recuperar os negócios; setores da própria burguesia, quando as empresas entram em falência — e podem se tornar *déclassés*. É uma composição heterogênea que faz com que *a ralé pareça ter eliminado as diferenças de classe e se convertido no próprio povo.*

A ralé apoiaria o imperialismo porque tinha a percepção de que a sociedade estava tão dividida que algo precisava recompor a unidade, e o nacionalismo funcionava como refúgio para quem não tinha identidade de classe. Arendt afirma que ninguém, exceto Marx, percebeu que os apelos à unidade da nação escondiam o germe da guerra permanente e universal. A *tendência para a guerra* se explica porque *a guerra "resolve" a luta de classes*: o ódio e a força passam a desempenhar papel central, uma vez que a luta entre raças e nações é de aniquilamento, enquanto as classes podem achar pontos de acomodação.

Do ponto de vista ideológico, por não ser uma classe, e sim uma massa heterogênea, a ralé *encarna espontaneamente* a visão de que a política é sempre um jogo hobbesiano para se tirar vantagem individual. A ralé fundamenta, assim, a tentativa totalitária de *extinguir a política*. Note-se, novamente, que a *luta de classes pode ser negociada democraticamente, enquanto a luta individual, não*, pois representa a guerra de todos contra todos.

O governo da ralé significa a desintegração da esfera política, cujos efeitos partem em múltiplas direções, de maneira cega. O totalitarismo, diz Arendt, é essencialmente diferente do despotismo, da tirania e da ditadura. A principal diferença é que estes últimos cortam os *contatos políticos* entre os seres humanos, mas preservam a esfera privada, âmbito em que os sujeitos podem sentir, inventar e pensar. Já o "cinturão de ferro"

Espectros autoritários

da lógica totalitária invade a esfera privada e destrói a capacidade humana de sentir e pensar, pois para fazê-lo o indivíduo precisa do reconhecimento do outro, e, no totalitarismo, o *contato interpessoal* está bloqueado.

Parte da complexidade do raciocínio de Arendt está relacionada ao fato de que, contraintuitivamente, ele assinala que o sujeito imerso na massa (coletivo) é caracterizado pela solidão. O que está em jogo nessa ideia é que a *massa* não fornece laços políticos e interesses comuns que conectem os seus componentes, ao contrário da condição de *classe*, na qual sujeitos muito diferentes entre si podem se guiar por interesses compartilhados. A sociedade de massa, percebida por Arendt, é uma sociedade em que a experiência da solidão informa a massa que dá impulso às tentações totalitárias.

Trata-se de uma situação inversa à da fábrica, onde operários de diversas origens compartilham, além do trabalho cotidiano, certos traços de sociabilidade e interesses, permitindo que, a despeito das diferenças, eles reflitam e ajam em conjunto. Daí, por exemplo, a importância dos sindicatos. Porém, quando o sujeito é retirado desses laços, tende a perder não só a capacidade de pensar reflexivamente e assim colocar-se no lugar do outro, mas o próprio contato com o mundo, isto é, o senso de realidade. Essa desconexão com o real, aliada à perda de empatia com o outro, constitui precisamente o subsolo donde brotam a ideologia e os movimentos totalitários.

Para Arendt, o auge do experimento totalitário ocorreu nos campos de concentração soviéticos e alemães, daí o simbolismo de Auschwitz, o mais cientificamente planejado para desumanizar quem para lá era enviado. Em Auschwitz, erguido pelos nazistas na Segunda Guerra Mundial no sul da

Polônia, cerca de um milhão de pessoas, a grande maioria judeus, foram mortas de maneira industrial nas câmaras de gás, e os corpos destruídos nos fornos crematórios. De acordo com o relato do escritor Primo Levi, sobrevivente desse campo da morte, "os personagens [...] [do campo] não são homens. A sua humanidade ficou sufocada, ou eles mesmos a sufocaram, sob a ofensa padecida ou infligida a outros".[28]

Quanto mais injustificada a morte, mais eficaz a técnica, pois, como foi dito, ela aterroriza os indivíduos, isolando-os. Apavorada, cada pessoa se torna um feixe de atos reflexos à ação dos opressores, deixando de ser mulheres e homens capazes de pensar e querer por conta própria: não reagem mais à loucura do campo de concentração.

Embora a análise de Arendt pareça estar calcada no caso da Alemanha, para ela a noção de "sociedade dos campos" ou "mundo concentracionário" se estendia, como mencionado, à Rússia stalinista entre 1928 e 1953. Campos de trabalho forçado já existiam na Rússia czarista, mas assumiram novas proporções com o regime stalinista, tornando-se mananciais de mão de obra para intensificar a industrialização do país (e após a morte de Stálin foram, passo a passo, desarticulados e remodelados como prisões para inimigos do regime). Estima-se que, entre 1929 e 1953, 18 milhões de pessoas passaram pelos chamados gulags.[29] A diferença entre os campos nazistas e soviéticos restringe-se ao fato de na União Soviética o extermínio não ter sido planejado e executado cientificamente. Nos campos soviéticos, muitas pessoas morriam de fome. No entanto, ambos teriam em comum o fato de que

as massas humanas que eles detêm são tratadas como se já não existissem, como se o que sucedesse com elas não pudesse inte-

Espectros autoritários 223

ressar a ninguém, como se já estivessem mortas e algum espírito mau, tomado de alguma loucura, brincasse de suspendê-las por certo tempo entre a vida e a morte, antes de admiti-las na paz eterna.[30]

Eric Hobsbawm acredita que, "apesar de brutal, o sistema soviético não era 'totalitário'", pois "não exercia efetivo 'controle da mente', e muito menos conseguia 'conversão do pensamento', mas na verdade despolitizou a população num grau espantoso".[31] Observe-se que para Arendt, no entanto, o critério que distingue o totalitarismo não é o "controle da mente", mas a solidão do indivíduo, para a qual a despolitização concorre. "Isso é sem dúvida o que Stálin teria querido alcançar", diz Hobsbawm sobre o controle da mente, "embora houvesse indignado Lênin e outros Velhos Bolcheviques, para não falar de Marx."[32]

A onda antidemocrática contemporânea

Se a pulsão totalitária não é explícita nas lideranças ora ascendentes nos quatro cantos do mapa-múndi, certos elementos lembram os descritos por Arendt. De acordo com Roger Berkowitz, cientista político e diretor do Hannah Arendt Center for Politics and Humanity, Donald Trump, por exemplo, não seria um agente totalitário, mas incorporaria traços totalitários como manter o público norte-americano insuflado, ainda que sem propósito claro.[33]

Uma população permanentemente sobressaltada é pouco afeita a ações coletivas estáveis. Provocar calafrios periódicos talvez seja *parte* da explicação do atentado norte-americano, decidido por Trump fora de qualquer circunstância racional e específica, que matou por ação de drones, no Iraque, o general iraniano Qassim Soleimani e sua comitiva, em janeiro de 2020, quando este livro estava sendo redigido. Note-se que os Estados Unidos não se encontravam em guerra com as duas nações atacadas, sendo a decisão de Trump (mais) um raio em céu azul por parte de um presidente adepto de tuítes espalhafatosos. Cultivar a guerra como ameaça que paralisa se encaixa bem na análise arendtiana do totalitarismo.

Em sentido similar está o risco envolvido na ascensão da extrema direita ao poder: a instalação da lógica de destruição do outro e, por consequência, da esfera pública.[34] Embora não seja exatamente o mesmo fenômeno — pois a crise de um regime não é necessariamente sinônima de crise da política, como foi o totalitarismo analisado por Arendt —, a fragilização da democracia pode caminhar nesse sentido, uma vez que se combina com o neoliberalismo, corrente de pensamento que propõe uma sociabilidade centrada na individualização e mercantilização das relações sociais.

Para ordenar a exposição, dividimos os diagnósticos de cientistas sociais sobre a crise da democracia em três tipos, partindo de uma frase do cientista político Adam Przeworski: "O cataclismo iminente é que a democracia sofrerá um colapso brusco, *ou* se desgastará aos poucos até atingir um ponto de não retorno".[35] Fazendo uso da dualidade rápido/lento, colocamos no primeiro grupo, que chamaremos de "fechamento gradual", autores e obras que sugerem como mais provável a erosão vagarosa, ocasionada por líderes democraticamente eleitos. No segundo grupo, que denominamos "regressão por

Espectros autoritários

choque", estão os que observam sinais de rupturas bruscas e violentas, ocasionadas pela radicalização neoliberal. Identificamos, ainda, um terceiro agrupamento, que nomearemos de "interregno indeterminado"; aí se incluem diagnósticos que apontam para a criação de uma espécie de espaço vazio, onde muita coisa pode acontecer, desde reações conservadoras ao capitalismo até saídas progressistas por meio da união da esquerda, trazendo diferentes consequências para a democracia. Cumpre ressaltar que a separação em três tipos é esquemática, pois há elementos que se superpõem, visando unicamente ao propósito panorâmico deste capítulo.

Conforme expusemos no capítulo 5, a democracia moderna é o regime que, em essência, garante que os governantes sejam eleitos e removidos pacificamente em eleições livres e periódicas, em que praticamente todos os adultos têm o direito de votar e serem votados, e que assegura o direito à liberdade de expressão, acesso a fontes de informação alternativas e de se juntar a associações autônomas tais como partidos e grupos de interesse.

Os cientistas políticos Steven Levitsky e Daniel Ziblatt, da Universidade Harvard, do elenco "gradualista", talvez tenham estado entre os primeiros a apontar de modo sistemático que Trump, sem romper explicitamente com a democracia, possuía uma retórica que questionava as suas regras e a legitimidade dos opositores, intimidava a imprensa, encorajava a violência de seus partidários e se mostrava disposto a restringir as liberdades civis. O discurso do bilionário então presidenciável trazia, portanto, constantes ameaças verbais à democracia, transformando o pleito do 45º presidente americano, em 2016, numa luta entre o "velho" regime e a nova retórica autoritária, cujas consequências eram difíceis de prever.

Embora Levitsky e Ziblatt não acreditassem que viesse a ocorrer um golpe nos Estados Unidos, alertavam para o fato de que "democracias podem morrer não nas mãos de generais, mas de líderes eleitos".[36] O primeiro ano de Trump na Casa Branca manteve o tom ameaçador, embora ele não tenha praticado atos abertamente antidemocráticos. Levitsky e Ziblatt concluem que a retórica de Trump naturalizou comportamentos autoritários que antes seriam inaceitáveis no país. "Mesmo que Donald Trump não ponha abaixo as grades de proteção da nossa democracia constitucional, ele aumentou a probabilidade de que um futuro presidente o faça", alertam os autores.[37]

Em 2019, terceiro ano da gestão, apareceu a denúncia de que Trump teria pressionado o presidente da Ucrânia a investigar o filho do democrata Joe Biden, ex-vice-presidente de Barack Obama e àquela altura pré-candidato do partido para a eleição presidencial de 2020. Acusado de corrupção por conta do suposto uso criminoso do poder, Trump foi considerado culpado pela Câmara dos Representantes, que abriu um processo de impeachment contra ele, mas o Senado, sob o controle do Partido Republicano, o absolveu.

Se o futuro da democracia norte-americana estava em suspenso (e a derrota de Trump em 2020 lhe deu um respiro), Przeworski chamava a atenção para medidas efetivas tomadas em outros lugares. Viktor Orbán e Jaroslaw Kaczinsky operam, diz ele, para, lenta e continuamente, controlar a mídia, restringir a liberdade de associação e mexer em regras eleitorais de maneira a impossibilitar a vitória da oposição na Hungria e na Polônia, respectivamente. Recep Tayyip Erdogan, na Turquia, e Prayut-Chan-Ocha, na Tailândia, perseguem jornalistas e opositores, apesar da realização de eleições.[38]

Todos os episódios relatados caracterizariam uma "sub-repção" autoritária — termo que Przeworski adotou de Ozan O. Varol —,[39] ou seja, uma ação antidemocrática incremental por dentro das leis, *sem romper formalmente com o Estado de direito*. Trata-se do uso de instituições, não de tanques, contra a democracia. A vantagem do "autoritarismo sub-reptício" é que ele evita a mobilização daqueles que desejam lutar contra o fechamento, pois inexiste um sinal claro de que a democracia esteja sendo golpeada. "A sub-repção é um processo pelo qual o governo adota certas medidas, nenhuma delas manifestamente inconstitucional ou antidemocrática, mas que acumuladas destroem pouco a pouco a capacidade da oposição de tirá-lo do cargo", explica Przeworski.[40]

Uma dimensão extra a ser levada em conta diz respeito ao comportamento dos eleitores. Se, de uma parte, devem-se considerar as iniciativas antidemocráticas dos que estão no poder, de outra, cumpre verificar que o solapamento sub-reptício se alimenta da insatisfação ou da indiferença dos eleitores para com a democracia. David Runciman usou a metáfora do ciclo humano para descrever as democracias ocidentais como vítimas de uma "crise de meia-idade". A seu ver, faltaria a elas energia suficiente para enfrentar problemas que seriam resolvidos com relativa facilidade no alvorecer do projeto democrático.

"Os reformadores democráticos do início do século xx puderam se aproveitar de enormes folgas que havia no sistema", diz Runciman, e continua:

> Havia espaço para o crescimento dos direitos, o crescimento da dívida, o crescimento do poder do governo nacional, o crescimento da base fiscal, o crescimento do sistema partidário, o cres-

cimento do movimento trabalhista, o crescimento da sensação de confiança do povo no Estado.[41]

Hoje, sem tais margens, a democracia se veria envelhecer *rodeada de crescente frustração e indiferença*, isto é, com votos a favor de candidatos autoritários e sem mobilização para impedir o autoritarismo.

O desapego do eleitorado em relação aos preceitos democráticos é tematizado igualmente pelo sociólogo Manuel Castells, que acrescenta níveis distintos para o desencanto.[42] Segundo ele, a diminuição da capacidade de os Estados nacionais responderem aos problemas correntes, como aponta Runciman, se daria em função não de "velhice", mas da globalização. Os Estados nacionais perderam os instrumentos para resolver questões que dependem cada vez mais do ordenamento internacional. Isso significa que não apenas a democracia está em risco, como o Estado-nação encontra-se diante de desafios capazes de determinar a sua obsolescência ou, pelo menos, a mudança brusca de função.

Em esfera distinta, Castells atribui relevo às operações judiciais de combate a esquemas corruptos em variados cenários continentais. A judicialização evidenciou que "a corrupção é um traço geral de quase todos os sistemas políticos, inclusive nos Estados Unidos e na União Europeia", escreveu ele, para quem esse é "um dos fatores que mais contribuíram para a crise de legitimidade".[43] As causas da corrupção sistêmica estariam nos altos custos da competição midiática pelo voto e no desejo de enriquecimento por parte dos políticos, tomados pela ideologia neoliberal que mede sucesso exclusivamente por dinheiro.

Espectros autoritários   229

Castells chama a atenção, também, para o impacto da comunicação: "Na prática, só existe a política que se manifesta no mundo midiático multimodal que se configurou nas duas últimas décadas".[44] No círculo da mídia a mensagem precisa ser muito simples, e a mais impactante delas seria a imagem, quase sempre a face de um político.

A despeito do longo (e inconclusivo) debate sobre a centralidade da imagem do candidato no campo dos estudos eleitorais, a posição de Castells tenderia a ser reconhecida como válida por ao menos parte dos especialistas. A realidade comunicacional contemporânea potencializa a *personalização da política*, mecanismo que, como sublinhamos, começa antes mesmo do boom tecnológico das últimas décadas.

Um efeito colateral do personalismo é a proliferação do "escândalo político-midiático".[45] "Como é preciso estar prevenido para ataques insidiosos, todo mundo acumula munição, e, por ofensa ou por defesa, todos acabam entrando no jogo da política escandalosa, por trás de cuja cortina opaca desaparecem os debates de fundo", constata Castells.[46] O efeito deslegitimador da profusão interminável de escândalos, envolvendo segmentos de todos os quadrantes ideológicos, não deveria ser subestimado. Quando o mal-estar produzido pelos escândalos é multiplicado por condições econômicas adversas, como foi o caso depois de 2008, aumentam as chances de frustração democrática.

Ainda no interior do diagnóstico gradual, mas com viés otimista quanto ao desfecho, os cientistas políticos Pipa Norris e Ronald Inglehart oferecem explicação diferente para o voto autoritário. Os autores identificam uma revolução silenciosa na segunda metade do século XX, a qual teria transformado a cultura da sociedade, sobretudo das sociedades afluentes. Valores pós-materialistas de livre escolha e autoexpressão substituíram antigos valores materialistas vinculados à segurança, como ordem e disciplina.[47]

A liberalização dos costumes, com aceitação do papel ampliado das mulheres, das diferentes orientações sexuais e de misturas interétnicas, além de uma intensa preocupação ambiental, decorreria da drástica mudança na maneira de ver o mundo por parte das gerações jovens. Em consequência, parcela da sociedade, sobretudo as coortes antigas, sentindo-se estrangeira nos próprios países, incubou ressentimentos que se expressaram no apoio a lemas como *"We want our country back"* ("Queremos nosso país de volta", campanha do Brexit) e *"Take back America"* ("Tomar os Estados Unidos de volta", propaganda de Trump).

A piora das condições de vida depois de 2008, somada ao recrudescimento das migrações, teria potencializado o ressentimento, propiciando os resultados de 2016. O fato de os jovens pós-materialistas terem menos interesse por política e mais propensão a se abster na hora de votar ajudaria a explicar o sucesso do Brexit e de Trump. A boa notícia é que isso constituiria fenômeno passageiro, uma vez que as velhas gerações serão inevitavelmente substituídas pelas novas, e o inarredável processo de modernização seguiria adiante.

Embora atraente, o diagnóstico alvissareiro de Norris e Inglehart é pouco compartilhado. O cientista político Yascha Mounk considera precipitada a conclusão de que a difusão dos valores pós-materialistas prosseguirá indefinidamente. Para ele, o crescimento da imigração e a estagnação econômica reverteram a tendência pós-materialista,[48] e a confiança na

Espectros autoritários 231

tendência antiautoritária dos jovens igualmente carece de fundamento. "Em muitos países os jovens também têm maior tendência do que os mais velhos a apoiar os populistas de extrema direita", afirma. Uma suposição aventada por Mounk diz respeito a os jovens não terem proximidade com as fases autoritárias passadas e, por isso, serem indiferentes a elas. "Os *millennials* em lugares como a Grã-Breanha ou os Estados Unidos [...] mal vivenciaram a Guerra Fria e talvez nem conheçam pessoas que tenham combatido o fascismo."[49]

Wendy Brown, da Universidade da Califórnia, em Berkeley, por seu turno, adota uma visão oposta ao otimismo de Norris e Inglehart. Ela aventa até mesmo a possibilidade de que os grupos insatisfeitos com a modernização prefiram explodir o sistema, se não puderem revertê-lo por dentro: "Se os homens brancos não podem possuir a democracia, não haverá democracia. Se os homens brancos não puderem dominar o planeta, não haverá planeta", escreveu.[50]

A possibilidade de uma intervenção violenta nos levou a inserir Brown no grupo do "retrocesso por choque", juntamente com o filósofo Pierre Dardot e o sociólogo Christian Laval, da Universidade Paris-Nanterre, e o sociólogo William I. Robinson, da Universidade da Califórnia, em Santa Cruz. Se, na concepção "gradualista", o fechamento será lento, nessa outra perspectiva ele pode adquirir feição explosiva. Se para os gradualistas as causas do declínio democrático estão relacionadas a dificuldades, mais ou menos sanáveis, do sistema político em dar respostas a problemas diversos (corrupção, mídia, desconforto cultural ou itens socioeconômicos genéricos), para os autores do "retrocesso por choque" a origem do risco concentra-se no neoliberalismo, que constitui um projeto de sociedade.[51] Dardot e Laval insistem em que a ofensiva neoliberal não vai parar, pois envolve uma tentativa de reordenar o mundo, e não apenas a economia.

Embora seja sempre difícil precisar quando uma tradição intelectual se inaugura, o pensamento neoliberal remonta à Escola Austríaca de Economia, fundada por Carl Menger ainda na segunda metade do século xix. A ela pertenceram, mais tarde, Ludwig von Mises e Friedrich von Hayek. Como movimento político, entretanto, talvez seja mais exato datá-lo de quando Hayek publicou *O caminho da servidão*, 1944, instrumento de ataque aos trabalhistas britânicos, de tradição socialista democrática, em vista das decisivas eleições gerais que ocorreriam no ano seguinte na Inglaterra. Vencido pelos trabalhistas, poderíamos dizer que aquele pleito, com a criação do Sistema Nacional de Saúde (nhs na sigla inglesa), inaugurou os "Trinta Gloriosos", nos quais o neoliberalismo figurou somente como corrente acadêmica de oposição.

Ainda na mesma década, Hayek organizou a Sociedade Mont Pèlerin, nome da cidade em que foi fundada, na Suíça, em 1947. A Mont Pèlerin é uma espécie de "Internacional dos neoliberais",[52] e foi integrada por intelectuais como Milton Friedman, prêmio Nobel de Economia em 1976, e Karl Popper, o principal filósofo da ciência de orientação positivista do século xx. Dardot e Laval sublinham, em sua reconstrução da saga neoliberal, o rol de outra corrente, a saber, a fundada pelo economista Walter Eucken: o ordoliberalismo. *Ordo* quer dizer "ordem" em latim, termo contido no título da revista acadêmica alemã que, desde 1948, publica artigos de pensadores neoliberais: *Anuário da Ordem Econômica e Social*. Entre outras características, a escola de Eucken, que foi vice-presidente da

Espectros autoritários

Mont Pèlerin, atribui importância ao papel *ativo* do Estado na garantia da concorrência — a concepção ordoliberal se desenvolveu em paralelo ao "milagre" econômico alemão, que ocorreu a partir de 1950.[53]

Na prática, os primeiros governos que lançaram mão das ideias neoliberais foram os de Augusto Pinochet (1973-90), oriundo do golpe militar que o levaria a presidir o Chile de maneira ditatorial, o de Margaret Thatcher (1979-90), primeira-ministra do Reino Unido, e o de Ronald Reagan (1981-8), que presidiu os Estados Unidos. Pinochet proibiu a esquerda de atuar, Thatcher quebrou a espinha dorsal do sindicalismo britânico e Reagan inaugurou uma linha de isenção de impostos para os ricos que potencializou a desigualdade norte-americana. Daí em diante, o neoliberalismo se universalizou, expansão para a qual contribuíram a virada capitalista da China no final dos anos 1970 e o colapso do bloco soviético em 1989.

William Robinson entende que o neoliberalismo foi o instrumento da "classe capitalista transnacional" para reestruturar e relançar o capitalismo, encrencado na estagflação dos anos 1970. O professor da Universidade da Califórnia pensa que a montagem de um "sistema globalizado de produção e finanças" garantiu lucros extraordinários por algumas décadas, mas, a partir de certo ponto, o capital não encontrou mais onde ser aplicado, pois o crescimento da desigualdade implica queda do consumo. Segue-se uma nova crise de estagnação e baixa de investimentos, na qual nos encontraríamos depois de 2008.[54] Em benefício desse diagnóstico, deve-se dizer que as previsões de estagnação secular partem até mesmo de economistas do *mainstream*.[55] Para Robinson, apesar da aparência de uma ofensiva capitalista, na realidade haveria certo desespero pela falta de alternativas econômicas com as quais responder à crise.

Tal raciocínio guarda contato com a do alemão Wolfgang Streeck, mas, diferentemente deste, contempla a ideia de que se aproxima uma crise geral "da dominação capitalista". Reflexo dessa situação periclitante seria o próprio fenômeno Trump, que, para Robinson, tenta responder à crise incentivando uma mobilização repressiva. O objetivo seria manter a política econômica seguida até aqui, promovendo mais cortes de gastos sociais, diminuição de impostos dos ricos, privatizações e perseguição sindical. Na eventualidade de haver resistência, ocorreria a imposição de um "Estado policial global", com o apoio ativo de supremacistas brancos, milícias privadas, fundamentalistas cristãos, Klu Klux Klan e grupos anti-imigrantes, que comporiam falanges paramilitares integradas por setores das classes trabalhadora e média ameaçadas pela mobilidade social descendente. A ideologia xenófoba e nacionalista cimentaria a base, como o fascismo fez com os setores correspondentes na década de 1930. A descrição de Wendy Brown sobre a *alt-right* norte-americana e o vínculo destes com Trump, deve-se dizer, combina com a análise de Robinson.[56]

Trump não tem, por ora, uma Europa Oriental que possa invadir e apresentar como alternativa para as camadas decadentes, como Hitler prometia aos seguidores na década de 1930. A construção do muro na fronteira com o México, para conter a imigração, foi dificultada pela maioria democrata na Câmara. A guerra comercial com a China, iniciativa que a burguesia detesta, ainda não mostrou a que veio. Mas os impasses do primeiro mandato trumpista, segundo Robinson, não paralisariam a construção do Estado policial global, cujo horizonte é "controlar as revoltas das classes populares" contra a ofensiva neoliberal.

Espectros autoritários

Dardot e Laval concordam que, tendo em vista a radicalização neoliberal após 2008 e o terremoto de 2016, existe uma inclinação à violência. Para eles, o "novo neoliberalismo" *instrumentaliza o ressentimento da população*, voltando-o contra bodes expiatórios, como os imigrantes. "Estamos testemunhando, *de forma acelerada*, um processo [...] de 'saída da democracia'", escreveu a dupla francesa em 2019.[57]

Apesar de parecer contra a globalização, Trump promoveria uma combinação original entre "autoritarismo antidemocrático, nacionalismo econômico e racionalidade capitalista expandida".[58] Mas como juntar neoliberalismo e antineoliberalismo? Como unificar nacionalismo econômico e liberalização das finanças? Como canalizar a raiva da população contra o neoliberalismo e, simultaneamente, aumentar o domínio do capital sobre a sociedade?

Por meio de uma simples transmutação, dizem Dardot e Laval. Se, no passado, o neoliberalismo esteve ideologicamente associado a abertura, progresso, liberdades individuais e império da lei, agora se conjugaria a fechamento de fronteiras, construção de muros, culto da nação, soberania e agressão aos direitos humanos.[59] Segundo o sociólogo Francisco de Oliveira, o próprio neoliberalismo teria se convertido em totalitarismo há muito mais tempo, ao propiciar "a morte da política".[60] Numa variante interpretativa da mesma expressão, a filósofa Marilena Chaui diz que, "em vez de fascismo", denomina o "neoliberalismo com o termo *totalitarismo*, tomando como referência as análises da Escola de Frankfurt sobre os efeitos do surgimento da ideia de *sociedade administrada*".[61]

Dardot e Laval coincidem com Robinson na hipótese de que as eventuais resistências serão combatidas por meios de guerra, legalizada como *medidas de emergência*. Os que se opuserem serão tachados de impatrióticos e traidores, sendo punidos, *mas dentro das leis*. Citando o cientista político Bernard Harcourt, Dardot e Laval advertem para um modelo de governo que deriva das técnicas de contrainsurgência, aperfeiçoadas pela França na Argélia e na Indochina e repassadas pelos Estados Unidos a seus aliados na América Latina e no Sudeste da Ásia. Entendem que, na realidade, em nome da segurança, a liberdade vem sendo minada desde os anos 1970, primeiro na guerra ao crime organizado, depois no combate às drogas. Mais tarde, desde o atentado às torres gêmeas, em setembro de 2001, a "guerra ao terror" teria permitido colocar dentro da lei métodos de vigilância massiva, prisão sem o devido processo legal e uso da tortura.

A diferença em relação a Robinson é que, para Dardot e Laval, a preferência continua a recair sobre os métodos *por dentro da legalidade*,[62] nesse ponto concordando com a visão "gradualista". O específico da situação atual seria a utilização do aparato de segurança para reprimir violentamente os que protestam, porém sem romper com o Estado de direito. A militarização das polícias e a coleta estatal de enormes quantidades de informação sobre a população dispensam a necessidade de milícias neofascistas, de mobilização de massas em organizações hierárquicas e de proscrição das oposições, características do fascismo.[63] *Sobretudo, não haveria o processo de controle do Estado sobre os mercados que caracterizou o fascismo*. Nos casos italiano e alemão clássicos, desenvolveram-se mecanismos, como o corporativismo e a nacionalização de empresas, que davam aos regimes uma feição muito mais "estatista" do que a situação que presenciamos hoje.

Espectros autoritários 237

Não estaríamos, assim, em um período no qual a sociedade reage (nesse caso pela direita) às agressões do mercado,[64] dizem Dardot e Laval, para quem a analogia com o fascismo atrapalha a compreensão do presente, dominado ideologicamente pelo neoliberalismo.

Apesar de Wendy Brown concordar com Robinson e Dardot/ Laval quanto ao teor de violência envolvida na fase inaugurada por Trump, ela insiste no caráter *antineoliberal* da energia deflagrada por este.[65] Para a professora de Berkeley, a difusão da indiferença e do cinismo, em função de como os mercados formam a subjetividade contemporânea, criou um público que foi ativado contra a democracia, mas *também contra o próprio neoliberalismo*. Os perdedores da globalização depositam na nação e na cultura nacional, assim como na moralidade tradicionalista, uma alta carga de ressentimento e niilismo, cujo conteúdo é refratário ao neoliberalismo. Registrem-se os pontos de contato, trocados os sinais, entre a análise de Brown e a de Norris/ Inglehart. Os eixos da subjetividade cultural na ascensão da extrema direita não se restringem aos problemas materiais ocasionados pela globalização, conformando uma espécie de liberalismo autoritário,[66] que pode evoluir para uma posição do tipo "se a democracia não funciona como nós queremos, vamos abolir a democracia".

Como se vê, o diagnóstico de "fechamento gradual" e o da "regressão por choque" apresentam visões distintas a respeito do ritmo e das causas da regressão. Mas, entre um e outro, há um terceiro. Nele, os autores identificam a existência de um território vazio, no qual diversos fenômenos podem ocorrer. Utilizando-se de um trecho de uma frase de Antonio Gramsci, escrita num de seus cadernos do cárcere em 1930 — segundo o qual, quando "[...] o velho morre e o novo não pode nascer, neste interregno se verificam os fenômenos mórbidos mais variados" —,[67] Wolfgang Streeck, a filósofa americana Nancy Fraser e o sociólogo português Boaventura de Sousa Santos apresentaram diferentes alternativas de evolução, não descartando saídas progressistas.[68]

Streeck, que atribui centralidade à economia política e é o mais pessimista dos três, acha que o furacão de 2016 liquidou o "sistema global de Estado capitalista". Tal sistema, que havia governado o capitalismo nas últimas décadas, paralisando a democracia por meios pós-democráticos, entrou em um beco sem saída depois de 2008, quando deixou de poder "comprar tempo", isto é, de utilizar políticas fiscais ou recursos privados para fornecer crédito. Com o ocaso do endividamento, era previsível que a economia tentasse se libertar da democracia (ou pós-democracia), pois não tem mais como dominar as crises de legitimação.

O problema está em que os vitoriosos de 2016 também não dispõem de saída capaz de dar uma direção ao capitalismo. De certa forma, sabem o que não querem (democracia), mas não sabem o que querem.[69] Não possuem, e não desejam possuir, alternativa ao neoliberalismo, embora tenham sido eleitos para enfrentá-lo.

Daí o interregno, em que a ordem anterior acabou e não existe outra para substituí-la — nem se sabe quando haverá. No interregno, ocorrem experiências variadas, com resultados imprevisíveis, como Trump e Brexit, que precisam responder aos eleitorados, mas não sabem como fazê-lo, sempre sob o risco de que a *quantitative easing* ("flexibilização quantitativa"), amplificação da base monetária pelos Bancos Centrais,

Espectros autoritários 239

ocasione novos crashes como os de 2008.[70] A criação artificial de dinheiro com o objetivo de manter o sistema bancário capitalizado e com crédito disponível, em vez de estimular atividades econômicas, pode fazer a roda travar a qualquer momento.

A guerra comercial de Trump contra a China criou instabilidade no mercado sem trazer benefícios evidentes para os eleitores. O Brexit gerou turbulência sem auferir vantagens para os que votaram a favor de sua aprovação. As promessas de reindustrialização nos Estados Unidos, feitas por Trump na campanha de 2016, não foram cumpridas.[71] A volta da política social, aventada pela primeira-ministra britânica Teresa May em 2016, não foi mantida por Boris Johnson, o qual, após vencer o pleito de 2019, indicou, ao contrário, a privatização do NHS, o serviço público de saúde, símbolo do Estado de bem-estar social na Inglaterra. Não obstante, Johnson anunciou, no começo de 2020, um pacote de investimentos públicos e, durante a pandemia, valorizou o NHS. São iniciativas pouco coerentes, que surgem no interregno em que governos de extrema direita precisam atender aos apelos populares por renda/emprego e ao mesmo tempo dirigir o capitalismo, sem ter como fazer uma coisa ou outra, pensa Streeck.

Ao cenário já extremamente complexo se somou a pandemia do novo coronavírus, que explodiu quando este capítulo já estava redigido. O impacto desigual da doença sobre as distintas classes e outros marcadores de diferenças, como raça e gênero, acentuou a dificuldade apresentada pelas democracias em conciliar as necessidades impostas pelo combate ao vírus.[72] A intensa crise econômica decorrente da pandemia poderá ampliar as desigualdades raciais e de classes existentes.[73] No momento em que estas linhas são acrescentadas ao texto, duas hipóteses sobressaem. Numa delas, a força da pandemia faria, finalmente, arrefecer o neoliberalismo. O pacote de reconstrução no valor de quase 2 trilhões de euros decidido pela União Europeia seria sinal disso. Na outra, a permanência das mesmas lideranças à frente dos processos faria crescer ainda mais a desigualdade. Com certeza, boa parte do governo Joe Biden se decidirá nessa bifurcação.

Ao refletir sobre os impasses democráticos contemporâneos, a filósofa Nancy Fraser opera uma rotação do ângulo analítico exposto até aqui. Quando se vale do mote gramsciano "o velho morre e o novo não pode nascer", refere-se não ao sistema global de Estados capitalistas, mas ao "bloco hegemônico dominante" nas décadas anteriores a 2016, que ela chama de "neoliberalismo progressista". A visão de Fraser é mais otimista, vislumbrando, juntamente com Boaventura de Sousa Santos, chances de uma retomada da democracia ainda no interregno, embora em prazo dilatado.

Usando linguagem mais propriamente gramsciana, a caracterização do bloco hegemônico feita por Fraser visa a qualificar, por exemplo, a política tanto de Bill Clinton quanto de Hillary Clinton, derrotada por Trump na eleição de 2016. O bloco hegemônico era composto, segundo Fraser, de uma inesperada aliança entre, de um lado, correntes *mainstream* dos movimentos sociais (feministas, antirracistas, multiculturalistas, ambientalistas e pró-direitos LGBTQ+) e, de outro, Wall Street, Vale do Silício e Hollywood, isto é, setores dinâmicos, formuladores simbólicos e financeiros do establishment.[74] Para Fraser, a direção do bloco consistia em realizar o programa econômico neoliberal, porém associando-o a uma *política de reconhecimento*, que emergia da sociedade civil mobilizada em

Espectros autoritários 241

torno de um éthos igualitário. Empoderamento das mulheres, reconhecimento LGBTQ+, pós-racialismo, multiculturalismo e ambientalismo entraram num pacote junto com desregulamentação financeira, hipotecas *subprime*, venda de emissões de carvão e meritocracia.[75]

À medida que as condições materiais pioraram, sobretudo após 2008, cresceu a insatisfação com esse bloco, bem representada pelo movimento Occupy Wall Street, em 2011, e pelos Indignados da Espanha, em 2012. A eleição de 2016 teria significado o esgotamento da proposta dominante. Entretanto, Trump não representaria um novo bloco hegemônico, pela instabilidade pessoal e pela falta de apoio sólido no Partido Republicano (vale lembrar que o texto original de Fraser foi publicado em 2017, antes, portanto, de o partido se unificar em torno do presidente, como aconteceu durante o processo de impeachment, em 2020). Na ausência de uma nova hegemonia, Fraser enxergava um período de instabilidade, com diferentes alternativas populistas lutando para preencher o espaço vazio.

Nesse período, uma crítica do capitalismo enquanto "ordem social institucionalizada"[76] poderia plasmar um bloco contra-hegemônico na forma de um "populismo progressista", que unisse as lutas por reconhecimento de negros, mulheres, LGBTs etc. àquelas voltadas para a distribuição de renda, o que em tese atrairia os setores da classe trabalhadora que apoiaram Trump de volta para uma aliança com os movimentos sociais.[77] A própria Fraser, entretanto, considera difícil tal unidade, tendo em vista os preconceitos mútuos e o permanente investimento de Trump em atiçar as diferenças, o que implicaria prazo alargado de maturação até se desenhar um

242   *Estado e democracia*

horizonte pós-capitalista. No processo eleitoral de 2020, a pré-candidatura de Bernie Sanders encarnou as esperanças de Fraser. Derrotado nas primárias democratas, entretanto, Sanders apoiou Biden, cuja vitória representa uma segunda chance para o campo do neoliberalismo progressista que Fraser via como pouco capaz de enfrentar os problemas pós-2008. Vamos ver como enfrentará a pós-pandemia.

No entretempo, Fraser e a filósofa Rahel Jaeggi, em outra publicação, lembram que uma crítica conservadora ao capitalismo pode emergir no vácuo do interregno. Posições que expressam nostalgia por formas de vida pré-capitalistas ou se opõem a determinadas características da modernidade teriam chance de vingar. O fundamentalismo islâmico, a supremacia hinduísta, o fundamentalismo cristão representado por confissões evangélicas que lutam contra a liberalização dos costumes seriam exemplos de alternativas emergentes.[78] Nesse caso, fenômenos mórbidos, como ódios nascidos do preconceito e surtos de repressão, poderiam preencher a fase atual.[79]

Por fim, Boaventura de Sousa Santos entende o interregno como sendo formado, em uma ponta, pelo fim do "mundo que criou o neoliberalismo em 1989, com a queda do Muro de Berlim", e, na outra, pela indefinição do que tomará o seu lugar.[80] Se, de um lado, ele reconhece que a maior parte do espaço agora é ocupada pela extrema direita, também entende ser possível aproveitá-lo para construir alternativas progressistas. Mas isso dependeria de a esquerda se unir. A Geringonça portuguesa — em que a habilidade dos dirigentes produziu uma frente que juntou, desde 2015, setores antes antagônicos do campo progressista — consegue dirigir o Estado, mostrando a viabilidade de se unir as expressões políticas dos setores sociais

Espectros autoritários 243

que Fraser também quer soldar: as velhas classes trabalhadoras e os novos movimentos sociais.

No início de 2020, depois de muita hesitação, a Espanha decidiu seguir o exemplo de Portugal e formou o primeiro governo de unidade da esquerda desde a redemocratização do país em 1975. O tradicional Partido Socialista Operário Espanhol ficou com a chefia de governo, como em Portugal, e o Podemos, agremiação nascida dos protestos dos Indignados, ou seja, dos movimentos sociais que contestavam a hegemonia anterior, para usar o raciocínio de Fraser, ocupa o cargo de vice. O programa da coligação anunciou aumento de imposto para quem recebe acima de 130 mil euros por ano; elevação do salário mínimo; revisão da reforma trabalhista e limitação da alta dos aluguéis.[81] A situação espanhola evidenciaria que eleições ainda podem funcionar para operar mudanças substantivas, revitalizando a democracia, conforme a previsão de Boaventura. Em outubro de 2020, o governo de coalizão apresentou orçamento com aumento de impostos para os mais ricos e as empresas, como forma de retomada econômica pós-pandemia. "Deixamos para trás a etapa dos ajustes", declarou o primeiro-ministro Pedro Sanchez (socialista). "Hoje inauguramos uma nova etapa que deixa para trás o caminho neoliberal", disse Pablo Iglesias, o segundo vice-primeiro ministro, do Podemos.[82] Quem viver verá.

Conclusão: Sob o domínio do medo, em busca da esperança

CHEGAMOS AO TÉRMINO da caminhada. Ao correr das páginas precedentes foi reconstruída a trama histórica ocidental, destacando os pontos de corte que julgamos úteis para um estudo inicial da política. Entre o nascimento do objeto na Antiguidade clássica e o fantasma de um "totalitarismo neoliberal"[1] nos dias correntes, vimos a origem do Estado moderno, o impacto do temido Leviatã, o clarão renovador das revoluções democráticas, o horror do regime totalitário dos anos 1930 e o igualitarismo do pós-guerra.

Se uma licença poética nos for permitida ao final da jornada, diríamos que 2500 anos atrás os gregos inventaram a esperança sob a forma da *política como prática coletiva da liberdade*. Propuseram uma relação de paridade entre os participantes da assembleia, de modo a estabelecer um governo de seres humanos livres, sujeitos autônomos, capazes de comandar o próprio destino. No espaço público, a representação gráfica de tal princípio deveria ser o *círculo* de cidadãos iguais reunidos para decidir, e não o *fórum*, no qual alguns falam e outros escutam. Na ágora, sentados a igual distância do centro vazio, por meio do qual simbolizavam a natureza do poder coletivo, os cidadãos tinham liberdade para tomar a palavra, opinar e aconselhar sobre as questões da vida em comum.

246 *Estado e democracia*

Nessa imagem encontra-se a expectativa de que a política fosse a prática na qual a dominação, recorrente nas relações humanas, pudesse ser abolida. Tal perspectiva foi radicalizada na democracia ateniense, que incluía a participação dos pobres. Como pensava Hannah Arendt, toda vez que pronunciamos a palavra "política" a esperança de liberdade e igualdade emerge do fundo dos tempos.

Contudo, sabemos que havia um avesso ao belo desenho clássico. A igualdade imperava dentro do círculo, mas para fora ele projetava a pior das opressões, escravizando os que deviam trabalhar em prol da liberdade alheia, excluindo também as mulheres e os estrangeiros. Dois milênios se passariam até que a humanidade propusesse solução, nas revoluções democráticas, para o impasse excruciante entre os de "dentro" e os de "fora".

Na tragédia clássica, catástrofe é a reviravolta do drama, quando tudo se consuma. A brilhante civilização antiga acabou engolida pelo buraco catastrófico que ela mesma gerou. Seguiu-se um período de retrocesso civilizatório generalizado. Foram necessárias duas ou três invasões germânicas e uma tentativa franca (e fracassada) de reconstruir o Império Romano para se encontrar, quinhentos anos mais tarde, a retomada do lento progresso na ordem feudal.

A partir do excedente produzido pelo feudalismo surgiram as condições materiais para a recriação do Estado, agora de feição nacional e absolutista. Artefato inovador e potente do Renascimento, o Estado moderno faria a política voltar aos palcos das cortes e dos parlamentos. Maquiavel, o secretário florentino que percebeu e teorizou a mudança enquanto ela se fazia, tornou-se o patrono da moderna ciência política.

Conclusão 247

As razões para o surgimento do absolutismo são várias e complexas. Os conflitos religiosos — *O príncipe*, de Maquiavel, é de 1513, as *95 teses*, de Lutero, de 1517 — evidenciaram que um Estado forte poderia conter a violência generalizada. Mas décadas de massacres engolfaram católicos e protestantes até que a soberania absolutista se impôs. A Guerra Camponesa na Alemanha, em 1525, a Noite de São Bartolomeu na França, em 1572, a Guerra Civil dos anos 1640 na Inglaterra foram episódios marcantes que pavimentaram a necessidade de um soberano forte. Escrevendo com os olhos postos nas batalhas políticas e religiosas inglesas do século XVII, Thomas Hobbes sustentou que apenas um poder centralizado lhes poria fim. Caso contrário, se deixada a si mesma, a guerra de todos contra todos se tornaria perpétua.

Hobbes foi aos detalhes para construir a teoria do *Leviatã*. No capítulo XIV da obra, em que ele discute as condições do contrato social que daria origem ao Estado, afirmou: "A paixão com que se pode contar é o medo".[2] Apenas um monstro bíblico, metáfora do artifício estatal, poderia apaziguar o confronto geral. Aquilo que para Hobbes seria a solução dos problemas de seu tempo viria a se converter em aspecto problemático para as gerações futuras, porque o Estado moderno atua pela dominação. Se os gregos inventaram a política para mediar a luta de classes por meio da *participação de todos em deliberações livres*, a modernidade a reinventou para garantir a paz sob o fio da espada que *aterroriza a todos por igual*.

Com as cautelas que aproximações entre teoria e realidade exigem, podemos sugerir que o Estado imaginado por Hobbes se desenvolveu a um ponto que, se ele vivesse, assustaria o próprio autor do *Leviatã*. Construído para aplacar as inseguranças intrínsecas à vida coletiva, o Estado tornou-se um aparelho que, quando mal dirigido, é capaz de produzir os piores pesadelos. Com uma concentração nunca vista da violência e uma racionalização associada e multiplicada pela lógica capitalista, o Estado moderno virou máquina incomparável de eficiência destrutiva. Mas a concentração de recursos permitiu também que, nas ocasiões em que há relativo consenso, fossem adotadas políticas redistributivas e democratizadoras que equilibravam a balança de classe, abrindo oportunidade de acesso à riqueza material e cultural às maiorias. Para dar conta da ambivalência do Estado, o sociólogo Pierre Bourdieu diferenciava a "mão direita" da "mão esquerda": a primeira seria caracterizada pela construção de orientações favoráveis ao capitalismo, enquanto a segunda se colocaria na direção contrária.[3]

A ambivalência tem relação direta com a burocratização do Estado, nítida quando os reis que o viabilizaram foram afastados, eles mesmos, das decisões substantivas. Se Luís xiv disse a frase "O Estado sou eu", Luís xv, seu neto e sucessor, poderia ter proferido a sentença "O Estado sem eu" — na passagem de um a outro, a máquina torna-se impessoal e... *cega*. A cegueira está no fato de que, como Max Weber mostrou, o éthos burocrático é o de fornecer meios *sem perguntar a que eles servem*. Daí que possam servir à igualdade, à liberdade ou a seus contrários.

As revoluções democráticas na Inglaterra, nos Estados Unidos e na França podem ser entendidas como tentativas de enfrentar o Estado surgido do medo hobbesiano, obrigando os políticos a jurarem fidelidade a constituições que preservam os direitos individuais e do conjunto; limitar o poder por meio da sua divisão; abrir o processo decisório para as cidadãs e

Conclusão

os cidadãos, o que possibilitaria criar novas condições sociais. Tais foram os resultados práticos das lutas que sacudiram os séculos xvii e xviii. Se, como dissemos no início do livro, a herança de gregos e romanos permanece no DNA do que fazemos, falamos e pretendemos, isso se deve, em grande parte, às três revoluções democráticas. Os franceses, em particular, sabiam que estavam reinventando a esperança. Por isso, Marianne, representação pictórica da França revolucionária, usa o barrete frígio, símbolo dos escravos romanos quando emancipados. Não à toa, a volta da esperança resgatou a palavra herdada da Antiguidade: "democracia". Só que agora ela ressurgia com a exigência da inclusão de *todos e todas* no corpo de cidadãos. Mais: para que os trabalhadores pudessem participar em condições de igual independência, seria necessário um conjunto de medidas e orientações sociais inéditas, que designam um verdadeiro projeto civilizatório, consagrado na Declaração dos Direitos do Homem e do Cidadão e atualizado na Declaração Universal dos Direitos Humanos. Em resumo, liberdade, igualdade e fraternidade como valores universais e, em consequência, o fim da odiosa separação entre os que estão "dentro" e os que estão "fora" do círculo da política.

O século que se seguiu à Revolução Francesa foi marcado pelas batalhas, afinal vitoriosas, em favor do sufrágio universal. Com ele, a democracia moderna encontrava o seu estatuto inclusivo. Os partidos de classe, invenção dos operários socialistas, funcionavam como organizadores, diminuindo a latitude dos dirigentes estatais. Mecanismo eleitoral e opinião pública ativa, quando associados, limitavam e redirecionavam o Leviatã.

No entanto a Primeira Guerra Mundial, de 1914 a 1918, explodiu, juntamente com parte da geração de jovens europeus, britânicos e norte-americanos, as estruturas democráticas construídas a partir das revoluções. A dinâmica imperialista do capitalismo inaugurada na segunda metade do século XIX teria sido responsável, segundo Hannah Arendt, pelo fim das condições de classe que sustentavam o experimento democrático. Segundo a teórica alemã, a burguesia forçou o Estado para além dos limites que balizavam a democratização.

Daí a relevância que pensadores como Max Weber e Antonio Gramsci passaram a conferir à análise de como se organiza a disputa pelos postos dirigentes do Estado. A cegueira estatal, empurrada pela lógica indiferente da acumulação do capital, colocava em primeiro plano o problema da orientação e subli-nhava a *política como luta pela direção do Estado*. Uma espécie de medo de segundo grau — o medo da máquina construída para aplacar o medo — tomava conta da reflexão.

A confirmação das mais horríveis antevisões veio com a Segunda Guerra Mundial, de 1939 a 1945, época marcada pelo totalitarismo, regime que, conforme a análise de Arendt, visava a extinguir a esperança na política como prática coletiva da liberdade. As correias de retroalimentação entre a guerra generalizada e a ascensão totalitária geraram números estarrecedores e praticamente incalculáveis: 75 milhões de mortos — seja nas batalhas, seja por decorrência direta ou indireta do conflito —, dos quais 30 milhões nos campos de concentração da Alemanha e da Rússia.

Além disso, o estágio destrutivo gerou a bomba atômica e um patamar avançado de destruição do meio ambiente. Na era nuclear, a humanidade poderia ser definitivamente aniquilada, como indicou o projétil lançado sobre Hiroshima em 6

Conclusão

de agosto de 1945. Pela primeira vez, a humanidade produzia uma força que punha em risco a própria existência humana.

Talvez por um efeito pendular, resultante da profunda destruição e do totalitarismo, as décadas posteriores ao Holocausto assistiram a criações como o Estado de bem-estar social. Esperanças ressurrectas de democratização do Estado e da economia marcaram a fase 1945-75, que Wolfgang Streeck denominou "capitalismo democrático".

Ao mesmo tempo que esperanças democratizadoras se alastravam por parte do mundo nos "Trinta Gloriosos", a contradição de autogoverno e representação se evidenciou. A representação implica, sobretudo numa sociedade altamente racionalizada, entregar as decisões a profissionais, ou seja, àqueles que se dedicam integralmente ao ramo da política. Ainda que se pudesse imaginar que tais atores fossem competentes, eles jamais estariam isentos de interesses (particulares, de grupo e de classe). Significa dizer que o governo representativo equivale à reinstituição da aristocracia dentro da democracia, restando ao povo o papel de escolher entre diferentes aristocracias.

A contar dos anos 1980, as democracias passaram a sofrer ataques frontais do neoliberalismo, ainda que eles não aparecessem, nos países ricos, como rupturas golpistas. O neoliberalismo esvaziava a democracia, em lugar de derrubá-la. Como? Por meios econômicos e de legislação internacional, os governos eram impedidos de prosseguir com a distribuição de renda que caracterizara o período anterior.

Depois do crash de 2008 e, particularmente, após 2016, eleições em países de capitalismo avançado mostraram a força da extrema direita. Mais tarde, a expansão do autoritarismo em grandes nações semiperiféricas da América e da Ásia, como o

Brasil e a Índia, deu ao fenômeno uma abrangência global. Os diferentes diagnósticos da crise contemporânea da democracia vão dos mais atemorizados aos esperançosos. Há os que enxergam, nos perdedores gerados pelo neoliberalismo, uma tendência a depositar no interesse nacional exclusivista, assim como na moralidade tradicional, uma alta carga de ressentimento e niilismo, cujo conteúdo lembraria a maré totalitária dos anos 1930. O totalitarismo, "como potencialidade e como risco sempre presente, tende infelizmente a ficar conosco de agora em diante", escreveu Hannah Arendt, após a Segunda Guerra Mundial.[4] Mas há os que esperam, apesar da ascensão da extrema direita, que uma unidade das esquerdas consiga abrir alternativas democráticas renovadas.

Os GREGOS INVENTARAM, com a política e a democracia antigas, a esperança de um espaço sem dominação, porém restrito aos que não fossem escravos, mulheres ou estrangeiros. Depois do hiato medieval, a modernidade reinventou o Estado para conter, pelo medo do poder estatal, o choque violento e generalizado de todos contra todos. As revoluções democráticas criaram a esperança de converter, por meio da democracia moderna, o fruto do medo em território da liberdade e igualdade universais, abolindo para sempre qualquer modalidade de servidão. A experiência totalitária do século xx se mostrou o exato avesso do projeto moderno.

Entre esperança e medo, a política retrata esforços milenares para conjugar duras contradições da realidade humana. Nesta hora, em que espectros regressivos voltam a apertar corações e mentes ao redor do mundo, é necessário concen-

Conclusão

tração para pensar e discernimento para agir politicamente de modo a afastar os perigos que rondam e retomar o caminho da liberdade, da igualdade e da fraternidade, apontado mais de duzentos anos atrás. Foi o que, no fundo, motivou a redação deste livro.

Notas

Introdução: Entre esperança e medo (pp. 9-20)

1. Ver, por exemplo, Leonardo Avritzer, "O bolsonarismo à luz de Hannah Arendt"; e Wilson Tosta, "'Programa político não há, a luta de Bolsonaro é pelo poder', diz Luiz Werneck Vianna".
2. Karl Marx, *O 18 Brumário de Luís Bonaparte*, p. 25.
3. Por não se tratar de livro de história, nem sempre as fontes privilegiadas continham as pesquisas mais recentes, embora fossem todas, sempre, confiáveis.
4. Gabriel Cohn, "O ecletismo bem-temperado".
5. Hannah Arendt, *¿Qué es la política?*, pp. 145 e 43, respectivamente.
6. A respeito do conceito de deliberação, ver Jürgen Habermas, "Três modelos normativos de democracia".
7. Max Weber, "A política como vocação".
8. Jean Fourastié, *Les trente glorieuses, ou La révolution invisible de 1946 à 1975*.
9. Francisco Weffort (Org.), *Os clássicos da política*. Célia Galvão Quirino; Claudio Vouga; Gildo Marçal Brandão (Orgs.), *Clássicos do pensamento político*. Célia Galvão Quirino; Maria Teresa Sadek (Orgs.), *O pensamento político clássico*.

1. A invenção da política na Antiguidade clássica (pp. 21-67)

1. Cf. James C. Scott, *Against the Grain: A Deep History of the Early States*, pp. 1-35.
2. Cf. Pierre Clastres, *A sociedade contra o Estado: Pesquisas de antropologia política*.
3. Para uma excelente discussão a respeito do assunto, remetemos o leitor aos dois primeiros capítulos da coletânea organizada por John Hall, *Os Estados na história*. Para ângulos diversos do problema, ver

James Scott, *The Art of not Being Governed: An Anarchist History of Upland Southeast Asia*; e George Woodcock (Org.), *Os grandes escritos anarquistas*.

4. Cf. Quentin Skinner, "The State", pp. 91-4.

5. Para os que desejam contextualizar a longa história grega e romana, vão aqui alguns fatos suplementares. O período arcaico grego corresponde ao repovoamento e à urbanização da região, séculos depois do chamado "período micênico", que historiadores situam mais ou menos entre os séculos XVI e XII a.C. No fim da época micênica é que teria ocorrido a Guerra de Troia, fonte de inspiração para a *Ilíada* e a *Odisseia*. A civilização micênica se desarticulou possivelmente em decorrência de uma grande "invasão bárbara", atribuída a um povo proveniente dos Bálcãs (os dórios), ou de uma onda de imigração violenta de povos hoje chamados indo-europeus, o que levou a um circuito de dispersão e empobrecimento.

Por volta do século IX a.C. começou uma reocupação populacional e econômica que permitiu o estabelecimento de conglomerados urbanos. Foi nesse momento que cresceram as cidades mais conhecidas: Esparta, Atenas, Corinto e Tebas. Com o tempo, *polis* deixa de designar apenas um fenômeno geográfico para se tornar o *conceito* de uma inédita estrutura de poder comunitário — uma forma peculiar de Estado.

Em Roma, os pesquisadores identificam três fases. A monárquica, entre meados do século VIII a.C., quando teria ocorrido a fundação da cidade, até o final do século VI a.C., período mais ou menos equivalente ao do arcaísmo grego. A principal autoridade de Roma nessa época era o *rex*, um monarca que dirigia a cidade com o auxílio dos chefes guerreiros ligados às famílias locais mais antigas, chamadas "patrícias" (descendentes dos "pais da pátria"). O monarca fundador foi Rômulo, figura metade verdadeira, metade mítica (ele e seu irmão gêmeo Remo, segundo a tradição romana, teriam sido alimentados na infância por uma loba); por conta de uma disputa, Rômulo teria assassinado Remo.

A segunda etapa foi a República, entre o final do século VI e o final do I a.C., quando se praticava um governo coletivo da cidade. A instauração da república em Roma coincidiu com o surgimento da democracia em Atenas. Por fim, o Império, que emerge da crise da república, com a implantação de uma autocracia que perdura cerca

Notas

de cinco séculos, foi destruído pelas "invasões bárbaras" germânicas, as quais assinalaram a chegada da Idade Média. Sublinhe-se que, pela convenção que adotamos, a era clássica romana coincide com o período republicano.

Para concluir este diminuto passeio pela vastidão antiga, segundo indicam fontes arqueológicas, Roma foi resultado do encontro de três civilizações anteriores: a etrusca, concentrada no norte da península Itálica, a latina, situada ao centro, e a que deriva da colonização grega no sul da Itália, por isso chamada de "Magna Grécia". No início, a influência maior teria sido latina e etrusca, como sinaliza o fato de reis desse último grupo terem governado a cidade durante parte do período monárquico. Porém, nunca deixou de haver contato com os gregos, ainda que a hegemonia cultural e intelectual dos conterrâneos de Aristóteles tenha sido alcançada apenas quando a República romana decidiu estender o seu domínio à Grécia. Para mais informações, recomenda-se a consulta a José R. Ferreira, *A Grécia antiga*, e Mary Beard, *SPQR: Uma história de Roma antiga*.

6. Cf. Kurt Raaflaub, "City-State, Territory and Empire in Classical Antiquity", pp. 565-7.

7. Cf. Moses Finley, *Política no mundo antigo*, p. 26.

8. Para um quadro das diferentes estimativas, ver José R. Ferreira, op. cit., p. 104.

9. A ideia da existência de uma "classe média" na cidade antiga, que vamos aceitar aqui, não é consensual entre os especialistas. Cf. Moses Finley, op. cit., p. 20.

10. Ibid., pp. 78 ss.

11. Ponto realçado por Finley em *Política no mundo antigo*, p. 46, e discutido com mais detalhe em *A economia antiga*, pp. 224-41.

12. Sobre a mudança da estratégia de guerra entre os gregos com a introdução da infantaria hoplita e suas consequências sociais e políticas, ver Josiah Ober, "Rules of War in Classical Greece".

13. Cf. Moses Finley, *Política no mundo antigo*, p. 12.

14. Cf. Aristóteles, *Política*, livro IV, cap. III, pp. 125-9.

15. Ibid., livro IV, caps. VI e VII, pp. 137-40.

16. A análise dos próximos parágrafos, relacionando a política interna e a política externa das cidades-Estado, é inspirada nas observações de Maquiavel sobre a República Romana. Cf. Nicolau Maquiavel, *Discursos sobre a primeira década de Tito Lívio*, livro I, caps. 2-6.

17. Moses Finley, *Política no mundo antigo*, p. 81.
18. De *hóplon*, o equipamento de batalha (o escudo, a lança etc.) do soldado de infantaria.
19. Cf. José Ribeiro Ferreira, op. cit., pp. 68-9; e Kurt Raaflaub, op. cit., pp. 573-4.
20. Cf. José R. Ferreira, op. cit., pp. 58-67 e pp. 75-81; e Barry Strauss, "The Athenian Trireme, School of Democracy", pp. 315-20.
21. Para uma narrativa sintética dessa história, ver Mary Beard, op. cit., cap. 4.
22. Sobre esse processo de integração de famílias plebeias à elite romana, ver José Manuel Roldán, *La República romana*, cap. XIV.
23. A observação desse nexo não era de modo algum estranha aos grandes pensadores do tempo — a começar por Aristóteles, que fazia do conflito entre ricos e pobres uma das chaves da análise dos regimes políticos.
24. Cf. Moses Finley, *Política no mundo antigo*, pp. 74-5.
25. Sobre os nexos entre o conceito de "constituição" e a metáfora médica, ver as referências em Heinz Mohnhaupt; Dieter Grimm, *Constituição: História do conceito desde a Antiguidade até nossos dias*, pp. 13-4, especialmente a nota 1.
26. A descrição que aqui fizemos da constituição de Esparta é muito resumida e na certa contém lacunas. Para uma exposição mais detalhada e evolutiva, ver Kurt von Fritz, *The Theory of the Mixed Constitution in Antiquity*, pp. 96-114.
27. Cf. José R. Ferreira, op. cit., pp. 94-9.
28. Para mais detalhes sobre a estrutura de poder romana e os contrastes com a da democracia ateniense, ver Walter Eder, "Who Rules? Power and Participation in Athens and Rome".
29. Jean-Pierre Vernant, *As origens do pensamento grego*, p. 50.
30. Cf. Fernando Savater, *Política para meu filho*, pp. 80-1.
31. Jean-Pierre Vernant, op. cit., p. 50, n. 11.
32. Hannah Arendt, "O que é liberdade?". In: *Entre o passado e o futuro*, p. 201, grifo nosso.
33. Ibid., pp. 201-2.
34. Cf. Hannah Arendt, *Sobre a revolução*, pp. 36-7.
35. Cf. ibid., pp. 58-9, grifos nossos.
36. Cf. Hannah Arendt, "O que é autoridade?". In: *Entre o passado e o futuro*, p. 129.

Notas

37. Cf. ibid., p. 129. Ao utilizar a palavra "autoritária", Arendt não está se referindo aqui a autoritarismo.

38. Cf. Hannah Arendt, "O que é autoridade?", op. cit., p. 162.

39. Nas diversas formas de assembleias populares que havia em Roma, ao contrário da assembleia ateniense, o processo decisório consistia na apresentação de candidatos ou de propostas, seguida de votação. A discussão era feita no Senado.

40. Para uma visão alternativa do período posterior à Guerra do Peloponeso, ver Peter J. Rhodes, "The Alleged Failure of Athens in the Fourth Century".

41. Para uma exposição e análise do período final da República, ver Mary Beard, op. cit., caps. 6 e 7.

42. Santo Mazzarino, *O fim do mundo antigo*, p. 223.

43. Para uma defesa elegante e sintética desse ponto de vista, ver Perry Anderson, *Passagens da Antiguidade ao feudalismo*, Parte I, cap. I, seção 4.

44. Gibbon publicou sua obra entre 1776 e 1788. No Brasil, há uma edição condensada: Edward Gibbon, *Declínio e queda do Império Romano*.

45. Para um exame mais detido dos advogados modernos desse campo, antes e depois de Gibbon, remetemos mais uma vez ao livro de Santo Mazzarino, op. cit., caps. 5 a 7.

46. "Um scholar alemão produziu recentemente uma notável e fascinante lista de 210 explicações para a queda do Império Romano propostas ao longo de séculos." Bryan. *The Fall of Rome and the End of Civilization*, p. 33.

47. Ward-Perkins. op. cit., cap. III, discute as diferentes circunstâncias que, possivelmente, fizeram o Império oriental sobreviver à queda do Império Romano no Ocidente.

48. Para um interessante desenvolvimento deste ponto, ver Moses Finley, *A economia antiga*, pp. 110-30.

2. As raízes do Estado moderno (pp. 68-101)

1. Hilário Franco Júnior, *A Idade Média, nascimento do Ocidente*, p. 9.

2. Ibid.

3. Federico Chabod, *L'idea di nazione*.

4. Perry Anderson, *Passagens da Antiguidade ao feudalismo*, p. 156.

5. Jacques Le Goff, *Em busca da Idade Média*, p. 156.

6. António Manuel Hespanha, *História das instituições: Épocas medieval e moderna*, p. 82. Sobre a relação entre cidade e riqueza material, ver Max Weber, "As causas sociais do declínio da cultura antiga".

7. Gianfranco Poggi, *The Development of the Modern State: A Sociological Introduction*, p. 18.

8. Eleanor Burke Leacock, "Comunismo primitivo".

9. Perry Anderson, op. cit., pp. 120-1.

10. Patrick Le Roux, *Império Romano*, pp. 119-20. Diversas referências sobre os problemas enfrentados pelo Império Romano a partir das invasões bárbaras podem ser encontradas em Umberto Eco (Org.), *Idade Média: Bárbaros, cristãos e muçulmanos*.

11. Perry Anderson, op. cit., p. 125.

12. Santo Isidoro de Sevilha, "A invasão da península Ibérica pelos vândalos, alanos e suevos", p. 9.

13. Paolo Colliva, "Monarquia", p. 777. Cf. também Alessandro Cavagna, "Os povos germânicos".

14. Perry Anderson, op. cit., pp. 126-7.

15. Luiz Carlos Azevedo, "O direito visigótico".

16. Perry Anderson, op. cit., p. 130.

17. "Foi a onda seguinte de migrações bárbaras que determinou de maneira profunda e permanente o mapa definitivo do feudalismo ocidental." Perry Anderson, op. cit., p. 134.

18. Ibid., p. 153, grifos nossos.

19. Paolo Colliva, op. cit., p. 778.

20. Dario Ippolito, "O pluralismo jurídico", p. 90.

21. Perry Anderson, op. cit., p. 154.

22. Gianfranco Poggi, op. cit., p. 19, tradução nossa.

23. Perry Anderson, op. cit., p. 155.

24. António Manuel Hespanha, op. cit., p. 84.

25. Rodney Howard Hilton, "Sociedade feudal".

26. Perry Anderson, op. cit., p. 156.

27. Gianfranco Poggi, op. cit., p. 19-20.

28. Perry Anderson, op. cit., p. 157.

29. Pierre Bonassie, "Señorio". In: Id., *Vocabulario básico de la historia medieval*, p. 201, tradução nossa.

30. António Manuel Hespanha, op. cit., p. 108.

31. Perry Anderson, op. cit., p. 158.

32. Ibid., p. 159.

Notas

261

33. Giuseppe Albertoni, "Feudalismo".
34. Paolo Colliva, "Comuna", p. 193.
35. Jacques Le Goff, *A civilização do Ocidente medieval*, p. 89.
36. Rodney Hilton, "Introdução", p. 36. Para um breve panorama sobre algumas definições do conceito de feudalismo e suas implicações, ver Pierre Bonassie, "Feudalismo". In: Id., *Vocabulario básico de la historia medieval*. Para uma reflexão histórica mais ampla sobre o mesmo assunto, ver Alain Guerreau, "Feudalismo", pp. 437-54.
37. Rodney Hilton, "Introdução", p. 15.
38. Perry Anderson, op. cit., p. 206.
39. Ibid., p. 214.
40. Ibid., p. 150.
41. Ibid., p. 209.
42. Para um panorama desse período na Itália, ver Jacob Burckhardt, *A cultura do Renascimento na Itália: Um ensaio*.
43. Claude Lefort, *As formas da história*, p. 141. Mikael Hörnqvist, *Machiavelli and Empire*, p. 264.
44. Perry Anderson, op. cit., p. 223.
45. Ibid., p. 228.
46. Pierangelo Schiera, "Absolutismo", p. 2.
47. Perry Anderson, *Linhagens do Estado absolutista*, p. 52.
48. Ibid., p. 10. Os Países Baixos (atuais Bélgica e Holanda) eram domínio dos Habsburgo, família dinástica que no século XVI acumulou o trono da Espanha e a chefia do Sacro Império Romano-Germânico, na pessoa de Carlos V. O domínio dos Países Baixos pela Espanha passou a ser contestado pela população local a partir do espraiamento da Reforma Protestante.
49. Sobre o assunto, ver Raymundo Faoro, *Os donos do poder: A formação do patronato político brasileiro*, caps. 1, 2 e 3.
50. A lista apresentada aqui é uma súmula da mais extensa compilada por Perry Anderson, *Linhagens do Estado absolutista*, pp. 69 ss.
51. Ibid., p. 69.
52. Miguel de Cervantes, *O engenhoso fidalgo D. Quixote de La Mancha*, p. 60.
53. Ver nota 48.
54. Filipe I tornou-se regente em 1504, depois do falecimento da mãe de Joana, Isabel I. Sua ascensão ao posto se deve às acusações de instabilidade mental da rainha Joana, que passou à história como

Joana, a Louca. Filipe foi sucedido por Carlos I — que depois, como mencionado em nota anterior, tornou-se o imperador Carlos V, do Sacro Império Romano-Germânico.

55. Karl Marx, *O 18 Brumário de Luís Bonaparte*, p. 140, grifos nossos.

56. Karl Marx, *A Guerra civil na França*, p. 54, grifos nossos.

57. Eli F. Heckscher, *Mercantilism*, p. 57.

58. Sobre o assunto, ver Giovanni Arrighi, *O longo século XX*, cap. 2.

59. Barrington Moore Jr., *As origens sociais da ditadura e da democracia*.

60. Karl Marx, *O capital*, Livro I, caps. 24 e 25. Os cercamentos foram processos de apropriação forçada das terras comunais camponesas, iniciados no final do Medievo, na Inglaterra, quando o país tornou-se grande exportador de lã — cujos compradores eram justamente as cidades que se notabilizaram pela manufatura têxtil, em especial tecidos de luxo (como Florença) —, gerando um forte interesse privado por transformar aquelas terras em pastagens para criação de ovelhas.

61. Note-se que nessa passagem a própria noção de feudalismo fica menos vinculada à servidão.

62. Friedrich Engels, *A origem da família, da propriedade privada e do Estado*, p. 194.

63. Perry Anderson, *Linhagens do Estado absolutista*, p. 17.

64. Ibid., p. 58.

65. Nicola Mateucci, "Soberania", p. 1181.

66. Apud Quentin Skinner, *Fundações do pensamento político moderno*, p. 558.

67. Perry Anderson, *Linhagens do Estado absolutista*, pp. 27-8. *Plenitudo potestatis* ("poder pleno") era a doutrina medieval que postulava a autoridade incontrastável do papa acima de toda a hierarquia eclesiástica.

68. "O jusnaturalismo é uma doutrina segundo a qual existe e pode ser conhecido um 'direito natural' (*ius naturale*), ou seja, um sistema de normas de conduta intersubjetiva diverso do sistema constituído pelas normas fixadas pelo Estado (direito positivo)" (Guido Fassó, "Jusnaturalismo", p. 655).

69. Cf. Quentin Skinner, "The State".

70. Mônica Vieira Brito; David Runciman, *Representation*, p. 15, tradução nossa.

71. Maurizio Cotta, "Parlamento", p. 880.

72. Maurizio Cotta, "Representação política", p. 1102.

Notas   263

3. Por dentro do Leviatã (pp. 102-34)

1. Max Weber, "A política como vocação", p. 56.
2. Cf. ibid., pp. 57-62.
3. Seguindo Weber, aqui tratamos da burocracia como um "tipo ideal". O que significa que nenhuma burocracia, historicamente falando, adéqua meios a fins com eficiência perfeita. A eficiência superior é uma tendência e, de qualquer forma, sempre relativa a outros tipos de aparatos administrativos, como é o caso do patrimonialista.
4. Franz Kafka, *O processo*, p. 14.
5. Hannah Arendt, *Crises da república*, p. 151.
6. David Armitage, *Civil Wars: A History in Ideas*, p. 12.
7. Sergio Pistone, "Relações internacionais", p. 1089.
8. Emer de Vattel, *O direito das gentes*, p. 1.
9. Patrick Le Roux, *Império Romano*, p. 68.
10. O nacionalismo, porém, é um fenômeno difícil de definir com precisão, como nota o historiador e cientista político Benedict Anderson: "Ninguém discorda de que o nacionalismo tem estado 'por aí' na face da Terra há no mínimo dois séculos [...]. Mas é difícil pensar em algum fenômeno político que continue tão intrigante quanto este e sobre o qual haja menos consenso analítico. Dele não há nenhuma definição amplamente aceita" (Benedict Anderson, "Introdução", p. 7).
11. Entre os quais: Nicos Poulantzas, *Poder político e classes sociais*; Ralph Miliband, *O Estado na sociedade capitalista*; Claus Offe, *Problemas estruturais do Estado capitalista*.
12. Para uma influente elaboração, inspirada em Braudel, mas na qual se notam as influências paralelas dos autores antes mencionados, ver Giovanni Arrighi, *O longo século XX*.
13. Ver a respeito especialmente os caps. XI e XII de Joseph Schumpeter, *Capitalismo, socialismo e democracia*. Ver também Max Weber, op. cit., pp. 59-64.
14. Para uma análise ampla dessa interdependência, ver Charles Tilly, *Coerção, capital e Estados europeus (1990-1992)*, especialmente caps. 1 a 3.
15. *O Globo*, "Após crise global estourar em 2008, bancos receberam socorros bilionários".
16. Max Weber, op. cit., pp. 55-6.
17. Ibid., pp. 111 e 114.

264 *Estado e democracia*

18. Max Weber, *Ensaios de sociologia*, p. 227.
19. Max Weber, "Parlamento e governo numa Alemanha reorganizada: sobre a crise política do funcionalismo e do partidarismo", p. 221.
20. Max Weber, "A política como vocação", pp. 64-8.
21. Thomas Hobbes, *Leviatã*, p. 103.
22. Ibid., p. 105-6. Para reflexões mais aprofundadas sobre a relação entre Hobbes, medo e esperança, ver Renato Janine Ribeiro, *Ao leitor sem medo: Hobbes escrevendo contra seu tempo.*
23. Thomas Hobbes, op. cit., p. 3.

4. As revoluções democráticas (pp. 135-76)

1. Hannah Arendt, *Liberdade para ser livre.*
2. Cf. Reinhart Koselleck, *Futuro passado: Contribuição à semântica dos tempos históricos*, pp. 63-8.
3. Franco Venturi, *Utopia e Reforma no Iluminismo*, "Introdução".
4. Neste parágrafo e nos seguintes, em que vamos falar sucintamente dos eventos da primeira fase da revolução (1642-60), beneficiamo-nos de diversas fontes historiográficas, em especial da obra de Lawrence Stone, *Causas da Revolução Inglesa, 1529-1642.*
5. Não confundir com Maria Stuart, "a rainha dos escoceses", antes mencionada.
6. Não confundir com a Commonwealth of Nations, uma organização interestatal, estatuída em 1949, que reúne alguns dos países que compuseram, durante o período colonial, o Império Britânico.
7. Para uma reconstrução densa e muita instrutiva do conteúdo desses debates e do que estava em jogo, ver Eunice Ostrensky, *As revoluções do poder*, pp. 245-301.
8. Cf. John Locke, *Dois tratados sobre o governo*, "Segundo tratado", cap. xix.
9. Sobre o desenrolar do processo que levou à independência, ver Gordon S. Wood, *The American Revolution: A History*, cap. 1.
10. "Quando uma longa série de abusos e usurpações, perseguindo invariavelmente o mesmo objeto, revela o propósito de submetê-los [os governados] ao despotismo absoluto, cabe-lhes o direito, bem como o dever, de abolir tal governo e estabelecer novos guardiães para sua segurança futura." (Declaração dos Representantes dos Estados Unidos da América, reunidos em Congresso Geral, apud David Armitage, *Declaração de Independência: Uma história global*, p. 140.)

Notas

11. A síntese dos eventos exposta neste e nos próximos parágrafos segue a narrativa de Gordon S. Wood, op. cit., caps. IV e VII.

12. Declaração dos Representantes dos Estados Unidos da América, reunidos em Congresso Geral, apud David Armitage, op. cit., p. 139.

13. Cf. Alexis de Tocqueville, *A democracia na América*, livro I, "Introdução", p. 7.

14. Cf. ibid., segunda parte, cap. 10.

15. Ver o relato de David Armitage, op. cit., cap. 1.

16. Sobre essa interpretação, ver Barrington Moore Jr., *As origens sociais da ditadura e da democracia*, Parte I, cap. 3.

17. Cf. Hanna Pitkin, *The Concept of Representation*, pp. 241-2.

18. Alexander Hamilton, James Madison e John Jay, *O Federalista*, p. 119. Neste artigo n. 39, Madison faz explícita referência aos Estados da Holanda e da Polônia, e à cidade de Veneza, comumente chamados, em sua época, de "repúblicas".

19. Ibid., grifo do autor.

20. Cf. Thomas Paine, *Rights of Man*, p. 147.

21. Artigo n. 63, elaborado por James Madison.

22. Cf., a esse respeito, Bernard Manin, "Checks, Balances and Boundaries: The Separation of Powers in the Constitutional Debate of 1787", pp. 60-2.

23. Também escrito por James Madison.

24. A sucinta exposição dos eventos deste e dos próximos parágrafos se beneficia da bela narrativa de Christopher Hibbert, *The French Revolution*. Foram de grande ajuda, também, os verbetes da coletânea organizada por Michel Vovelle, *França revolucionária, 1789-1799*.

25. Cf. preâmbulo da Declaração dos Direitos do Homem e do Cidadão (1789). Disponível em: <www.direitoshumanos.usp.br/index.php/ Documentos-anteriores-%C3%A0-cria%C3%A7%C3%A3o-da- Sociedade-das-Na%C3%A7%C3%B5es-at%C3%A9-1919/declaracao- -de-direitos-do-homem-e-do-cidadao-1789.html>.

26. Sobre esse ponto, ver as preciosas anotações de Ernst Cassirer, *Filosofia do Iluminismo*, cap. IV.

27. T. H. Marshall, "Cidadania e classe social", in *Cidadania, classe social e status*. Voltaremos a esse autor no próximo capítulo.

28. Os três panfletos foram escritos entre 1788 e 1789, quando da convocação, pelo rei, dos Estados Gerais, a assembleia que reunia, no Antigo Regime, representantes dos três estados. Intitulavam-se: "Ensaio so-

bre os privilégios", "O que é o terceiro estado?" e "Perspectivas dos meios executivos à disposição dos representantes de França em 1789". Cf. John Dunn, *A história da democracia*, pp. 151-62.

29. Em nossos dias, Sieyès é também conhecido por ter introduzido a noção de "poder constituinte" — ou, pelo menos, assim o supõem os juristas contemporâneos —, tão cara à moderna teoria constitucional. Ver, a respeito, Gilberto Bercovici, *Soberania e constituição: Para uma crítica do constitucionalismo*, pp. 134-41. Cf. também a discussão sobre a suposta originalidade de Sieyès nessa matéria, em Pasquale Pasquino, "The Constitutional Republicanism of Emmanuel Sieyès".

30. Cf. Pierre Rosanvallon, "A história da palavra democracia na época moderna".

31. Maximilien de Robespierre, "Sobre os princípios de moral política que devem guiar a Convenção Nacional na administração interior da República", apud Pierre Rosanvallon, op. cit., p. 121.

32. John Dunn, op. cit., p. 171.

33. Este termo remete à palavra "civilização", que talvez ainda provoque algum mal-entendido em virtude do uso hierárquico e autocongratulatório que os colonizadores europeus fizeram dela, em particular durante o século xix. Evidentemente, não é o caso neste volume, que usa a expressão no sentido coloquial que tem em nossos dias, isto é, para designar uma cultura longamente decantada ou o espaço geográfico correspondente. Ver, a respeito, Raymond Williams, *Palavras-chave: Um vocabulário de cultura e sociedade*, pp. 82-5. Já "projeto civilizatório" tem um sentido mais normativo, todavia sem maiores pretensões conceituais: refere-se, simplesmente, a um padrão de convívio humano desejável.

5. A parábola da democracia moderna (pp. 177-206)

1. O termo é a tradução literal de *"démocratie du public"*, utilizado por Bernard Manin na edição original de *Principes du gouvernement représentatif* (Paris: Flammarion, 1998). Convém notar que, na edição inglesa (*The Principles of Representative Government*. Cambridge: Cambridge University Press, 1997), e no debate anglófono, o termo é *"audience democracy"*, normalmente traduzido como "democracia

Notas

de audiência". Assim, "democracia de público" e "democracia de audiência" designam em português o mesmo fenômeno.

2. Robert Dahl, *La democracia y sus críticos*, p. 264.

3. Robert Dahl, *Sobre a democracia*, p. 26. A referência é ao artigo n. 10, escrito por James Madison, em *O Federalista*.

4. José Nun, *Democracia. ¿Gobierno del pueblo o gobierno de los políticos?*, p. 24.

5. Robert Dahl, *Sobre a democracia*, p. 122.

6. Ibid., p. 105.

7. Para um mapeamento crítico do desenvolvimento dessa argumentação na sociologia e na ciência política do século xix e início do xx, ver Richard Bellamy, "The Advent of the Masses and the Making of the Modern Theory of Democracy".

8. Joseph Schumpeter, *Capitalismo, socialismo e democracia*, pp. 348-9.

9. Alexis de Tocqueville, *A democracia na América: Sentimentos e opiniões que o Estado social-democrático faz nascer entre os americanos*, Livro 2, p. 119.

10. Benjamin Constant, "Da liberdade dos antigos comparada à dos modernos", p. 10-1.

11. Jürgen Habermas, *Mudança estrutural da esfera pública*, p. 448.

12. Abraham Lincoln, "Discurso de Gettysburg" (1863), p. 249.

13. Para um aprofundamento sobre essa tradição, ver Cicero Araujo, *A forma da república: Da Constituição mista ao Estado*.

14. Robert Dahl, *A Constituição norte-americana é democrática?*, p. 162.

15. David Van Reybrouck. *Against Elections: The Case for Democracy*.

16. Sobre o tema, ver Luis Felipe Miguel, "Sorteios e representação democrática".

17. Maurizio Cotta, "Parlamento", p. 880.

18. Bernard Manin, "As metamorfoses do governo representativo".

19. Bernard Manin, "O princípio da distinção".

20. Edmund Burke, "Discurso aos eleitores de Bristol", p. 29, grifo nosso.

21. Celso Campilongo, *Representação política*, p. 35.

22. Para um panorama geral do campo, ver Cees van der Eijk e Mark N. Franklin, *Elections and Voters*.

23. *Consultor Jurídico*, "Mais um estado americano decide instituir o recall político".

24. *Folha de S.Paulo*, "As 11 emendas da Constituição dos eua promulgadas em 1798".

25. Robert Dahl, *Poliarquia: Participação e oposição.*
26. Ver Jürgen Habermas, op. cit.
27. Immanuel Kant, "Resposta à questão: O que é Esclarecimento?", p. 408.
28. Cf. John Dunn, *A história da democracia*, p. 181.
29. Geoff Eley, *Un mundo que ganar*, p. 22
30. John Dunn, op. cit., p. 214.
31. Geoff Eley, op. cit., p. 26.
32. Renato Lessa, "Uma breve história natural da urna".
33. O governo inglês continuou parlamentarista, como é até hoje, mas mudou o tipo de democracia.
34. Eric J. Hobsbawm, *A era dos impérios (1875-1914)*, p. 127.
35. Razmig Keucheyan, "Democracias perecíveis".
36. Robert Dahl, *Poliarquia: Participação e oposição.*
37. Maurice Duverger, *Os partidos políticos.*
38. Robert Dahl, *La democracia y sus críticos*, p. 264.
39. Robert Dahl, *Poliarquia: Participação e oposição.*
40. Ibid., pp. 25-6.
41. Eduard Bernstein, *Socialismo evolucionário*, p. 13.
42. Para as datas relativas à Segunda Internacional, ver: <www.britannica.com/topic/Second-International>. Acesso em: 12 jan. 2020.
43. Karl Kautsky, *O caminho do poder.*
44. Karl Kautsky, "A ditadura do proletariado", p. 6.
45. Rosa Luxemburgo, "A crise da social-democracia (brochura de Junius) (1916)", p. 81.
46. Ibid., p. 94.
47. Ibid., p. 98.
48. Bernard Manin, "As metamorfoses do governo representativo", p. 15.
49. Norberto Bobbio, "Elites, Teoria das", p. 385.
50. Robert Michels, *Sociologia dos partidos políticos*, p. 238.
51. Giovanni Sartori, *La democracia en 30 lecciones*, p. 51.
52. Karl Polanyi, *A grande transformação.*
53. T. H. Marshall, *Cidadania, classe social e status.*
54. Ibid., p. 86.
55. Ibid., p. 88.
56. Ibid.
57. Göran Therborn (Org.), *Inequalities of the World: New Theoretical Frameworks, Multiple Empirical Approaches*, p. 27. Segundo o Instituto

Notas

de Pesquisa Econômica Aplicada (Ipea), "o índice de Gini, criado pelo matemático italiano Conrado Gini, é um instrumento para medir o grau de concentração de renda em determinado grupo. Ele aponta a diferença entre os rendimentos dos mais pobres e dos mais ricos. Numericamente, varia de zero a um (alguns apresentam de zero a cem). O valor zero representa a situação de igualdade, ou seja, todos têm a mesma renda. O valor um (ou cem) está no extremo oposto, isto é, uma só pessoa detém toda a riqueza. Na prática, o índice de Gini costuma comparar os 20% mais pobres com os 20% mais ricos. No Relatório de Desenvolvimento Humano 2004, elaborado pelo Pnud, o Brasil aparece com índice de 0,591, quase no final da lista de 127 países. Apenas sete nações apresentam maior concentração de renda". Disponível em: <https://www.ipea.gov.br/desafios/index. php?option=com_content&id=2048:catid=28>.

58. Gosta Esping-Andersen, "As três economias políticas do *welfare state*", p. 103.

59. Apud Carlos Nelson Coutinho, "A democracia como valor universal".

60. Carole Pateman, *Participação e teoria democrática*, p. 145.

61. Nadia Urbinati, "Da democracia dos partidos ao plebiscito da *audience*", p. 86.

62. Bernard Manin, "As metamorfoses do governo representativo".

63. Marco Aurélio Nogueira, "Representação, crise e mal-estar institucional".

64. Paul Hirst, *A democracia representativa e seus limites*, p. 30.

65. Jürgen Habermas, op. cit.

6. Espectros autoritários (pp. 207-43)

1. Sobre as ideias de capitalismo democrático e revolução neoliberal, ver Wolfgang Streeck, *Tempo comprado: A crise adiada do capitalismo democrático*. A análise de Streeck é retomada no final deste capítulo.

2. David Harvey, *O neoliberalismo: História e implicações*, p. 12.

3. Guy Standing, *Precariado: A nova classe perigosa*, p. 28.

4. Wendy Brown, *Undoing the Demos*; cf. Pierre Dardot e Christian Laval, *Never-Ending Nightmare: The Neoliberal Assault on Democracy*, p. 21.

5. Colin Crouch, "Coping with Post-Democracy", p. 7.

270   *Estado e democracia*

6. Ver, a respeito, John B. Thompson, *O escândalo político: Poder e visibilidade na era da mídia.*

7. Ver Wolfgang Streeck, op. cit.

8. Wendy Brown, *In the Ruins of Neoliberalism: The Rise of Antidemocratic Politics in the West*, p. 1.

9. María Antonia Sánchez Vallejo, "O perturbador avanço da 'revolução de açafrão' na Índia".

10. O caso da Venezuela, normalmente citado no rol de democracias em retrocesso, ficou fora da lista de ameaças da extrema direita aqui registrada, pois se trata de um regime de esquerda (o que não o exime de ser avaliado numa discussão a respeito da situação democrática no mundo em geral). O mesmo vale para a China.

11. Timothy Snyder, *Na contramão da liberdade: A guinada autoritária nas democracias contemporâneas*, p. 138. Hannah Arendt, *Origens do totalitarismo*, p. 531.

12. Rodrigo Nunes, "Faltou a Alvim a arte de seus colegas de governo". Ver também: *The Guardian*, "'White Power Ideology': Why El Paso is a Global Threat".

13. Holocaust Encyclopedia, "Victims of the Holocaust and Nazi Persecution". United States Holocaust Memory Museum. O Museu do Holocausto tem apoio do Estado norte-americano e fica localizado na área dos monumentos nacionais em Washington, D.C.

14. Hannah Arendt, op. cit., pp. 341-5.

15. Eric Hobsbawm, *Era dos extremos: O breve século XX (1914-1991)*, pp. 382-3.

16. Barrington Moore Jr., *As origens sociais da ditadura e da democracia: Senhores e camponeses na construção do mundo moderno.*

17. Apud Dmitri Volkogonov, *Stalin: Triunfo e tragédia*, p. 165.

18. Historiadores consideram que após a invasão nazista em 1941, pela necessidade de vencer a Alemanha, houve certo afrouxamento da repressão até o fim da guerra, em 1945, retornando o perfil totalitário do regime após o término do conflito.

19. Edda Saccomani, "Fascismo", p. 467.

20. William Outhwaite et al., *Dicionário do pensamento social do século XX*, p. 477.

21. Carlos Spagnolo, "Fascismo", p. 286.

22. Adam Przeworski, *Crises da democracia*: "É preciso admitir que as lições da história não são tão relevantes", p. 106.

Notas

23. Para uma história do debate em torno do conceito de totalitarismo, ver Enzo Traverso, *El totalitarismo: Historia de un debate*.

24. Sergio Pistone, "Imperialismo", p. 611.

25. Vale lembrar que a análise de Arendt não se aplica ao que certa historiografia chama de "primeiro imperialismo" europeu, resultante da expansão ultramarina dos séculos XVI e XVII.

26. Hannah Arendt, op. cit., p. 177.

27. Pode-se inferir, de maneira complementar, a existência de ganhos para as classes trabalhadoras dos países imperialistas, o que, talvez, explique o entusiasmo da população dessas nações no início da Primeira Guerra Mundial.

28. Primo Levi, *É isto um homem?*, p. 180.

29. Anne Applebaum, *Gulag: A History*.

30. Hannah Arendt, op. cit., p. 496.

31. Eric Hobsbawm, op. cit., pp. 383-4.

32. Ibid., p. 384.

33. *Deutsche Welle*, "What Philosopher Hannah Arendt Would Say about Donald Trump".

34. Maria Francisca Pinheiro Coelho, "O totalitarismo como forma de governo".

35. Adam Przeworski, op. cit., p. 39, grifo nosso.

36. Steven Levitsky e Daniel Ziblatt, *Como as democracias morrem*, p. 15.

37. Ibid., p. 193.

38. Sobre a Turquia, ver *The Guardian*, "A Weakened Strongman". Sobre a Tailândia, ver *The Guardian*, "Intimidation Can't Solve the Problem".

39. Przeworski fala em "subversão sub-reptícia" (*subversion by stealth*), utilizando a definição sugerida por Ozan O. Varol, "Stealth Authoritarianism". Cf. Adam Przeworski, op. cit., pp. 205-6.

40. Adam Przeworski, op. cit., p. 211.

41. David Runciman, *Como a democracia chega ao fim*, p. 79.

42. Manuel Castells, *Ruptura: A crise da democracia liberal*, pp. 7-10.

43. Ibid., p. 24.

44. Ibid., p. 26.

45. Expressão criada por John B. Thompson, op. cit.

46. Manuel Castells, op. cit., p. 27.

47. Pipa Norris e Ronald Inglehart, *Cultural Backlash: Trump, Brexit and Authoritarian Populism*.

48. Yascha Mounk, *O povo contra a democracia: Por que a liberdade corre perigo e como salvá-la*.

49. Ibid., pp. 149 e 151.

50. Wendy Brown, *In the Ruins of Neoliberalism: The Rise of Antidemocratic Politics in the West*, p. 180, tradução nossa.

51. Sobre o neoliberalismo como projeto social, ver Pierre Dardot; Christian Laval, *A nova razão do mundo: Ensaio sobre a sociedade neoliberal*.

52. Reginaldo Moraes, *Neoliberalismo: De onde vem, para onde vai?*, p. 27.

53. Pierre Dardot; Christian Laval, *A nova razão do mundo: Ensaio sobre a sociedade neoliberal*.

54. William I. Robinson, "Trumpismo, fascismo do século xxi e ditadura da classe capitalista trasnacional".

55. Ver Wolfgang Streeck, op. cit.

56. Convém notar que, ao menos até meados de novembro de 2020, quando este livro era encerrado, as milícias trumpistas não se puseram em ação para contestar de maneira violenta a vitória de Joe Biden.

57. Pierre Dardot; Christian Laval, *Never-Ending Nightmare: The Neoliberal Assault on Democracy*, p. 15, tradução e grifos nossos.

58. Ibid., p. 14, tradução nossa.

59. Ibid.

60. Francisco de Oliveira, "Privatização do público, destituição da fala e anulação da política: O totalitarismo neoliberal".

61. Marilena Chaui, "Neoliberalismo: A nova forma do totalitarismo".

62. Pierre Dardot; Christian Laval, *Never-Ending Nightmare: The Neoliberal Assault on Democracy*, p. 15, tradução nossa.

63. Ibid., p. 17. Cf. Bernard E. Harcourt, *The Counterrevolution: How our Government Went to War against it Own Citizens*.

64. A análise clássica de reação da sociedade pela direita contra o mercado é de Karl Polanyi, *A grande transformação*.

65. Wendy Brown, op. cit.

66. Ibid., p. 59.

67. Antonio Gramsci, *Cadernos do cárcere*, v. 3, p. 187.

68. Note-se que a frase de Gramsci ficou na moda; mesmo um expoente da tese gradualista, como Przeworski, a usa na forma de epígrafe.

69. Wolfgang Streeck, "The Return of the Repressed".

70. Quando terminávamos este livro, a epidemia causada pelo novo coronavírus suscitava temores de uma nova recessão global.

Notas 273

71. De acordo com Paul Krugman, o emprego industrial caiu significativamente em 2018 em Wisconsin, Pennsylvania e Michigan, estados em que Trump ganhou por pequena margem em 2016 prometendo recuperar a indústria. Cf. Paul Krugman, "Manufacturing Is Not Great Again: Why?".

72. Daniel Buarque, "Estudo indica que democracias são piores que ditaduras no combate à covid".

73. Lucia Mutikani, "Economia dos EUA encolhe 33% no 2º trimestre, pior queda já registrada". Chuck Collins, "Os bilionários estão ficando ainda mais ricos com a pandemia. Basta".

74. Nancy Fraser, *The Old Is Dying and the New Cannot Be Born*, p. 11.

75. Ibid., p. 13.

76. Ibid., p. 37.

77. Ibid., p. 31.

78. Nancy Fraser; Rahel Jaeggi, *Capitalismo: Una conversación desde la teoría crítica*.

79. Ibid., p. 39.

80. Boaventura de Sousa Santos, *Izquierdas del mundo, ¡uníos!*.

81. Rafael Balago, "Após meses de impasse e duas eleições, coalizão de esquerda conquista governo da Espanha".

82. Carlos E. Cué e Laura Delle Femmine, "Governo da Espanha propõe taxar mais ricos e empresas para superar a crise da pandemia".

Conclusão: Sob o domínio do medo, em busca da esperança
(pp. 245-53)

1. Francisco de Oliveira, "Privatização do público, destituição da fala e anulação da política: O totalitarismo neoliberal".

2. Thomas Hobbes, *Leviatã ou Matéria, forma e poder de um Estado eclesiástico e civil*, p. 84.

3. Pierre Bourdieu, "A demissão do Estado".

4. Hannah Arendt, *Origens do totalitarismo*, p. 531.

Referências bibliográficas

ALBERTONI, Giuseppe. "Feudalismo". In: ECO, Umberto (Org.). *Idade Média: Bárbaros, cristãos e muçulmanos*. Alfragide: Dom Quixote, 2012.

ANDERSON, Benedict. "Introdução". In: BALAKRISHNAM, Gopal (Org.). *Um mapa da questão nacional*. Rio de Janeiro: Contraponto, 2000.

ANDERSON, Perry. *Linhagens do Estado absolutista*. São Paulo: Unesp, 2016.

_____. *Passagens da Antiguidade ao feudalismo*. São Paulo: Unesp, 2016.

APPLEBAUM, Anne. *Gulag: A History*. Nova York: Anchor, 2002.

ARAUJO, Cicero. *As formas da república: Da Constituição mista ao Estado*. São Paulo: WMF, 2013.

ARENDT, Hannah. *Origens do totalitarismo*. São Paulo: Companhia das Letras, 1989.

_____. *Da revolução*. São Paulo: Companhia das Letras, 2011.

_____. *Crises da república*. São Paulo: Perspectiva, 2013.

_____. *Entre o passado e o futuro*. São Paulo: Perspectiva, 2014.

_____. *Liberdade para ser livre*. Rio de Janeiro: Bazar do Tempo, 2018.

_____. *¿Qué es la política?*. Buenos Aires: Ariel, 2019.

ARISTÓTELES. *Política*. Brasília: Editora UnB, 1985

ARMITAGE, David. *Declaração de Independência: Uma história global*. São Paulo: Companhia das Letras, 2011.

_____. *Civil Wars: A History in Ideas*. Nova York: Alfred A. Knopf, 2017.

ARRIGHI, Giovanni. *O longo século XX*. São Paulo: Unesp; Rio de Janeiro: Contraponto, 1996.

AVRITZER, Leonardo. "O bolsonarismo à luz de Hannah Arendt", 8 mar. 2020. Disponível em: <aterraeredonda.com.br/o-bolsonarismo-a-luz-de-hannah-arendt/>. Acesso em: 15 mar. 2020.

AZEVEDO, Luiz Carlos. "O direito visigótico". *Revista da Faculdade de Direito*, Universidade de São Paulo, n. 96, 2001. p. 3-16.

BALAGO, Rafael. "Após meses de impasse e duas eleições, coalizão de esquerda conquista governo da Espanha". *Folha de S.Paulo*, 7 jan. 2020. Disponível em: <www1.folha.uol.com.br/mundo/2020/01/apos-meses-de-impasse-e-2-eleicoes-coalizao-de-esquerda-conquista-governo-da-espanha.shtml>. Acesso em: 8 mar. 2020.

Referências bibliográficas

BALAKRISHNAM, Gopal (Org.). *Um mapa da questão nacional*. Rio de Janeiro: Contraponto, 2000.

BBC. "Quais os planos de Putin por trás da proposta de reforma que derrubou parte do governo russo", 15 jan. 2020. Disponível em: <https://noticias.uol.com.br/ultimas-noticias/bbc/2020/01/15/quais-os-planos-de-putin-por-tras-da-proposta-de-reforma-que-derrubou-parte--do-governo-russo.htm>. Acesso em: 28 jan. 2020.

BEARD, Mary. *SPQR: Uma história da Roma antiga*. São Paulo: Planeta, 2017.

BELLAMY, Richard. "The Advent of the Masses and the Making of the Modern Theory of Democracy". In: BELLAMY, Richard; BALL, Terence (Orgs.). *The Cambridge History of Twentieth Century Political Thought*. Cambridge: Cambridge University Press, 2003.

BERCOVICI, Gilberto. *Soberania e constituição: Para uma crítica do constitucionalismo*. São Paulo: Quartier Latin, 2008.

BERLIN, Isaiah. "Dois conceitos de liberdade". In: HARDY, H.; HAUSHEER, R. (Orgs.). *Estudos sobre a humanidade*. São Paulo: Companhia das Letras, 2002.

BERNSTEIN, Eduard. *Socialismo evolucionário*. Rio de Janeiro: Zahar, 1964.

BIGNOTTO, Newton. *As aventuras da virtude: As ideias republicanas na França do século XVIII*. São Paulo: Companhia das Letras, 2010.

BOBBIO, Norberto. "Elites, Teoria das". In: BOBBIO, Norberto; MATTEUCCI, Nicola; PASQUINO, Gianfranco (Orgs.). *Dicionário de política*, v. 1. São Paulo: Imprensa Oficial; Brasília: Editora UnB, 2004.

BONASSIE, Pierre. *Vocabulario básico de la historia medieval*. Barcelona: Crítica, 1988.

BOURDIEU, Pierre (Org.). *A miséria do mundo*. Petrópolis: Vozes, 2008.

BRAUN, Julia. "Fim de limite de mandato fortalece atual presidente chinês", 26 fev. 2018. Disponível em: <veja.abril.com.br/mundo/fim--de-limite-de-mandatos-fortalece-atual-presidente-chines/>. Acesso em: 26 jan. 2020.

BRITO, Mônica Vieira; RUNCIMAN, David. *Representation*. Cambridge: Polity, 2008.

BROWN, Wendy. *Undoing the Demos*. Nova York: Zone Books, 2015.

_____. *In the Ruins of Neoliberalism: The Rise of Antidemocratic Politics in the West*. Nova York: Columbia University Press, 2019.

BUARQUE, Daniel. "Estudo indica que democracias são piores que ditaduras no combate à covid". UOL, 22 maio 2020. Disponível em: <noticias.

uol.com.br/politica/ultimas-noticias/2020/05/22/estudo-indica-que-democracias-sao-piores-que-ditaduras-no-combate-a-covid.htm.>

BURCKHARDT, Jacob. *A cultura do Renascimento na Itália: Um ensaio*. São Paulo: Companhia das Letras, 2018.

BURKE, Edmund. "Discurso aos eleitores de Bristol". In: WEFFORT, Francisco (Org.). *Os clássicos da política*, v. 2. São Paulo: Ática, 1989.

CAMPILONGO, Celso. *Representação política*. São Paulo: Ática, 1988.

CASSIRER, Ernst. *Filosofia do Iluminismo*. Campinas: Ed. Unicamp, 1992.

CASTELLS, Manuel. *Ruptura: A crise da democracia liberal*. Rio de Janeiro: Zahar, 2018.

CAVAGNA, Alessandro. "Os povos germânicos". In: ECO, Umberto (Org.). *Idade Média: Bárbaros, cristãos e muçulmanos*. Alfragide: Dom Quixote, 2012.

CERVANTES, Miguel de. *O engenhoso fidalgo D. Quixote de La Mancha*, livro I. São Paulo: Editora 34, 2002.

CHABOD, Federico. *L'idea di nazione*. Roma: Laterza, 1967.

CHAUI, Marilena, "Neoliberalismo: a nova forma do totalitarismo", 6 out. 2019. Disponível em: <aterraeredonda.com.br/neoliberalismo-a-nova-forma-do-totalitarismo/>. Acesso em: 15 mar. 2020.

CLASTRES, Pierre. *A sociedade contra o Estado: Pesquisas de antropologia política*. Rio de Janeiro: Francisco Alves, 1978.

COELHO, Maria Francisca Pinheiro. "O totalitarismo como forma de governo". *Folha de S.Paulo*, 19 jul. 2020. Disponível em: <www1.folha.uol.com.br/opiniao/2020/07/o-totalitarismo-como-forma-de-governo.shtml>.

COHN, Gabriel. "O ecletismo bem-temperado". In: D'INCAO, Maria Angela (Org.). *O saber militante: Ensaios sobre Florestan Fernandes*. São Paulo: Unesp; Paz e Terra, 1986.

COLLINS, Chuck. "Os bilionários estão ficando ainda mais ricos com a pandemia. Basta". CNN, 1º maio 2020. Disponível em: <www.cnnbrasil.com.br/business/2020/05/01/os-bilionarios-estao-ficando-ainda-mais-ricos-com-a-pandemia-basta>. Acesso em: 30 jul. 2020.

COLLIVA, Paolo. "Comuna". In: BOBBIO, Norberto; MATTEUCCI, Nicola; PASQUINO, Gianfranco (Orgs.). *Dicionário de política*, v. 1. São Paulo: Imprensa Oficial; Brasília: Editora UnB, 2004.

_____. "Monarquia". In: BOBBIO, Norberto; MATTEUCCI, Nicola; PASQUINO, Gianfranco (Orgs.). *Dicionário de política*, v. 2. São Paulo: Imprensa Oficial; Brasília: Editora UnB, 2004.

Referências bibliográficas

CONSTANT, Benjamin. "Da liberdade dos antigos comparada à dos modernos". In: ROSENFIELD, Denis (Org.). *Filosofia política 2*. Porto Alegre: L&PM, 1985.

CONSULTOR JURÍDICO. "Mais um estado americano decide instituir o recall político", 15 ago. 2017. Disponível em: <www.conjur.com. br/2017-ago-15/estado-americano-decide-instituir-recall-politico>. Acesso em: 12 ago. 2020.

COTTA, Maurizio. "Parlamento". In: BOBBIO, Norberto; MATTEUCCI, Nicola; PASQUINO, Gianfranco (Orgs.). *Dicionário de política*, v. 2. São Paulo: Imprensa Oficial; Brasília: Editora UnB. 2004.

_____. "Representação política". In: BOBBIO, Norberto; MATTEUCCI, Nicola; PASQUINO, Gianfranco (Orgs.). *Dicionário de política*, v. 2. São Paulo: Imprensa Oficial; Brasília: Editora UnB. 2004.

COUTINHO, Carlos Nelson. "A democracia como valor universal". *Encontros com a Civilização Brasileira*, v. 9, 1979.

CROUCH, Colin. "Coping with Post-Democracy". Londres: Fabian Society, 2012. p. 7. Disponível em: <www.fabians.org.uk/wp-content/uploads/2012/07/Post-Democracy.pdf>. Acesso em: 27 jan. 2020.

CUÉ, Carlos E.; DELLE FEMMINE, Laura. "Governo da Espanha propõe taxar mais ricos e empresas para superar a crise da pandemia", 27 out. 2020. Disponível em: <https://brasil.elpais.com/internacional/2020-10-27/ governo-da-espanha-propoe-taxar-mais-ricos-e-grandes-empresas- -para-fechar-a-conta-do-coronavirus.html>. Acesso em: 15 nov. 2020.

DAHL, Robert. *La democracia y sus críticos*. Barcelona/Buenos Aires: Paidós, 1993.

_____. *Poliarquia: Participação e oposição*. São Paulo: Edusp, 1997.

_____. *Sobre a democracia*. Brasília: Editora UnB, 2001.

_____. *A Constituição norte-americana é democrática?*. Rio de Janeiro: FGV, 2015.

DARDOT, Pierre; LAVAL, Christian. *A nova razão do mundo: Ensaio sobre a sociedade neoliberal*. São Paulo: Boitempo, 2016.

_____. "Preface for the English Edition: Anatomy of the New Neoliberalism". In: _____. *Never-Ending Nightmare: The Neoliberal Assault on Democracy*. Londres: Verso, 2019.

Deutsche Welle. "What Philosopher Hannah Arendt Would Say about Donald Trump", 16 ago. 2017. Disponível em: <www.dw.com/en/ what-philosopher-hannah-arendt-would-say-about-donald-trump-p/a-36766400>. Acesso em: 8 mar. 2020.

DOBB, Maurice. *A evolução do capitalismo*. Rio de Janeiro: Zahar, 1981.

DUNN, John. *A história da democracia*. São Paulo: Unifesp, 2016.

DUVERGER, Maurice. *Os partidos políticos*. Rio de Janeiro: Zahar, 1970.

ECO, Umberto (Org.). *Idade Média: Bárbaros, cristãos e muçulmanos*. Alfragide: Dom Quixote, 2012.

EDER, Walter. "Who Rules? Power and Participation in Athens and Rome". In: MOLHO, Anthony; RAAFLAUB, Kurt; EMLEN, Julia (Orgs.). *City-States in Classical Antiquity and Medieval Italy*. Ann Arbor: The University of Michigan Press, 1991. pp. 169-96.

EIJK, Cees van der; FRANKLIN, Mark N. *Elections and Voters*. Londres: Palgrave Macmillan, 2009.

ELEY, Geoff. *Un mundo que ganar*. Barcelona: Crítica, 2002.

ENGELS, Friedrich. *A origem da família, da propriedade privada e do Estado*. Rio de Janeiro: Civilização Brasileira, 1984.

ESPING-ANDERSEN, Gosta. "As três economias políticas do *welfare state*". *Lua Nova*, São Paulo, n. 24, set. 1991. pp. 85-116.

FAISSÓ, Guido. "Jusnaturalismo". In: BOBBIO, Norberto; MATTEUCCI, Nicola; PASQUINO, Gianfranco (Orgs.). *Dicionário de política*, v. 1. São Paulo: Imprensa Oficial; Brasília: Editora UnB, 2004.

FAORO, Raymundo. *Os donos do poder: A formação do patronato político brasileiro*. São Paulo: Globo, 2008.

FERREIRA, José Ribeiro. *A Grécia antiga*. Lisboa: Edições 70, 2004.

FINLEY, Moses. *A economia antiga*. Lisboa: Afrontamento, 1986.

_____. *Política no mundo antigo*. Lisboa: Edições 70, 1997.

FOLHA DE S.PAULO. "As 11 emendas da Constituição dos EUA promulgadas em 1798", 20 dez. 1998. Disponível em: <www1.folha.uol.com.br/fsp/mais/fs20129807.htm>. Acesso em: 10 mar. 2020.

FOURASTIÉ, Paul. *Les trente glorieuses, ou La révolution invisible de 1946 à 1975*. Paris: Fayard, 1979.

FRANÇA. Declaração dos Direitos do Homem e do Cidadão (1789). Disponível em: <www.direitoshumanos.usp.br/index.php/Documentos-anteriores-%C3%A0o-cria%C3%A7%C3%A3o-da-Sociedade-das-Na%C3%A7%C3%B5es-at%C3%A9-1919/declaracao--de-direitos-do-homem-e-do-cidadao-1789.html.>.

FRANCO JÚNIOR, Hilário. *A Idade Média, nascimento do Ocidente*. São Paulo: Brasiliense, 2001.

FRASER, Nancy. *The Old Is Dying and the New Cannot Be Born*. Londres: Verso, 2019.

Referências bibliográficas

FRASER, Nancy; JAEGGI, Rahel. *Capitalismo: Una conversación desde la teoría crítica*. Madri: Morata, 2019.

FUNARI, Pedro Paulo. *Grécia e Roma*. São Paulo: Contexto, 2015.

GIBBON, Edward. *The History of the Decline and Fall of the Roman Empire*. Nova York: Modern Library, 1943. 3 v.

_____. *Declínio e Queda do Império Romano*. São Paulo: Companhia das Letras, 2005.

GONTHIER, Ursula Haskins. *Montesquieu and England: Enlighted Exchanges, 1689-1755*. Londres: Pickering & Chatto, 2010.

GRAMSCI, Antonio. *Cadernos do cárcere*, v. 3. Org. e trad. de Carlos Nelson Coutinho. Rio de Janeiro: Civilização Brasileira, 2012.

GUERREAU, Alain. "Feudalismo". In: LE GOFF, Jacques; SCHMITT, Jean-Claude (Orgs.). *Dicionário temático do Ocidente medieval*. Bauru: Edusc, 2006.

HABERMAS, Jürgen. "Três modelos normativos de democracia". *Lua Nova*, n. 36, 1995. pp. 39-53.

_____. *Mudança estrutural da esfera pública*. São Paulo: Unesp, 2014.

HALL, John (Org.). *Os Estados na história*. Rio de Janeiro: Imago, 1992.

HAMILTON, Alexander; MADISON, James; JAY, John. *O Federalista*. São Paulo: Abril Cultural, 1985.

HARCOURT, Bernard E. *The Counterrevolution: How Our Government Went to War Against its Own Citizens*. Nova York: Basic Books, 2018.

HARVEY, David. *O neoliberalismo: História e implicações*. São Paulo: Loyola, 2008.

HECKSCHER, Eli F. *Mercantilism*, v. 1. Nova York: Routledge, 1994.

HESPANHA, António Manuel. *História das instituições: Épocas medieval e moderna*. Coimbra: Almedina, 1982.

HIBBERT, Christopher. *The French Revolution*. Londres: Penguin, 1982.

HILTON, Rodney. "Introdução". In: SWEEZY, Paul et al. *A transição do feudalismo para o capitalismo: Um debate*. São Paulo: Paz e Terra, 2004.

_____. "Capitalismo: O que representa essa palavra?". In: SWEEZY, Paul et al. *A transição do feudalismo para o capitalismo: Um debate*. São Paulo: Paz e Terra, 2004.

_____. "Sociedade feudal". In: BOTTOMORE, Tom (Org.). *Dicionário do pensamento marxista*. Rio de Janeiro: Zahar, 2013.

HIRST, Paul. *A democracia representativa e seus limites*. Rio de Janeiro: Zahar, 1992.

HOBBES, Thomas. *Leviatã ou Matéria, forma e poder de um Estado eclesiástico e civil*, v. 1. São Paulo: Nova Cultural, 1988.

HOBSBAWM, Eric. *A era dos impérios (1875-1914)*. São Paulo: Paz e Terra, 2007.

_____. *Era dos extremos: O breve século XX (1914-1991)*. São Paulo: Companhia das Letras, 2010.

HOLOCAUST ENCYCLOPEDIA. "Victims of the Holocaust and Nazi Persecution". United States Holocaust Memory Museum. Disponível em: <encyclopedia.ushmm.org/content/en/article/documenting--numbers-of-victims-of-the-holocaust-and-nazi-persecution>. Acesso em: 17 jan. 2019.

HÖRNQVIST, Mikael. *Machiavelli and Empire*. Cambridge: Cambridge University Press, 2004.

IPPOLITO, Dario. "O pluralismo jurídico". In: ECO, Umberto (Org.). *Idade Média: Bárbaros, cristãos e muçulmanos*. Alfragide: Dom Quixote, 2012.

KAFKA, Franz. *O processo*. São Paulo: Companhia das Letras, 1997.

KANT, Immanuel. "Resposta à questão: O que é Esclarecimento?". In: MARÇAL, Jairo (Org.). *Antologia de textos filosóficos*. Curitiba: Secretaria de Estado da Educação do Paraná. 2009.

KAUTSKY, Karl. *O caminho do poder*. São Paulo: Hucitec, 1979.

_____. "A ditadura do proletariado". In: KAUTSKY, Karl; LÊNIN, Vladimir. *A ditadura do proletariado e A revolução proletária e o renegado Kautsky*. São Paulo: Livraria Editora Ciências Humanas, 1979.

KEUCHEVAN, Razmig. "Democracias perecíveis", 3 maio 2015. Disponível em: <diplomatique.org.br/democracias-pereciveis/>. Acesso em: 10 mar. 2020.

KOSELLECK, Reinhart. *Futuro passado: Contribuição à semântica dos tempos históricos*. Rio de Janeiro: Contraponto; Editora PUC-Rio, 2006.

KRUGMAN, Paul. "Manufacturing Is not Great Again. Why?". *New York Times*, 31 out. 2019. Disponível em: <www.nytimes.com/2019/10/31/opinion/manufacturing-trump.html>. Acesso em: 25 jan. 2020.

LEACOCK, Eleanor Burke. "Comunismo primitivo". In: BOTTOMORE, Tom (Org.). *Dicionário do pensamento marxista*. Rio de Janeiro: Zahar, 2013.

LEFORT, Claude. *As formas da história*. São Paulo: Brasiliense, 1990.

_____. "Sobre a lógica da força". In: GALVÃO, Célia Quirino; SADEK, Maria Tereza (Orgs.). *O pensamento político clássico*. São Paulo: Martins Fontes, 2003.

_____. *A invenção democrática: Os limites da dominação totalitária*. Belo Horizonte: Autêntica, 2011.

Referências bibliográficas

LE GOFF, Jacques. *A civilização do Ocidente medieval*. Bauru: EDUSC, 2005.
_____. (com a colaboração de Jean-Maurice de Montremy). *Em busca da Idade Média*. Rio de Janeiro: Civilização Brasileira, 2005.

LE ROUX, Patrick. *Império Romano*. Porto Alegre: L&PM, 2010.

LESSA, Renato. "Uma breve história natural da urna". *Serrote*, São Paulo, n. 23, 2016. Disponível em: <www.revistaserrote.com.br/2016/07/uma-breve-historia-natural-da-urna-por-renato-lessa/>. Acesso em: 30 maio 2019.

LEVI, Primo. *É isto um homem?*. Rio de Janeiro: Rocco, 1988.

LEVITSKY, Steven; ZIBLATT, Daniel. *Como as democracias morrem*. Rio de Janeiro: Zahar, 2018.

LINCOLN, Abraham. "Discurso de Gettysburg (1863)". In: FIGUEIREDO, Carlos (Org.). *100 discursos históricos*. Belo Horizonte: Leitura, 2002.

LOCKE, John. *Dois tratados sobre o governo*. São Paulo: Martins Fontes, 1998.

LULO, Raimundo. "A posição social do cavaleiro". In: ESPINOSA, Fernanda (Org.). *Antologia de textos históricos medievais*. Lisboa: Sá da Costa, 1972.

LUXEMBURGO, Rosa. "A crise da social-democracia" (brochura de Junius, 1916). In: LOUREIRO, Isabel (Org.). *Rosa Luxemburgo: Textos escolhidos*, v. 2. São Paulo: Unesp, 2009. p. 81.

MANENT, Pierre. *História intelectual do liberalismo: Dez lições*. Lisboa: Edições 70, 2015.

MANIN, Bernard. "As metamorfoses do governo representativo". *Revista Brasileira de Ciências Sociais*, n. 29, out. 1995. pp. 5-34.

_____. "Checks, Balances and Boundaries: The Separation of Powers in the Constitutional Debate of 1787". In: FONTANA, Biancamaria (Org.). *The Invention of the Modern Republic*. Cambridge: Cambridge University Press, 2004.

_____. "O princípio da distinção". *Revista Brasileira de Ciência Política*, n. 4, jul./dez., 2010. pp. 187-226.

MAQUIAVEL, Nicolau. *Discursos sobre a primeira década de Tito Lívio*. São Paulo: Martins Fontes, 2007.

MARSHALL, T. H. *Cidadania, classe social e status*. Rio de Janeiro: Zahar, 1967.

MARX, Karl. *O 18 Brumário de Luís Bonaparte*. São Paulo: Boitempo, 2011.

_____. *A Guerra Civil na França*. São Paulo: Boitempo, 2011.

_____. *O capital*, livro I. São Paulo: Boitempo, 2015.

MARX, Karl. *O capital*, livro III. São Paulo: Boitempo, 2017.

MATTEUCCI, Nicola. "Soberania". In: BOBBIO, Norberto; MATTEUCCI, Nicola; PASQUINO, Gianfranco. *Dicionário de política*, v. 2. São Paulo: Imprensa Oficial; Brasília: Editora UnB, 2004.

MAZZARINO, Santo. *O fim do mundo antigo*. São Paulo: Martins Fontes, 1991.

MICHELS, Robert. *Sociologia dos partidos políticos*. Brasília: Editora UnB, 1982.

MIGUEL, Luis Felipe. "Sorteios e representação democrática". *Lua Nova*, n. 50, 2000. pp. 69-96.

MILIBAND, Ralph. *O Estado na sociedade capitalista*. Rio de Janeiro: Zahar, 1972.

MILLET, Helène. "Assembleias". In: LE GOFF, Jacques; SCHMITT, Jean-Claude. *Dicionário temático do Ocidente medieval*. Bauru: Edusc, 2006. pp. 91-103.

MOHNHAUPT, Heinz; GRIMM, Dieter. *Constituição: História do conceito desde a Antiguidade até nossos dias*. Belo Horizonte: Tempus, 2012.

MONTESQUIEU. *O espírito das leis*. São Paulo: Martins Fontes, 2005.

MOORE JR., Barrington. *As origens sociais da ditadura e da democracia*. Lisboa; Santos: Martins Fontes, 1975.

MORAES, Reginaldo. *Neoliberalismo: De onde vem, para onde vai?*. São Paulo: Senac, 2001.

MOUNK, Yascha. *O povo contra a democracia: Por que nossa liberdade corre perigo e como salvá-la*. São Paulo: Companhia das Letras, 2019.

MUTIKANI, Lucia. "Economia dos EUA encolhe 33% no 2º trimestre, pior queda já registrada". Reuters, 30 jul. 2020. Disponível em: <economia. uol.com.br/noticias/reuters/2020/07/30/covid-19-faz-economia-dos--eua-despencar-mais-de-30-no-2-tri.htm>. Acesso em: 30 jul. de 2020.

NOGUEIRA, Marco Aurélio. "Representação, crise e mal-estar institucional". *Sociedade e Estado*, v. 29, n. 1, jan./abr. 2014.

NORRIS, Pipa; INGLEHART, Ronald. *Cultural Backlash: Trump, Brexit and Authoritarian Populism*. Cambridge: Cambridge University Press, 2018.

NOVAIS, Fernando A. *Portugal e Brasil na crise do antigo sistema colonial (1777-1808)*. São Paulo: Editora 34, 2019.

NUN, José. *Democracia. ¿Gobierno del pueblo o gobierno de los políticos?*. Buenos Aires: Capital Intelectual, 2015.

NUNES, Rodrigo. "Faltou a Alvim a arte de seus colegas de governo". *Folha de S.Paulo*, 26 jan. 2020.

Referências bibliográficas

OBER, Josiah. "Rules of War in Classical Greece". In: _____. *The Athenian Revolution: Essays on Ancient Greek Democracy and Political Theory*. Princeton: Princeton University Press, 1996.

OFFE, Claus. *Os problemas estruturais do Estado capitalista*. Rio de Janeiro: Tempo Brasileiro, 1984.

O GLOBO. "Após crise global estourar em 2008, bancos receberam socorros bilionários", 5 ago. 2014. Disponível em: <acervo.oglobo.globo.com/em-destaque/apos-crise-global-estourar-em-2008-bancos-receberam-socorros-bilionarios-13495994>. Acesso em: 9 mar. 2020.

OLIVEIRA, Francisco de. "Privatização do público, destituição da fala e anulação da política: O totalitarismo neoliberal". In: OLIVEIRA, Francisco; PAOLI, Maria Célia (Orgs.). *Os sentidos da democracia: Políticas do dissenso e hegemonia global*. Petrópolis: Vozes, 1999.

OSTRENSKY, Eunice. *As revoluções do poder*. São Paulo: Alameda, 2005.

OUTHWAITE, William et al. *Dicionário do pensamento social do século XX*. Rio de Janeiro: Zahar, 1996.

PAINE, Thomas. *Rights of Man*. Indianapolis: Hackett Pub Co., 1992.

PASQUINO, Pasquale. "The Constitutional Republicanism of Emmanuel Sieyès". In: FONTANA, Biancamaria (Org.). *The Invention of Modern Republic*. Cambridge: Cambridge University Press, 1994.

PATEMAN, Carole. *Participação e teoria democrática*. São Paulo: Paz e Terra, 1992.

PISTONE, Sergio. "Imperialismo". In: BOBBIO, Norberto; MATTEUCCI, Nicola; PASQUINO, Gianfranco (Orgs.). *Dicionário de política*, v. 1. São Paulo: Imprensa Oficial; Brasília: Editora UnB, 2004.

_____. "Relações internacionais". In: BOBBIO, Norberto; MATTEUCCI, Nicola; PASQUINO, Gianfranco (Orgs.). *Dicionário de política*, v. 1. São Paulo: Imprensa Oficial; Brasília: Editora UnB, 2004.

PITKIN, Hanna. *The Concept of Representation*. Berkeley: University of California Press, 1967.

POGGI, Gianfranco. *The Development of the Modern State: A Sociological Introduction*. Stanford: Stanford University Press, 1978.

POLANYI, Karl. *A grande transformação*. Rio de Janeiro: Elsevier, 2000.

POULANTZAS, Nicos. *Poder político e classes sociais*. Campinas: Editora Unicamp, 2019.

PRZEWORSKI, Adam. *Crises da democracia*. Rio de Janeiro: Zahar, 2020.

QUIRINO, Célia Galvão; VOUGA, Claudio; BRANDÃO, Gildo Marçal (Orgs.). *Clássicos do pensamento político*. São Paulo: Edusp, 1998.

QUIRINO, Célia Galvão; SADEK, Maria Teresa (Orgs.). *O pensamento político clássico*. São Paulo: Martins Fontes, 2003.

RAAFLAUB, Kurt. "City-State, Territory and Empire in Classical Antiquity". In: MOLHO, Anthony; RAAFLAUB, Kurt; EMLEN, Julia (Orgs.). *City-States in Classical Antiquity and Medieval Italy*. Ann Arbor: The University of Michigan Press, 1991.

RHODES, Peter. "The Alleged Failure of Athens in the Fourth Century". *Electrum*, v. 19, 2012. pp. 111-29.

RIBEIRO, Renato Janine. *Ao leitor sem medo: Hobbes escrevendo contra seu tempo*. Belo Horizonte: Ed. UFMG, 1999.

ROBINSON, William I. "Trumpismo, fascismo do século XXI e ditadura da classe capitalista transnacional", 12 nov. 2018. Disponível em: <movimentorevista.com.br/2018/11/trumpismo-fascismo-do-seculo-xxi-e-ditadura-da-classe-capitalista-transnacional/>. Acesso em: 25 jan. 2020.

ROLDÁN, José Manuel. *La República Romana*. Madri: Cátedra, 1999.

ROSANVALLON, Pierre. "A história da palavra democracia na época moderna". *Perspectivas*, n. 19, 1996. pp. 113-29.

ROUSSEAU, Jean-Jacques. *O contrato social: Princípios do direito político*. São Paulo: Martins Fontes, 1999.

RUNCIMAN, David. *Como a democracia chega ao fim*. São Paulo: Todavia, 2019.

SACCOMANI, Edda. "Fascismo". In: BOBBIO, Norberto; MATTEUCCI, Nicola; PASQUINO, Gianfranco (Orgs.). *Dicionário de política*, v. 1. São Paulo: Imprensa Oficial; /Brasília: UnB, 2004.

SANTOS, Boaventura de Sousa. *Izquierdas del mundo, ¡uníos!*. Bogotá: Siglo del Hombre, 2019.

SARTORI, Giovanni. *La democracia en 30 lecciones*. Cidade do México: Taurus, 2009.

SAVATER, Fernando. *Política para meu filho*. São Paulo: Martins Fontes, 1996.

SCHIERA, Pierangelo. "Absolutismo". In: BOBBIO, Norberto; MATTEUCCI, Nicola; PASQUINO, Gianfranco (Orgs.). *Dicionário de política*, v. 1. São Paulo: Imprensa Oficial; Brasília: UnB, 2004.

SCHLUCHTER, Wolfgang. *O desencantamento do mundo: Seis estudos sobre Max Weber*. Rio de Janeiro: Ed. UFRJ, 2014.

SCHUMPETER, Joseph. *Capitalismo, socialismo e democracia*. São Paulo: Unesp, 2017.

Referências bibliográficas

SCOTT, James C. *Against the Grain: A Deep History of the Early States*. New Haven: Yale University Press, 2017.

_____. *The Art of not Being Governed: An Anarchist History of Upland Southeast Asia*. New Haven: Yale University Press, 2010.

SEVILHA, Santo Isidoro. "A invasão da península Ibérica pelos vândalos, alanos e suevos". In: ESPINOSA, Fernanda (Org.). *Antologia de textos históricos medievais*. Lisboa: Sá da Costa, 1972.

SIEYÈS, Emmanuel Joseph. *Escritos políticos*. Cidade do México: Fondo de Cultura Económica, 1993.

SKINNER, Quentin. "The State". In: BALL, Terence; FARR, James; HANSON, Russell L. (Orgs.). *Political Innovation and Conceptual Change*. Cambridge: Cambridge University Press, 1989.

_____. *Fundações do pensamento político moderno*. São Paulo: Companhia das Letras, 2009.

SNYDER, Timothy. *Na contramão da liberdade: A guinada autoritária nas democracias contemporâneas*. São Paulo: Companhia das Letras, 2019.

SPAGNOLO, Carlo. "Fascismo". In: LIGUORI, Guido; VOZA, Pasquale (Orgs.). *Dicionário gramsciano*. São Paulo: Boitempo, 2017.

STANDING, Guy. *O precariado: A nova classe perigosa*. Belo Horizonte: Autêntica, 2013.

STONE, Lawrence. *Causas da Revolução Inglesa, 1529-1642*. Bauru: Edusc, 2000.

STREECK, Wolfgang. "The Return of the Repressed". *New Left Review*, n. 104, mar./abr. 2017.

_____. *Tempo comprado: A crise adiada do capitalismo democrático*. São Paulo: Boitempo, 2018.

STRAUSS, Barry. "The Athenian Trireme, School of Democracy". In: OBER, Josiah; HENDRICK, Charles (Orgs.). *Demokratia: A Conversation on Democracies, Ancient and Modern*. Princeton: Princeton University Press.

THE GUARDIAN. "A Weakened Strongman", 7 abr. 2019. Disponível em: <www.theguardian.com/commentisfree/2019/apr/07/the-guardian--view-on-turkey-and-erdogan-a-weakened-strongman>. Acesso em: 16 fev. 2020.

_____. "'White Power Ideology': Why El Paso Is a Global Threat", 4 ago. 2019. Disponível em: <www.theguardian.com/us-news/2019/aug/04/el-paso-shooting-white-nationalist-supremacy-violence-christchurch>. Acesso em: 26 jan. 2020.

THE GUARDIAN. "Intimidation Can't Solve the Problem", 29 set. 2019. Disponível em: <www.theguardian.com/commentisfree/2019/sep/20/the-guardian-view-on-thailand-intimidation-cant-solve-the--problem>. Acesso em: 16 fev. 2020.

THERBORN, Göran (Org.). *Inequalities of the World: New Theoretical Frameworks, Multiple Empirical Approaches*. Londres: Verso, 2006.

THOMPSON, John B. *O escândalo político: Poder e visibilidade na era da mídia*. Petrópolis: Vozes, 2002.

TIERNEY, Brian. *The Crisis of Church and State, 1050-1300*. Toronto: University of Toronto Press, 1988.

TILLY, Charles. *Coerção, capital e estados europeus (990-1992)*. São Paulo: Edusp, 1996.

TOCQUEVILLE, Alexis de. *A democracia na América: Sentimentos e opiniões que o Estado social-democrático faz nascer entre os americanos*. São Paulo: Martins Fontes, 2000.

_____. *A democracia na América: Leis e costumes de certas leis e certos costumes políticos que foram naturalmente sugeridos aos americanos por seu estado social democrático*. São Paulo: Martins Fontes, 2012.

TOSTA, Wilson. "'Programa político não há, a luta de Bolsonaro é pelo poder', diz Luiz Werneck Vianna", 14 mar. 2020. Disponível em: <politica.estadao.com.br/noticias/geral,programa-politico-nao-ha-a-luta--de-bolsonaro-e-pelo-poder-diz-luiz-werneck-vianna,70003232820>. Acesso em: 15 mar. 2020.

TRAVERSO, Enzo. *El totalitarismo: Historia de un debate*. Buenos Aires: Eudeba, 2001.

TUCK, Richard. *Hobbes*. São Paulo: Loyola, 2011.

URBINATI, Nadia. "Da democracia dos partidos ao plebiscito da *audience*". *Lua Nova*, n. 89, 2013.

VALLEJO, María Antonia Sánchez. "O perturbador avanço da 'revolução de açafrão' na Índia", 23 maio 2019. Disponível em: <oglobo.globo.com/mundo/analise-perturbador-avanco-da-revolucao-de-acafrao--na-india-23689261>. Acesso em: 25 jan. 2020.

VAN REYBROUCK, David. *Against Elections: The Case for Democracy*. Londres: Bodley Head, 2016.

VAROL, Ozan O. "Stealth Authoritarianism". *100 Iowa Law Review 1673*, 2015. Disponível em: <papers.ssrn.com/sol3/papers.cfm?abstract_id=2428965>. Acesso em: 19 jan. 2020.

VATTEL, Emer de. *O direito das gentes*. Brasília: Editora UnB, 2004.

Referências bibliográficas

VENTURI, Franco. *Utopia e Reforma no Iluminismo*. Bauru: Edusc, 2003.

VERNANT, Jean-Pierre. *As origens do pensamento grego*. Rio de Janeiro: Difel, 2002.

VOLKOGONOV, Dmitri. *Stalin: Triunfo e tragédia*. Rio de Janeiro: Nova Fronteira, 2004.

VON FRITZ, Kurt. *The Theory of the Mixed Constitution in Antiquity*. Nova York: Columbia University Press, 1954.

VOVELLE, Michel (Org.). *França revolucionária, 1789-1799*. São Paulo: Brasiliense; Secretaria de Estado da Cultura, 1989.

WARD-PERKINS, Bryan. *The Fall of Rome and the End of Civilization*. Oxford: Oxford University Press, 2005.

WEBER, Max. *Economy and Society*. Califórnia: University of California Press, 1978.

_____. *Ensaios de sociologia*. Rio de Janeiro: LTC, 1982.

_____. "A política como vocação". In: WEBER, Max. *Ciência e política: Duas vocações*. São Paulo: Cultrix, 1993.

_____. "As causas sociais do declínio da cultura antiga". In: COHN, Gabriel (Org.). *Weber*. São Paulo: Ática, 2003.

_____. *Economia e sociedade*, v. 2. Brasília: UnB, 2009.

_____. "Parlamento e governo numa Alemanha reorganizada: Sobre a crise política do funcionalismo e do partidarismo". In: _____. *Escritos políticos*. São Paulo: Martins Fontes, 2013.

WEFFORT, Francisco (Org.). *Os clássicos da política*. 2 v. São Paulo: Ática, 1989.

WILLIAMS, Raymond. *Palavras-chave: Um vocabulário de cultura e sociedade*. São Paulo: Boitempo, 2007.

WOOD, Gordon S. *The American Revolution: A History*. Nova York: The Modern Library, 1982.

WOODCOCK, George (Org.). *Os grandes escritos anarquistas*. Porto Alegre: L&PM, 2019.

Índice remissivo

11 de setembro, atentados de, 236
18 *Brumário de Luís Bonaparte, O*
(Marx), 91

absolutismo, 87-99; ambiguidade do
monarca entre nobreza e burguesia, 119; aumento da estatalidade,
105; concentração da violência
no, 104; conflitos religiosos e,
247; definição, 87; demolição de
castelos na Espanha, 89; direito
divino dos reis, 97; estatização
da nobreza, 92; estímulo ao
capitalismo, 93; exploração das
colônias americanas, 93; fim da
servidão, 93; França e Inglaterra
como modelos, 91; *Protego ergo
obligo* ("Protejo, logo obrigo"), 99;
relação com a classe feudal, 95;
relação com a crise do feudalismo, 91-2; relações de produção
feudais no, 94; tendência à profissionalização, 106
acumulação do capital, A (Luxemburgo), 218
Alarico, 72
Alemanha, 97, 213-4; ascensão de
Hitler (1933), 214; Guerra Camponesa (1525), 247; República de
Weimar (1919-33), 186; social-
-democracia na, 191, 193
Alexandre ii, 213
Alexandre, o Grande, 27

Allende, Salvador, 195
Anderson, Perry, 11; sobre a reação
da nobreza à crise do feudalismo,
87; sobre a reação da nobreza ao
absolutismo, 95; sobre o absolutismo, 88, 94-5; sobre o Império
Romano, 71, 73; sobre o início do
feudalismo, 75, 78, 81
Antigo Regime, 136, 155, 161-2, 166,
168, 170
Antiguidade clássica, 13, 21-67; baixa
estatalidade, 31, 130; cidadania
em armas, 31, 126; invenção da
política, 13, 21, 27, 33-42, 44, 46-8,
50, 52-3, 55-6, 58; período grego e
período romano, 27
Anuário da Ordem Econômica e Social,
232
Ápela (assembleia espartana), 41
Arendt, Hannah, 11, 21, 55, 58, 208,
211, 216-7, 219-20, 222-3, 255; oposição entre política e violência, 51;
sobre a Antiguidade clássica, 49;
sobre a cidadania grega, 50, 52,
54; sobre a política, 130, 246; sobre
a Segunda Guerra Mundial, 250;
sobre a sociedade de massa, 221;
sobre autoridade, 55; sobre capitalismo e imperialismo, 217-8, 250;
sobre o Senado romano, 56; sobre
o totalitarismo, 216, 220, 223-4,
252; sobre o totalitarismo dos
anos 1930, 19; sobre o totalitarismo

Índice remissivo

na União Soviética, 212; sobre os campos de concentração, 221-2
Aristóteles, 35, 182
Atenas, 15, 27-9, 34, 36-7, 39-41, 44-5, 58-9, 182, 255; como modelo de democracia antiga, 36; democracia em, 59; desigualdades em, 57; escravos em, 29, 46, 84, 181, 246; queda de, 59
Ática, 28
Auschwitz, 221
Austrália, 189
Áustria, 97, 207, 210
autoritarismo, 9, 211-6, 227, 235, 251; sub-reptício, 227
Avis, dinastia de, 89

Babeuf, François Noël ("Graco"), 188
batalha de Poitiers (732), 75
Benjamin, Walter, 21
Berkowitz, Roger, 223
Berlinguer, Enrico, 200
Bernstein, Eduard, 193-4
Bíblia, 131
Biden, Joe, 211, 226, 240, 242
Bill of Rights (Inglaterra, 1689), 148
Bizâncio (depois Constantinopla, depois Istambul), 65
Bobbio, Norberto, 195, 214-5
Bodin, Jean, 97-8
Bolsonaro, Jair, 9, 210, 255
Bonaparte, Napoleão, 161-2
Borgonha, dinastia, 89
Bourbon, dinastia, 162
Bourdieu, Pierre, 248
Brasil, 9, 159, 210, 252
Braudel, Fernand, 116
Breviário de Alarico (visigodo), 73

Brexit, 9, 207, 210, 230, 238-9
Britânia, 62
Brown, Wendy, 209, 231, 234, 237
Buonarroti, Filippo, 188
Burke, Edmund, 185
burocracia: como aparato administrativo do Estado moderno, 109-11; na empresa capitalista moderna, 116-8; tirania da, 196-7

Câmara dos Lordes, 143
caminho da servidão, O (Hayek), 232
caminho do poder, O (Kautsky), 194
capital, O (Marx), 139
capitalismo, 11-2, 17, 19, 70, 91, 93, 118, 139, 157, 194, 198, 207-8, 210, 216, 225, 233, 248; caráter cíclico da acumulação, 122; crises econômicas e políticas, 123; deslocamento do centro dinâmico no século XVII, 148; Estado e, 115-24; Estado moderno e, 103; extrema direita e, 239, 251; geração de excedente no, 120; imperialismo e, 250; industrial, 17; mobilidade financeira no, 122; neoliberalismo e, 209, 241-2; pós-2008, 238; revolução social como forma de superação do, 188
capitalismo democrático (1946-75), 251
Capitular de Quierzy-sur-Oise, 78
Caracala, 66
Carlos I, 137, 141, 143
Carlos II, 144
Carlos Magno, 69, 75-6, 78-9
Carlos Martel, 75
Carlos, o Calvo, 78, 80
"Carta do Povo" (Lovett), 188
Cartago, 60

Castela e Aragão, união das dinastias, 89
Castells, Manuel, 228-9
catolicismo, 74; *ver também* Igreja católica
católicos e protestantes, guerra entre, 97, 112, 139, 247
Cervantes, Miguel de, 90
Chaui, Marilena, 235
Childerico III, 74
Chile, 195, 233
China: guerra comercial contra os Estados Unidos, 234, 239; virada capitalista da, 233
Cícero, 182
cidadania antiga: busca do consenso na, 54; liberdade e igualdade na, 46, 48, 53; palavra como mediação de conflitos, 53
cidadania moderna, 114; convergência entre povo e nação, 115; nacionalismo e, 115, 220; territorialidade e, 115
cidades livres medievais (comunas), 81, 86, 136, 160
cidades-Estado, 26-41; amplitude, 28; ascensão a impérios, 59; assembleias, 40; conflito de classes, 29-30, 32, 34, 36, 39; conselhos e tribunais, 40; estrutura de poder visando ao consenso, 41; guerra nas, 32-3; hierarquia social, 26; impulso do poder popular graças a mudanças nos modos de fazer guerra, 33; magistrados, 40; oligarquia e democracia, 34-5; povo em armas nas, 104; regimes políticos nas, 34-5, 37-9
civilização greco-romana, 22-67

Clastres, Pierre, 24
Clinton, Bill, 240
Clinton, Hillary, 240
Clístenes, 27
Clóvis, 74
Código de Eurico (visigodo), 73
colonialismo, 218
Comunidade da Inglaterra (Commonwealth), 143
conflito de classes (papel na política), 12, 34, 36, 59, 82
Conselho dos 500 (Atenas), 182
Conspiração dos Iguais (Paris, 1796), 188
Constant, Benjamin, 181
Constantinopla (depois Istambul), 65
constitucionalismo moderno, 99, 137, 147-8
constituição: "saudável" e "corrompida", 41; sentido clássico do termo (*politeia*), 40; sentido moderno (Paine), 158
Constituição norte-americana de 1788, 155, 157-8, 160; Primeira Emenda, 186
Convenção jacobina, 162
Cornwallis, lorde Charles, 150
coronavírus, pandemia (2020), 239, 242-3
corrupção, 165, 202, 226, 228, 231; escândalos de, 209
crise financeira (2008), 9, 251; socorro estatal aos bancos, 124
Cromwell, Oliver, 142, 144
Cromwell, Richard, 144

Dahl, Robert: definição de democracia moderna, 191-2
Dardot, Pierre, 231-2, 235-7

Índice remissivo

Declaração de Direitos (Bill of Rights, Inglaterra 1689), 145
Declaração de Independência Americana (1776), 150, 154-5
Declaração dos Direitos do Homem e do Cidadão (França, 1789), 178, 197, 249
Declaração Universal dos Direitos Humanos (1948), 178, 197, 249
democracia: antiga e moderna, 18, 36, 177; como busca da inclusão de todos no corpo de cidadãos, 249; como forma de sociedade, oposta à hierarquia aristocrática, 154; como governo do povo, 18; crise da, 9, 19, 207-43, 251-2; origem na Grécia, 27; projeto civilizatório da, 135, 137, 169-76, 198, 202, 249
democracia antiga, 15, 17-8, 252; Atenas como modelo de, 36; colapso na Grécia, com a expansão macedônica, 59; definida como autogoverno do povo, 36, 59, 178; escravidão na, 16, 29, 32, 46, 48, 67; mulheres excluídas da, 15, 29, 49
democracia de partido, 187-92; ampliação do direito de voto e, 188-9; crise da, 197-8, 204; declínio da, 201; importância do movimento dos trabalhadores no advento da, 189-90; "lei de ferro da oligarquia" e, 196; voto feminino, 189
democracia de público, 201-6; mercantilização do candidato na, 204; regida pela mídia, 202; semelhança entre governo parlamentar e, 203
democracia moderna, 18, 36, 137, 177-206, 225; ameaçada pelo autorita-

rismo sub-reptício, 227; ameaçada pelo neoliberalismo, 251; como democracia representativa, 179-82; condições necessárias à, 191; corrupção e escândalos político-midiáticos na, 228-9; "crise de meia-idade" da, 227; diferença entre liberalismo político e socialismo, 200; direitos sociais na, 198; Estado de direito e, 227, 236; globalização como causa da crise da, 228; governo parlamentar e, 178, 182-7; hierarquia e, 155; igualdade e, 155, 188, 193, 198; recall, 186; retrocesso da, 201-6; social-democracia, 188, 191, 193; três fases da, 177; *ver também* democracia de partido; democracia de público
democracia na América, A (Tocqueville), 155
Dicionário de política (Bobbio et al.), 214
Dinis I, dom, 89
direito das gentes, O (Vattel), 114
direito das minorias, 18
"direito de sangue" (*jus sanguinis*), 114
"direito de solo" (*jus soli*), 114
direitos políticos, 18
direitos sociais, 198, 201, 209; como redutores da desigualdade, 199
Do contrato social (Rousseau), 169
Dois tratados sobre o governo (Locke), 146
Dom Quixote de La Mancha (Cervantes), 89-90
Duda, Andrzej, 9, 211
Dunn, John, 11, 175
Duterte, Rodrigo, 210

Eclésia (assembleia ateniense), 42-3

Egito, 28

Elizabeth I, 138, 140

Emílio ou Da educação (Rousseau), 169

empresa capitalista moderna: acumulação de capital e, 117; burocratização similar ao Estado moderno, 118; especialização de funções, 117

Engels, Friedrich, 188; sobre o absolutismo, 94, 96

Erdogan, Recep, 9, 226

Escócia, 140

Escola Austríaca de Economia, 232

Escola de Frankfurt, 235

escravidão: de africanos nas *plantations* do sul dos Estados Unidos, 150, 155; diferença entre servidão e, 83; na Antiguidade Clássica, 15, 29, 32, 46-8, 61-2, 67, 84, 181

Espanha, 89, 97, 140, 151; como maior potência no século XVI, 90-1

Esparta, 29, 34, 37-8, 41, 44-5, 59, 255; hilotas, 37; ideal de austeridade, 37; infantaria hoplita, 37-8; regime oligárquico, 41

Esping-Andersen, Gosta, 199

espírito das leis, O (Montesquieu), 160

Estado: definição de, 25; disputa pela direção do, 130; expansão por todo o planeta, 23; guerra civil e, 25, 133; guerra e, 14, 24, 109, 113, 132, 217, 247; legitimação, 25; origem do termo, 26; os mais antigos conhecidos, 23; relação com a violência, 24; soberania e, 98, 121

Estado absolutista, 16, 69, 77, 95, 102-3, 246, *ver também* absolutismo

Estado constitucional, 106

Estado de bem-estar social, 19, 199-201, 209, 251

Estado de direito, 17, 157, 236; como legado da Revolução Inglesa, 147

Estado moderno, 14, 16, 69, 102-34; aspecto territorial, 104, 111-5; autonomia da burguesia, 119; autonomia do poder político, 119; burocrático e constitucional, 17; capitalismo e, 103, 117, 120-1, 123, 248; centralização do, 108; contradições com o capitalismo, 121; custos sociais assumidos pelo, 120; diplomacia internacional, 114; elementos burocráticos, 109-11; emprego da violência nas guerras, 109; Estado nacional como caso modelar do, 28; expansão do poder do, 121; governos divididos entre agradar os ricos e proteger o povo, 122; impessoalidade, 110; monopólio da violência, 104-11; nacionalidade e, 114-5; organizações multilaterais, 114; patrimonialista ou burocrático, 107; soberania interna e externa, 112-3

Estados Unidos, 191, 207, 224, 226, 231, 236; *alt-right*, 211, 234; ascensão da extrema direita (2016), 210; Congresso Continental, 151-2; constituição como lei fundamental, 153, 159; Convenção da Filadélfia (1787), 152, 156; escravidão de africanos nos, 155; Guerra Civil (1861-65), 155; guerra comercial com a China, 234, 239; República Romana como modelo, 153; Revolução da Independência (1776-88), 135, 148-61

Índice remissivo

Eucken, Walter, 232
eupátridas (nobres atenienses), 38
extrema direita: ascensão mundial
no século XXI, 9, 19, 210, 224, 231,
237, 239, 242, 252; capitalismo
e, 239, 251; na Áustria, 210; na
Espanha, 211; na Hungria, 9, 210;
na Índia, 211; na Itália, 210; na
Polônia, 9, 210-1; na Turquia, 9;
nas Filipinas, 210; no Brasil, 9, 210;
nos Estados Unidos, 9, 210

fascismo, 9, 207, 214, 234, 236
federalismo, 18
Federalista, O, 156, 159-60
feudalismo, 16, 32, 70, 74-5, 77, 81-2,
86, 94-5, 116, 246; ambivalência da
condição do servo, 84; ausência
em Portugal, 89; como aparato
patrimonialista, 107; definições
de, 82; descentralização da violência, 104; em crise, e o absolutismo, 91-2; impulso na economia,
84; limite no avanço da fronteira
agrícola, 86; surgimento da burguesia mercantil, 92; transição
para o Estado absolutista, 108
Filipe da Macedônia, 27, 59
Filipe I, 90
Filipinas, 210
Finlândia, 189
Finley, Moses, 11, 31, 33, 255
flexibilização quantitativa da moeda (*quantitative easing*), 238
Forças Armadas: como aparato
burocrático, 107
Fórum romano, 44
Fourastié, Jean, 19
França, 82, 90, 97, 148, 236; absolutis-

ta, 106; Antigo Regime, 162, 170;
Assembleia Nacional (1789), 162;
Queda da Bastilha, 164; Revolução Francesa (1789), 106, 135, 161-9
Francisco Ferdinando, 219
Fraser, Nancy, 238, 240-3
fraternidade, 249
freios e contrapesos (*checks and
balances*), 159
Friedman, Milton, 232
Fronda, revolta da (1653), 100
fundamentalismo cristão, 242
fundamentalismo islâmico, 242

Gália, 74
Gibbon, Edward, 63
Gini, índice de, 199
Gladstone, William Ewart, 219
globalização, 202; como causa da
crise das democracias contemporâneas, 228; como virada nas
relações entre capitalismo e
Estado nacional, 124; neoliberalismo e, 237
Godolphin, Francis, 133
Grã-Breanha, 231
Gramsci, Antonio, 216, 237, 250; conceito de revolução passiva, 216;
sobre o fascismo italiano, 215
Grande Jacquerie (rebelião camponesa na França, 1358), 87
grande transformação, A (Polanyi),
197
Grécia: coexistência de escravidão
e liberdade, 46; escravidão na, 29,
32, 46, 48; política como prática
coletiva da liberdade, 245
guerra: crescente emprego do método científico na guerra moderna,

110; definição de, 25; nas cidades-Estado, 32-3

Guerra Camponesa na Alemanha (1525), 247

Guerra Civil Americana (1861-65), 181-2

guerra civil na França, A (Marx), 92

Guerra Civil Inglesa, 247

Guerra do Peloponeso (431-04 AC), 29, 59

Guerra dos Sete Anos (1756-63), 149

Guerra dos Trinta Anos (1618-48), 113

Guerras Médicas, 30

Guerras Púnicas, 60

Guilherme de Orange, 145

Habermas, Jürgen, 205-6, 255

Habsburgo, dinastia, 90

Haider, Jörg, 210

Harcourt, Bernard, 236

Hayek, Friedrich von, 232

Henrique VIII, 138-9

Henriques, dom Afonso, 88

Hespanha, António Manuel, 79

História da Guerra do Peloponeso (Tulcídides), 37

History of the Decline and Fall of the Roman Empire, The (Gibbon), 63

Hitler, Adolf, 212, 214, 220, 234

Hobbes, Thomas, 98-9, 103, 147, 247; como predecessor de Locke, 147; comparação do Estado com o Leviatã (monstro bíblico), 247; conceito de medo da morte violenta, 132; defesa do poder impessoal do Estado, 134; Estado como organizador da vida civil, 131; *Leviatã*, 98, 131, 247; sobre a geração do Estado, 132; sobre a política, 131

Hobsbawm, Eric, 212; sobre o regime soviético, 223

Hobson, John A., 217-8

Holanda, 97

Homero, 47

Hungria, 9, 80, 97, 210, 226

Idade Média, 16, 68; absolutismo, 70; aumento da expectativa de vida, 84; aumento da população, 84; crescimento das cidades, 84; crise alimentar aguda, 86; novas técnicas agrícolas, 85; peste negra, 87; ressurgimento da estatalidade no final da, 70; rotas marítimas comerciais, 85; ruralidade da, 69

Idade Média, Baixa, 88

Iglesias, Pablo, 243

Igreja anglicana, 138, 140, 143, 145

Igreja católica, 70, 74-5, 85, 88, 98, 138-9, 145; na Revolução francesa, 167; questionada pela Reforma Protestante, 96; *ver também* catolicismo

igualdade, 14, 17, 46, 48, 52, 54-8, 83-4, 168, 170-1, 174-5, 180, 188, 191, 193, 198, 246, 249; civil, 166; como igualdade humana universal, 18, 188, 252; como igualdade social (Tocqueville), 18, 52, 154, 176, 178, 197; como *isonomia* e/ou *isegoria* na democracia antiga, 48; na ágora de Atenas, 15; na Revolução da Independência Americana, 153

Ilíada (Homero), 27, 48

imperialismo, 217-8

Imperialismo (Hobson), 217

Imperialismo: Fase superior do capitalismo (Lênin), 218

Índice remissivo 295

Império Bizantino, 61, 65
Império Carolíngio, 77; concessão
definitiva de terras, 78; extensão,
77; razões do declínio, 79-81
Império Persa, 59
Império Romano: advento do
cristianismo, 63; crescimento da
estatalidade no, 67; decadência,
61; fatores que levaram a sua
queda, 64; invasões bárbaras, 71;
pluralidade jurídica, 76; queda do,
70; repartido em duas metades,
ocidental e oriental, 64; sustentado pela escravidão, 61-2; ver
também Roma
Índia, 211, 252
Indignados, movimento dos (Espanha, 2012), 241, 243
Inglaterra, 74, 90, 97-8, 100, 148, 151,
161; Bill of Rights (1689), 145, 148;
cartismo, 188; Magna Carta, 100;
Reform Bill (1867), 189; Revolução
Gloriosa (1688), 157-8, 183; Revolução Inglesa (1642-89), 18, 106, 131,
135-48, 157, 188
Inglehart, Ronald, 229-31, 237
Introdução à política (Arendt), 13
Isidoro de Sevilha, 72
islamismo, ascensão no Império
Bizantino, 65
Istambul, 65
Itália, 74, 81, 97, 214; ascensão da ex-
trema direita (2018), 210; ascensão
de Mussolini (1922), 214

jacobinismo, 168, 173
Jaeggi, Rahel, 201, 242
Jaime II, 144
Jaime, rei da Inglaterra e Escócia, 140

Joana de Castela, 90
João I (João Sem Terra), 100
Johnson, Boris, 239
jusnaturalismo, 98, 154

Kaczinsky, Jaroslaw, 210, 226
Kafka, Franz, 110
Kant, Immanuel, 187, 205
Kautsky, Karl, 193-4
Kennedy, John F., 205
Keynes, John Maynard, sobre o
capitalismo, 116

La Rochefoucauld-Liancourt,
Fréderic de, 136
Laval, Christian, 231-2, 235-7
Le Goff, Jacques, 69
Le Roux, Patrick, 114
Leão III, papa, 75
Lênin, Vladimir, 212-4, 218, 223
Levi, Primo, 222
Leviatã (Hobbes), 98, 131, 247
Leviatã ver Estado moderno
Levitsky, Steven, 225-6
Lex Gundobada (burgúndio), 73
liberalismo, 175
liberdade, 14, 17, 19, 45-58, 83, 129, 146,
175, 246, 249, 252; de expressão, 18,
186, 192, 197-8, 225; de imprensa,
186-7; moderna, 181; na ágora de
Atenas, 15; política como prática
coletiva da, 65, 130, 170, 172, 205,
216, 245, 250; religiosa, 140, 145, 148
Liga Hanseática, 85
limites do poder, 18
Lincoln, Abraham, discurso de
Gettysburg (1863), 181
Locke, John, 146-7; sobre a soberania, 146; sobre o direito à
resistência, 147; sobre os direitos

do cidadão, 146; vínculo entre cidadania e individualidade, 157

Lotário, 80

Lovett, William, 188

Luís i, 80

Luís xiv (Rei Sol), 100, 106, 248

Luís xv, 106, 248

Luís xvi, 136, 162, 164; decapitação de, 168; tentativa de fuga na Revolução Francesa, 167

Luís, o Germânico, 80

Luxemburgo, Rosa, 194, 218

Madison, James, 156, 161, 182; diferença entre república e democracia, 179

Manin, Bernard, 11, 177-8, 184, 192, 201-2, 204; fases da democracia moderna e, 178; sobre a crise do governo representativo, 203; sobre a democracia de partido, 201; sobre o governo parlamentar, 183; sobre os partidos de massa, 189, 191, 195

Maquiavel, Nicolau, 86, 182, 246

Maria Antonieta, 166

Maria i ("Bloody Mary"), 140

Maria Stuart, 138

Marianne, representação da França revolucionária, 249

marketing eleitoral, 209

Marshall, Thomas Humphrey, 170, 198; sobre o Estado de bem-estar social, 199; tese da tripla cidadania, 197

Marx, Karl, 11, 91, 139, 188, 193, 218, 220, 223, 255; sobre capitalismo e Estado, 116; sobre o absolutismo, 94, 96

Matteucci, Nicola, 215

May, Teresa, 239

Mazarin, Jules, 100

Menger, Carl, 232

Mesopotâmia, 23

metecos (estrangeiros na Grécia antiga), 29

México, 234

Michels, Robert, 196-7, 200

milícias neofascistas, 236

Mises, Ludwig von, 232

Modi, Narendra, 211

monarcas guerreiros, 73

monopólio da violência (final da Idade Média), 16-7

Montesquieu, 160, 174, 182; sobre poderes intermediários, 184

Moore Jr., Barrington, 213, 215-6

Mosca, Gaetano, 195-6

Mounk, Yaschka, 230

Muro de Berlim, queda do (1989), 242

Museu do Holocausto, Washington, 212

Mussolini, Benito, 214, 219

Na contramão da liberdade (Snyder), 211

nacionalismo, 68, 115, 149, 219-20, 234-5

Necker, Jacques, 163

neoliberalismo, 19, 207-11; desconstrução do Estado de bem-estar social, 209; expansão do, 233; origem, 232; pós-democracia e, 209; "uberização" do trabalho, 209

Nicolau ii, 213

niilismo, 237

Nilo, vale do rio, 23

Índice remissivo

Nixon, Richard, 205
Noite de São Bartolomeu (1572), 97, 247
Norris, Pipa, 229-31, 237
Noruega, 189
Nova Zelândia, 189

O que é o terceiro estado? (Sieyès), 170
Obama, Barack, 226
Occupy Wall Street (2011), 241
Odisseia (Homero), 27
Odoacro, 68, 72
Oliveira, Francisco de, 235
opinião pública, 186
Orbán, Viktor, 9, 210, 226
ordoliberalismo, 232
Origens do totalitarismo (Arendt), 211, 216-7
Otávio Augusto, 61-2

Paine, Thomas, 158
parlamento britânico, 148
parlamento moderno: definição, 100-1
participação popular, em Atenas e Roma, 36
Partido Comunista Italiano, 200, 215
Partido Liberal (Inglaterra), 190
Partido Nacional Fascista (Itália), 214, 219
Partido Nacional-Socialista dos Trabalhadores Alemães (Partido Nazista), 214, 220
Partido Social-Democrata da Alemanha (SPD), 193, 196
Partido Socialista Operário Espanhol, 243
Partido Trabalhista (Inglaterra), 190
Pasquino, Gianfranco, 215

Pateman, Carole, 200
Patrimônio de São Pedro, 75
Paz de Vestfália (1648), 113
Pepino III, 75
Péricles, 37
Perspectivas dos meios executivos à disposição para os representantes da França em 1789 (Sieyès), 172
Pinochet, Augusto, 195, 233
Pio VI, 167
Pireu, porto de, 28
Pisistrátidas, 27
pluralidade religiosa, 17
Podemos (partido espanhol), 243
Polanyi, Karl, 197
polis, 21-2, 29; como sinônimo de cidade-Estado, 28; definição, 27; inexistência de burocracia, 31
politeia: como conceito de constituição, 40; como forma de governo (república), 35
política, 9; associada à violência, 131; como disputa pelo monopólio da violência (dirigista), 127; como herança greco-romana, 22; como prática coletiva da liberdade, 54, 65, 130, 170, 172, 205, 216, 245, 250; como prática reflexiva, 9; conflito de classes e, 12; definições, 13, 54; origem do termo, 21; segundo Arendt, 13; segundo Weber, 14, 17, 125, 128, 130
"política como vocação, A" (Weber), 103, 125
Polônia, 9, 97, 211, 222, 226; ascensão da extrema direita (2005), 210
Popper, Karl, 232
Portugal, 88, 97, 242
povo, duplo sentido na Antiguidade clássica, 30

Prayut-Chan-Ocha, 226
Primeira Guerra Mundial, 14, 194, 213, 249
príncipe, O (Maquiavel), 247
processo, O (Kafka), 110
Prússia, 93
Przeworski, Adam, 224, 226-7

racismo, 150
Reagan, Ronald, 233
Reform Bill (Lei da Reforma), Inglaterra, 1867, 189
Reforma ou revolução? (Luxemburgo), 194
Reforma Protestante, 96, 112, 138-9
Reino Unido, 207
religião, 96, 112, 138-9, 145, 169, 247; como uma das causas da Revolução Inglesa, 139-40, 142
Remença (rebelião camponesa na Espanha, 1462-84), 87
Renascimento, 86, 93, 246
Representation of the People Act (Lei da Representação do Povo), Inglaterra, 1918, 189
representatividade, crise de, 203
república *ver politeia*
República Florentina, 86
República Romana, 34, 36; conflito entre patrícios e plebeus, 57; entendida como regime misto, 34; guerra contra Cartago, 60; guerras civis no período final da, 60; hierarquia social refletida na estrutura de poder, 42; *ver também* Roma
"Resposta à questão: O que é Esclarecimento?" (Kant), 187
Revolta Camponesa (Inglaterra, 1381), 87

Revolução da Independência Americana (1776-88), 135, 148-61: causas, 149; Constituição de 1788, 153, 155, 157-8; Convenção da Filadélfia (1787), 152, 156; desencadeada pelas treze colônias inglesas da América do Norte, 149; disputa entre "federalistas" e "antifederalistas", 153; incertezas depois da vitória contra a metrópole (1783), 151-2; papel na reinvenção do republicanismo, 152-61; *ver também* Estados Unidos
Revolução francesa (1789), 106, 135, 161-9; ascensão do Clube dos Jacobinos, 168; causas, 162; Constituição de 1791, 165-6; Constituição de 1793, 167; convocação da Assembleia dos Estados Gerais, 162-3; criação da Assembleia Nacional, 164; decapitação de Luís XVI, 168; Declaração dos Direitos do Homem e do Cidadão, 165, 178, 249; democracia e, 174; herança intelectual, 169-76; instalação do Terror, 168; insurreição dos *sans-cullotes* e proclamação da república (1792), 167; legado de igualdade e liberdade, 175; nacionalização dos bens da Igreja católica, 167; Queda da Bastilha, 164; tentativa de fuga da família real, 167
Revolução Gloriosa (1688), 157-8, 183
Revolução Inglesa (1642-89), 18, 106, 131, 135-6, 137-48, 157, 188; causas, 137-8, 140-1; conflito entre o parlamento e o rei Stuart, 141-2; guerra civil como início da, 142;

Índice remissivo

interregno republicano, 143-4; *levellers* (niveladores), 143; papel na criação do Estado de direito, 147; protagonismo da *gentry* (pequena nobreza), 138-42; restauração da monarquia (1660), 144
Revolução Protestante, 247
Revolução Russa (1917), 195, 200, 212-3
revolução, ressignificação do termo no século XVII, 135
revoluções democráticas (Inglaterra, Estados Unidos e França), 248
Robespierre, Maximilien de, 173, 188; discurso sobre a democracia, 175
Robinson, William I., 231, 233-7
Roma, 22, 27, 31, 34, 36, 40-1, 45, 58, 62, 65-6, 71-2, 255; como Império, 59; como modelo de república, 34, 38-9, 42; destruição da República pelo expansionismo, 60; expansão territorial, 39, 60; "fundação da República", 38; *Pax Romana*, 62; sentido de império da lei (*mos maiorum*), 54-5, 57; *ver também* Império Romano; República romana; Senado romano
Rômulo Augusto, 72
Roosevelt, Theodor, 186
Rosanvallon, Pierre, 173
Rousseau, Jean-Jacques, 169
Runciman, David, 227-8
Rússia, 213; stalinista, 222
Ryff, Andreas, 92

Sacro Império Romano-Germânico, 76
Salvini, Matteo, 210
Sanchez, Pedro, 243

Sanders, Bernie, 242
Savater, Fernando, 48
Schumpeter, Joseph: sobre a irracionalidade das multidões, 180; sobre o capitalismo, 116
Segunda Guerra Mundial, 214, 221, 250
Segunda Internacional (1889-1915), 193
Seis livros da República (Bodin), 97-8
Senado romano, 44, 56; como encarnação da *mos maiorum* (lei ancestral sacrossanta), 55-6
senhor feudal, 80
Sieyès, abade Emmanuel Joseph, 163, 170-2, 185, 188; conceito de governo representativo, 171, 173
Sistema Nacional de Saúde britânico (NHS), 232, 239
Skinner, Quentin, 26, 98, 255
Snyder, Timothy, 211
soberania: conceito de, 96; origem do constitucionalismo, 99; teoria moderna da, 98
soberania nacional, 115
socialismo, 188, 191, 193-4, 219
Sociedade Mont Pèlerin, 232
sociedades sem Estados, 24
Sociologia dos partidos políticos (Michels), 196
Sólon, 38
Souleimani, Qassim, 224
Souza Santos, Boaventura de, 238, 240, 242
Stálin, Josef, 212, 214, 222-3
Streeck, Wolfgang, 207, 234, 238-9, 251
Stuart, dinastia, 135, 137, 140, 144
sufrágio universal, 18; na Austrália, Finlândia, Noruega, Nova Zelândia, 189

Suíça, 97, 232
supremacia hinduísta, 242

Tailândia, 226
Thatcher, Margaret, 233
thetas (classes mais destituídas de Atenas), 37
tirania, origem na Grécia, 38
Tocqueville, Alexis de, 52, 154-5, 181; sobre a democracia, 52; sobre o individualismo, 180
totalitarismo, 9, 207, 216-24, 235, 250, 252; "neoliberal", 19
Trajano, 62
Tratado de Verdun, 80
"Trinta Gloriosos" (1945-75), 19, 208, 232, 251
Trump, Donald, 9, 207, 210, 211, 223, 224-6, 230, 234-5, 237-41
Tucídides, 37, 51
Tudor, dinastia, 137
Turquia, 9, 210-1, 226

Ucrânia, 226
União Ibérica (1580-1640), 91
União Soviética: colapso da (1989), 233
Urbinati, Nadia, 202

Varol, Ozan O., 227
Vattel, Emer de, 114
Vernant, Jean-Pierre, 47
Versalhes, palácio de, 92, 100
voto secreto, 18
Vox, partido espanhol de extrema direita, 211

Washington, George, 150, 153
Weber, Max, 11, 14, 86, 134, 180, 196-7, 248, 250, 255; definição de partido, 127-8, 133; distinção entre viver para a política e viver da política, 128; relação entre política e Estado, 125; sobre a política, 14, 17, 130; sobre a profissionalização da política moderna, 128; sobre capitalismo e Estado, 116; sobre o Estado moderno, 103, 106-7, 111; sobre o monopólio da violência pelo Estado, 125-6
Westminster, parlamento inglês, 141, 149

xenofobia, 210, 234

Zacarias, papa, 74
Ziblatt, Daniel, 225-6

ESTA OBRA FOI COMPOSTA POR MARI TABOADA EM DANTE PRO E
IMPRESSA EM OFSETE PELA LIS GRÁFICA SOBRE PAPEL PÓLEN SOFT
DA SUZANO S.A. PARA A EDITORA SCHWARCZ EM JANEIRO DE 2021

A marca FSC® é a garantia de que a madeira utilizada na fabricação do papel deste livro provém de florestas que foram gerenciadas de maneira ambientalmente correta, socialmente justa e economicamente viável, além de outras fontes de origem controlada.